国家示范性高等职业院校课程改革教材

Qiche Dianyuan yu Qidong Xitong Jianxiu

汽车电源与启动系统检修

马云贵 主 编

赵进福 副主编

阳小良 主 审

人民交通出版社

内 容 提 要

本书为国家示范性高等职业院校课程改革教材。全书分三个情境，学习情境1介绍了汽车发电机、交流发电机电压调节器、汽车充电电路的检修；学习情境2介绍了蓄电池故障的检修；学习情境3介绍了启动机及汽车启动控制电路的检修。

本书可作为高等职业教育汽车运用与维修专业教材，也可作为汽车工程技术人员和维修人员的参考资料。

图书在版编目（CIP）数据

汽车电源与启动系统检修/马云贵主编.—北京：人民交通出版社，2010.9

ISBN 978-7-114-08637-3

Ⅰ.①汽… Ⅱ.①马… Ⅲ.①汽车—电源—维修—高等学校：技术学校—教材②汽车—启动系统—维修—高等学校：技术学校—教材 Ⅳ.①U472.4

中国版本图书馆CIP数据核字（2010）第169861号

国家示范性高等职业院校课程改革教材

书　　名：汽车电源与启动系统检修
著 作 者：马云贵
责任编辑：黎小东
出版发行：人民交通出版社
地　　址：(100011)北京市朝阳区安定门外外馆斜街3号
网　　址：http://www.ccpress.com.cn
销售电话：(010) 59757973
总 经 销：人民交通出版社发行部
经　　销：各地新华书店
印　　刷：北京交通印务实业公司
开　　本：787×1092　1/16
印　　张：10.5
字　　数：223千
版　　次：2010年9月　第1版
印　　次：2013年8月　第2次印刷
书　　号：ISBN 978-7-114-08637-3
定　　价：25.00元

国家示范性高等职业院校课程改革教材编审委员会

序　言

我院在长期的办学实践中，不断深化职业教育教学改革，先后与80多家大中型企业开展合作办学，探索出了“订单”培养、“秋去春回、工学交替”等人才培养模式，毕业生深受用人单位的欢迎，实现了学校、企业、学生等“多赢”。在校企合作中，我们深刻体会到，要真正实现“技能训练与岗位要求对接、培养目标与用人标准对接”，就必须有一套适合“订单”教学的工学结合的教材，于是就有了与企业技术骨干一起编写教材之愿望，随后几年，各种讲义便呼之欲出。

教育部《关于全面提高高等职业教育教学质量的若干意见》中指出：“高等职业院校要积极与行业企业合作开发课程，根据技术领域和职业岗位（群）的任职要求，参照相关的职业资格标准，改革课程体系和教学内容。”“与行业企业共同开发紧密结合生产实际的实训教材，并确保优质教材进课堂。”2007年，我院被正式列为第二批国家示范性高等职业院校建设单位，开发“工学结合特色教材”作为国家示范重要建设项目，被郑重地写入了建设任务书。

三年来，各教材主要撰写人带领教学团队成员，深入“订单”企业调研，广泛听取企业、学生、职教专家等多方人士意见，并结合国外先进的职教经验，遵循基于工作过程导向的课程开发理念，夙兴夜寐，多易其稿，进一步丰富了原讲义的内容，并付诸教学实践。正是有了各专业教学团队的辛勤耕耘，这套工学结合的系列教材才得以顺利付梓。在这里，我要道三声感谢：感谢国家示范建设项目的实施给我们提供了千载难逢的参与机会，感谢各位领导、省内外职教专家的悉心指导，感谢各位老师、主要撰稿人为之付出的劳动。

诚然，由于我们课程开发的理论功底不深，深入实践的时间有限，教材中错误也在所难免。正如著名职教专家姜大源在国家示范性高等职业院校建设课程开发案例汇编《工作过程导向的高职课程开发探索与实践》序言中所说：“这只是一部习作。习者，蹒跚学步也”。它“虽显稚嫩，却是新起点”。诚恳希望各位同行、专家批评指正。

工学结合是职业教育永恒的主题。即将颁布和实施的《国家中长期教育改革和发展规划纲要(2010～2020)》对大力发展职业教育做出了许多重大举措，特别提出了制定校企合作法规，调动企业参与职业教育的积极性。可以说，职业教育将迎来又一个新的春天。欣逢盛世，责任重大。我们将一如既往地加强与企业的合作，积极探索多种形式的职业教育模式，开发适应企业和市场需求的专业教材，努力培养更多的高技能人才，为实现我国从人力资源大国到人力资源强国的转变作出应有的贡献。

路漫漫其修远兮，吾将上下而求索。

是为序。

王章华

2010 年 3 月于岳麓山下

（王章华为湖南交通职业技术学院院长、教授，中南大学硕士生导师）

前　言

在“汽车电路与电子系统检修”课程学习的基础上，为了适用现代汽车电源与启动系统技术的发展，更好地把电工电子与汽车电气整合起来，结合本专业的教学，按照汽车维修实际工作任务编写该教材。

本书是由湖南交通职业技术学院、广州市凌凯汽车技术开发有限公司、长沙力天丰田汽车销售服务有限公司联合编写的、基于工作过程的校企合作教材。根据职业教育的特点，从学习情景入手，以项目为载体，用任务训练职业岗位能力，对教学内容进行知识理论实践一体化的课程设计。针对发动机在运行过程中充电指示灯亮故障的检修、充电指示灯正常而蓄电池亏电故障的检修、启动时启动机运转不正常故障的检修三个学习情景作了详细介绍，内容既具专业性，又有实用性，图文并茂，通俗易懂，可操作性极强，使初学者能尽快进入汽车电源与启动系统学习领域；然后重点阐述了丰田威驰轿车汽车电源与启动系统故障的检测与维修。为后续“汽车安全与舒适系统检修”和“车载网络系统检修”课程的学习和对从事汽车电源与启动装置的检测与维修工作打下一定的基础。

本书由湖南交通职业技术学院马云贵主编、赵进福副主编。学习情景1由马云贵编写，学习情景2由长沙力天丰田汽车销售服务有限公司戴迪舰编写，学习情景3由湖南交通职业技术学院黄鹏编写，实训指导和实操工单由赵进福编写，全书由马云贵编稿，湖南交通职业技术学院阳小良主审。在本书的编写过程中，编者得到了湖南交通职业技术学院领导和社会同仁的大力支持与帮助，在此表示衷心的感谢！

由于编者水平有限，编写时间仓促，书中难免有不足和疏漏，恳请广大读者批评指正。

编　者

2010年7月

前　言

编　者

2010年7月

目 录

发动机在运行过程中充电指示灯亮故障的检修

××××××汽车维修有限公司

维修委托书

工单号 No: 200807315

客户名称：张三　车牌号：×××0088　购车日期：2005 年 3 月 6 日　联系电话：××××××××××

联系人：张三　车　型：丰田威驰　Vin No.：L T V B A 4 2 3 X 5 0 0 9 4 0 7 5

送修日期：2008 年 7 月 10 日　交付日期：2008 年 7 月 12 日　行驶里程：1 0 0 0 0 0

故障描述/报修症状	发动机在运行过程中充电指示灯亮	交接物品	无
提车要求	付款方式：☑现金　□刷卡　□支票　其他：	其他	洗车 是☑ 否□　带走旧件 是☑ 否□

序号	报　修　项　目
1	更换发电机
2	
3	
4	
5	
6	
	小计：3800元

	维修检查及施工情况详细见《维修检查·施工单》				
备注	旧件检查	空罐		旧件	油量 E 1/4 1/2 3/4 F

全车外观检查

车身如有变形、油漆划痕、玻璃、灯具裂痕等损伤，请在示意图中的方格内标注"√"。

维修委托书细则

甲方：（客户）

乙方：××××××汽车维修有限公司

维修细则：

1. 甲方已确认无包括现金在内的贵重物品遗留在车上。
2. 甲方已阅读并理解了本委托书及对应的《维修检查·施工单》上的所有内容，同意按乙方所列的维修项目和价格进行维修，甲方愿意支付相关的维修服务费及零件费。
3. 乙方同意甲方对维修车辆进行维修试车，包括场地试验或路试。
4. 如果甲方同意不带走旧件，乙方可以在甲方提车后对旧件进行处理。
5. 甲方确认并理解乙方已经充分告知的关于车辆检测或维修的相关情况，同时乙方有权采取必要的措施（包括但不限于拆解车辆的机械、电路及发动机等）进行检测或维修。同意乙方在对车辆进行进一步检测或维修时不再另行通知甲方。
6. 如因乙方过失致使维修车辆或部件损坏，乙方赔偿的范围仅限于维修或更换损坏车辆的部件，甲方同意不再提出其他赔偿要求。
7. 甲方应事先备份维修车辆上安装的所有软件或可存储数据信息。无论如何，维修车辆上安装的所有软件或可存储数据信息的损坏或丢失，乙方不作赔偿。
8. 甲方应在乙方通知提取车辆之日起壹个月内提取车辆，逾期不取，乙方有权按政府公布的停车费价格收取保管费用。

本人确认已经清楚理解并接受以上维修细则。

甲方(客户)签名
张三
日期：2008年7月10日

公司地址：××××××

救援热线：××××××××××× 服务热线：020-×××××××× 传真：020-××××××××

开户行：×××××××× 账号：×××××××××××××× 乙方代表(接待员)：王先生

第一联：客户（取车凭证，请注意保管）

一客户开来一辆威驰轿车，陈述轿车在启动发动机前充电指示灯点亮，启动发动机后，充电指示灯不灭，并且蓄电池亏电严重，要求给予维修。

要完成这个工作任务，首先我们得知道汽车交流发电机的工作原理、发电机及电压调节器的检修方法，要会识读汽车电源系电路图，下面就分步来完成本学习情境的学习任务。

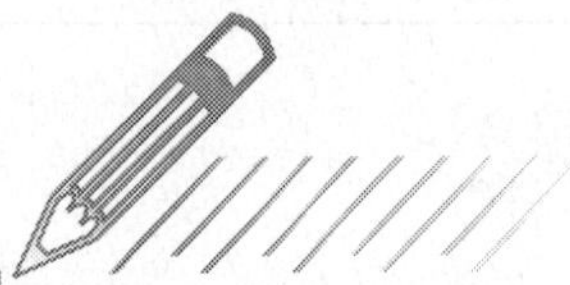

任务一 汽车发电机的检修

一、交流电路

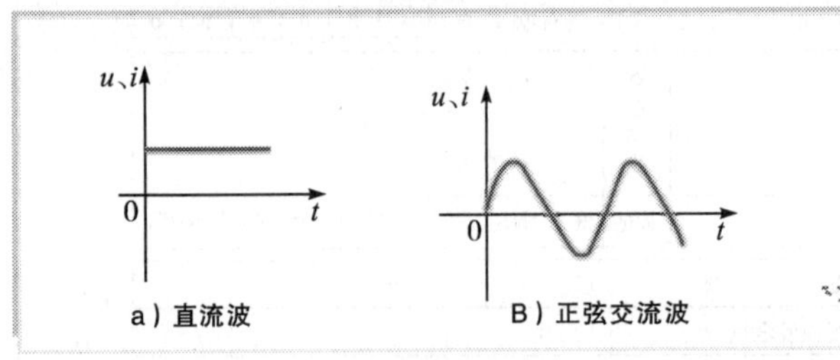

图1-1 直流与交流波形图

如图1-1所示为直流波形与交流波形。图1-1a）中，电压（流）的大小、方向不随时间变化，称它们为直流电压（流）。图1-1b）中，电压（流）的大小和方向随时间周期性变化，是交变的，称它们为交流电压（流），而且电压（流）随时间呈正弦规律变化，又称为正弦交流电压（流）。

（一）正弦交流电的产生原理

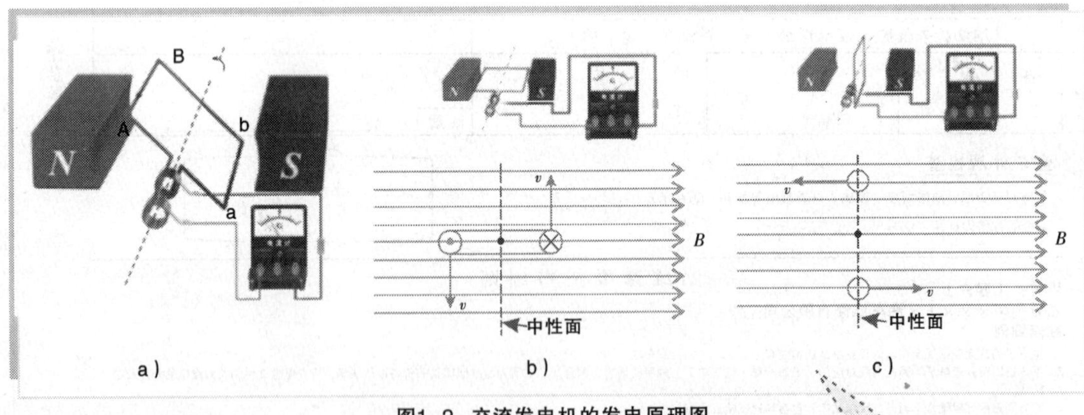

图1-2 交流发电机的发电原理图

工农业生产和日常生活中广泛应用交流电。如图1-2所示是最简单的交流发电机的发电原理图。它由一对磁极和可以绕轴自由转动的电枢组成。电枢的作用是：当电枢转动时，嵌在电枢中的线圈作切割磁感应线运动产生感应电动势。线圈的两端分别与装在电枢轴上的两个彼此绝缘的滑环相接，滑环经过电刷与外电路连接。

气隙中的磁场按正弦规律分布：当电枢位于磁极中心，如图1-2b）所示，此时磁感应线密集，磁感应强度最大（$B=B_{max}$）；离开磁极中心处，磁感应线越来越稀，磁感应强度越来越小；当电枢到图1-2c）所示的平面（中性面：与匀强磁场磁感线垂直的平面）时磁感应强度为零（$B=0$）。

沿电枢表面任一点的磁感应强度B用公式表示为：

$$B=B_m\sin\alpha$$

式中，α为电枢表面任一点和轴线决定的平面与几何中心面的夹角。

当电枢以等角速度ω逆时针旋转时，电枢线圈将不断地切割磁感应线的导体，其有效长度为L[图1-2a）中的AB边与ab之和]，则线圈两边导体产生的电动势e的大小为

$$E=Blv$$

$$E=B_m lv\sin(\omega t)$$

在上式中，对给定发电机，$B_m lv$为一常数，且为感应电动势的最大值，故令$E_m=B_m lv$。

α为电枢转过的角度，如果线圈的起始位置与中性面的夹角是ϕ[如图1-3a）所示]，经过时间t后，它们之间的夹角则为$\alpha=\omega t+\phi$[如图1-3b）所示]。这时，正弦交流电动势的瞬时表达式（随时间变化的函数式）为

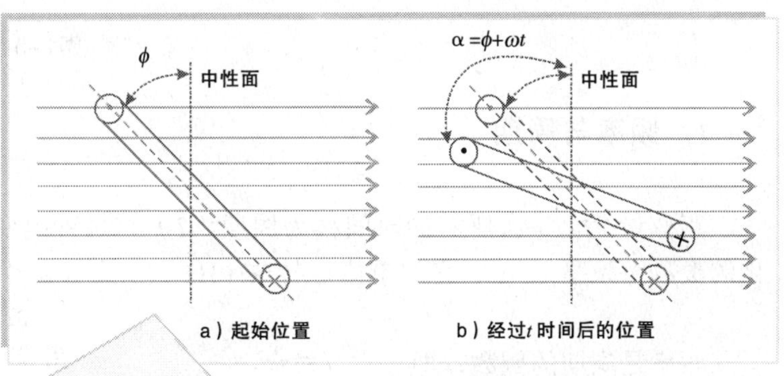

图1-3 电枢转过的角度

$$e=E_m\sin(\omega t+\phi)$$

波形图如图1-4所示。同理，可得正弦交流电压和电流的瞬时表达式为

$$U=U_m\sin(\omega t+\phi)$$

$$I=I_m\sin(\omega t+\phi)$$

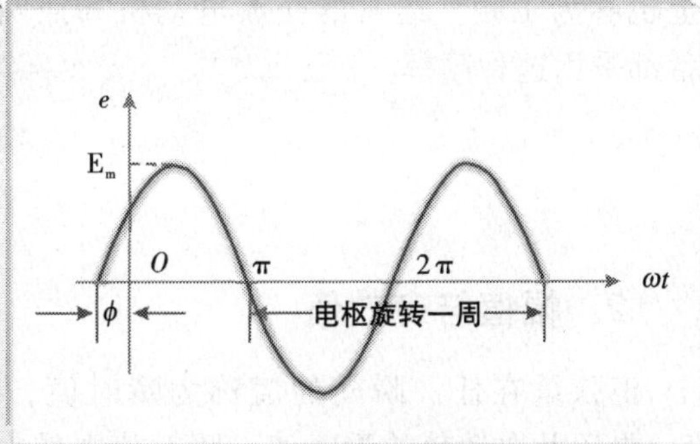

图1-4 正弦交流电动势的波形图

（二）正弦交流电的三要素

正弦交流电的电压、电流、电动势等都是正弦量，可以用正弦函数表示。如图1-5所示正弦交流电压可表示为

$$u=U_m\sin(\omega t+\phi)$$

式中，u为正弦交流电压随时间变化的瞬时值；U_m为电压的最大值；ω为正弦交流电的角频率；ϕ为正弦交流电的初相角。

上式中，u与时间t的关系由最大值U_m、角频率ω和初相角ϕ决定，同时，U_m、ω、ϕ也是正弦量之间进行比较和区别的依据。一个正弦量可以由频率（或周期）、幅值（或有效值）和初相位三个特征或要素来确定。

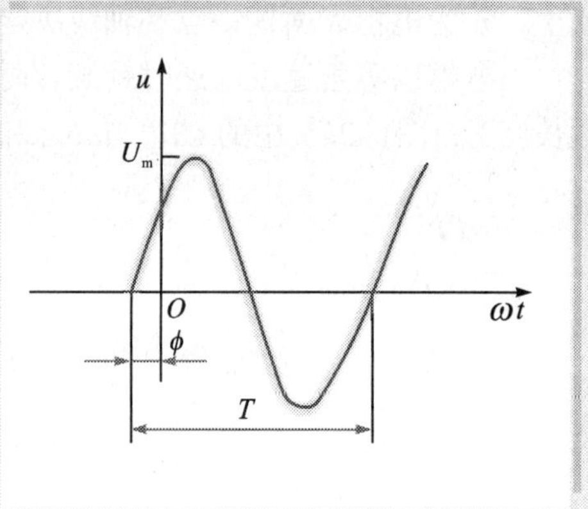

图1-5 正弦交流电的三要素

1. 频率与周期

正弦量变化一次所需的时间称为周期（T），每秒内变化的次数为频率（f），它的单位是赫兹（Hz）。

频率是周期的倒数，即 $f=\dfrac{1}{T}$

我国和大多数国家都采用50Hz作为电压标准频率，有些国家（如美国、日本等）采用60Hz。这种频率在工业上应用广泛，习惯上也称为工频。通常的交流电动机和照明设备都采用这种频率。

提示：

正弦量变化的快慢除用周期和频率表示外，还可用角频率来表示。因为一周期内经历2πrad，所以角频率为：

$$\omega=\frac{2\pi^2}{T}=2\pi f$$

它的单位是弧度/秒（rad/s）

2. 幅值与有效值

正弦量在任一瞬间的值称为瞬时值，用小写字母来表示，如i、u及e分别表示电流、电压及电动势的瞬时值。瞬时值中最大的值，称为幅值或最大值，用带下标m的大写字母来表示，如I_m、U_m及E_m分别表示电流、电压及电动势的幅值。

正弦电流、电压和电动势的大小往往不是用它们的幅值，而是用有效值来计量的。

有效值是通过电流的热效应来应来规定的，i无论交流还是直流，只要它们在相等的时间内通过同一电阻并且两者产生的热效应相等，那么这个周期性变化的电流i的有效值在数值上等于这个电流。

提示：

有效值都用大写字母表示，和表示直流的字母一样。一般所讲的正弦电压或电流的大小（例如交流电压380V或220V），都是指它的有效值。

电流为正弦量时，有效值为

$$I=\frac{I_m}{\sqrt{2}}$$

正弦电压的有效值为

$$U=\frac{U_m}{\sqrt{2}}$$

3. 初相位

在正弦电压式及图1-6中，$\omega t+\phi$称相位角，简称相位。当t=0时的相位角即ϕ称为初相角，简称初相。初相中值决定了计时时刻的角度，初相不同，正弦量的初始值不同；当ϕ=0时，初始值为零。

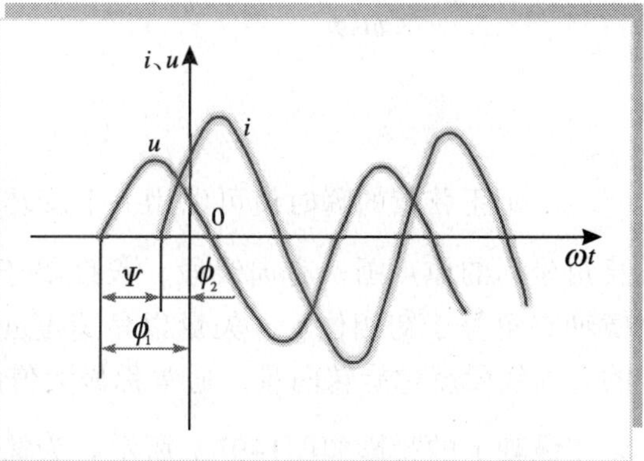

图1-6　u与i的相位比较

两个频率相同的正弦量的相位角之差或相位之差，称相位差，它们的相位差也等于初相之差。

同一正弦交流电路中，电压u和电流i的频率是相同的，但初相不一定相同，如图1-6所示。

$$u=U_m\sin(\omega t+\phi_1)$$
$$i=I_m\sin(\omega t+\phi_2)$$

它们的初相分别为ϕ_1和ϕ_2。它们的相位差为

$$\Psi=(\omega t+\phi_1)-(\omega t+\phi_2)=\phi_1-\phi_2$$

$\phi_1>\phi_2$，$\Psi>0$，称电压u比电流i超前Ψ角，或i比u滞后Ψ角。

当两同频正弦量的相位差Ψ=0°时，我们称它们同相，当Ψ=180°时，称反相。如图1-7a）所示，u与i同相；如图1-7b）所示，u与e反相。

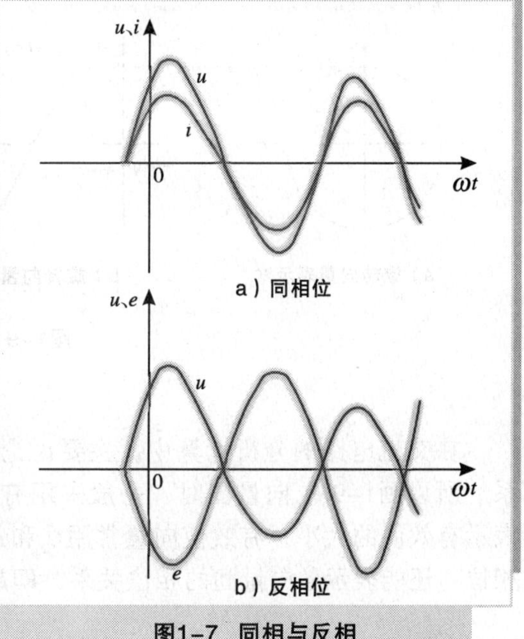

图1-7　同相与反相

注意：不同频率的两个正弦量不能进行相位比较。

（三）正弦交流电的向量表示法

正弦交流电可以用三角函数或波形图表示，还可以用向量法表示（如图1-8所示）。为了便于分析计算正弦电路，常用向量法表示正弦量。

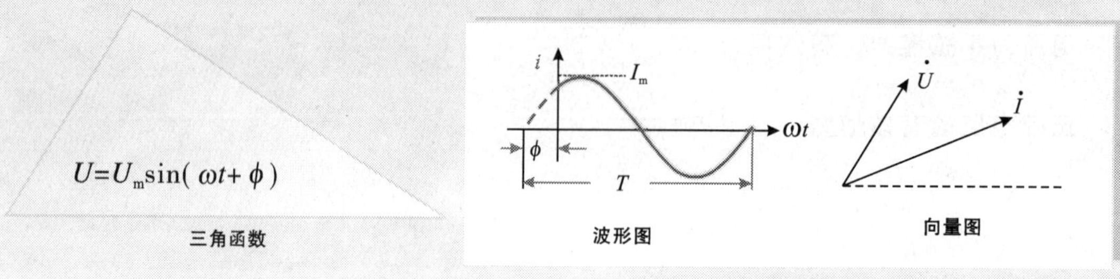

图1-8 正弦波的表示法

一个正弦量的瞬时值可以用一个旋转矢量在纵轴上的投影值来表示。图1-9中，从直角坐标的原点画一有向线段，长度等于正弦量的最大值U_m，它的初始位置与矢量与横轴夹角等于初相位ϕ，矢量以角速度ω按逆时针方向旋转。这个朝逆时针方向旋转的有向线段就称旋转向量，通常称最大值向量，用符号$\dot{U}_m$，$\dot{I}_m$表示，旋转向量的任一时刻在纵轴上的投影如图1-9b）所示。为简化画法，一般只用初始位置（$t=0$）的最大值向量来表示一个正弦量，如图1-9c）所示。

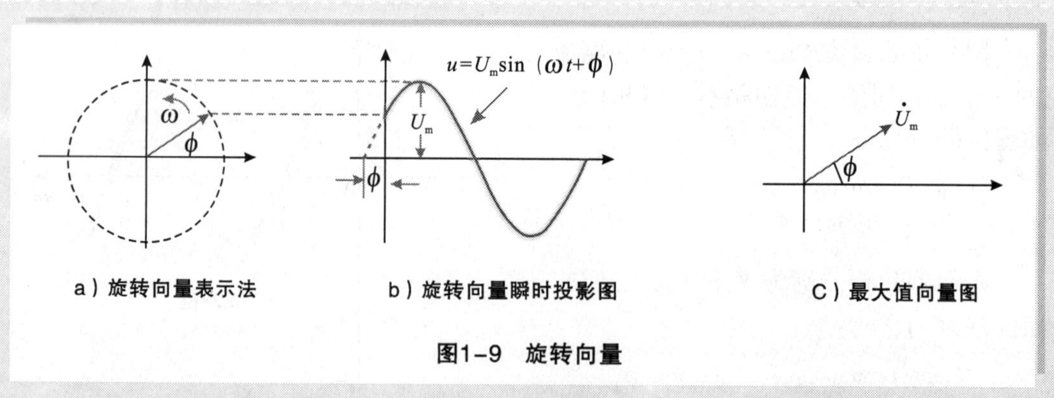

图1-9 旋转向量

在交流电路的分析计算中，主要讨论同频率正弦交流电的有效值和它们的相位关系。所以画1-9c）向量图时，一般采用有效值向量图，如图1-9c）所示。向量的长短表示有效值的大小，有效值向量常用$\dot{U}$和$\dot{I}$表示。向量图不仅能表示各向量的大小和初相位，还能表示各向量间的相位关系，即超前、滞后关系。

例1-1　将u_1、u_2用向量表示

$$u_1=\sqrt{2}U_1\sin(\omega t+\phi_1)$$

$$u_2=\sqrt{2}U_2\sin(\omega t+\phi_2)$$

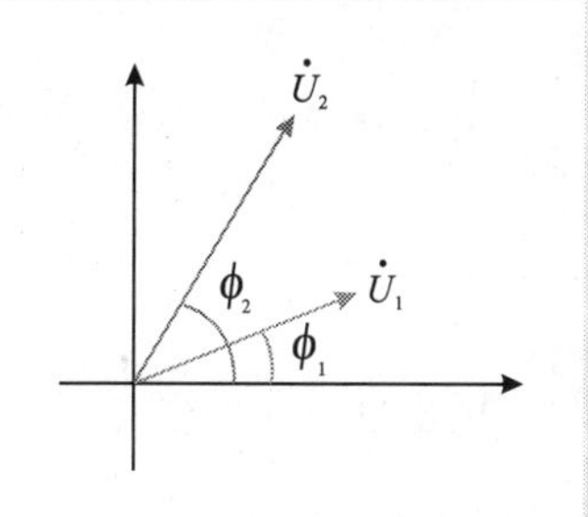

图1-10　向量图

设幅度：向量大小$U_2>U_1$；初相位$j_2>j_1$。用向量图表示如图1-10所示。此时我们说

$\dot{U}_2$超前于$\dot{U}_1$或$\dot{U}_1$滞后于$\dot{U}_2$

正弦交流电用向量图来表示以后，计算两个（或两个以上）同频率正弦交流电的相加或相减时，可用平行四边形法则。

例1-2　用平行四边形法则求u_1、u_2的总向量u。已知

$$u_1=\sqrt{2}U_1\sin(\omega t+\phi_1)，u_2=\sqrt{2}U_2\sin(\omega t+\phi_2)$$

解：

$$u=u_1+u_2=\sqrt{2}U\sin(\omega t+\phi)$$

$$\dot{U}=\dot{U}_1+\dot{U}_2$$

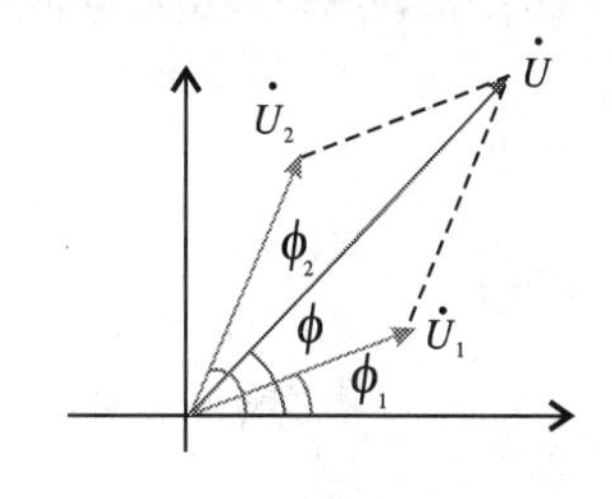

图1-11　向量图

向量图如图1-11所示。

注意：只有正弦量才能用向量表示，非正弦量不能用向量表示；只有同频率的正弦量才能画在同一向量图上。

平行四边形法则可以用于向量运算，但不方便，故引入向量的复数运算法。

将复数$\dot{U}$放到复平面上，可表示为

$$U=\sqrt{a^2+b^2}$$

$$\phi=\arctan\frac{b}{a}$$

$$\dot{U}=a+jb=U\cos\phi+jU\sin\phi$$

根据欧拉公式

$$\begin{cases}\cos\phi=\dfrac{e^{j\phi}+e^{-j\phi}}{2}\\ \sin\phi=\dfrac{e^{j\phi}-e^{-j\phi}}{2j}\end{cases}$$

得指数式

$$\dot{U}=U\mathrm{e}^{j\Phi}$$

极坐标式

$$\dot{U}=U\angle\phi$$

其向量图如图1-12所示。

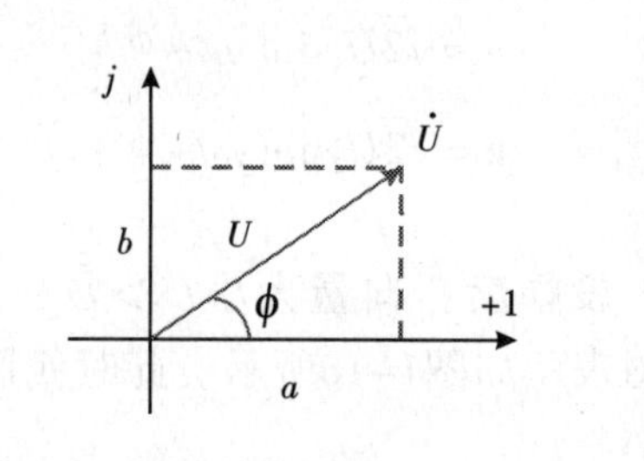

图1-12 向量图

两向量相加减，既可在向量图中用矢量的图解法求解，又可用向量的复数表达式运算。

例1-3 如图1-13所示的电路中，已知：$i_1=10\sin 314t$（A），$i_2=10\sin(314t+90°)$ A，用向量法求总电流i。

解：根据基尔霍夫电流定律

$$i=i_1+i_2$$

所以

$$i_m=i_{1m}+i_{2m}$$

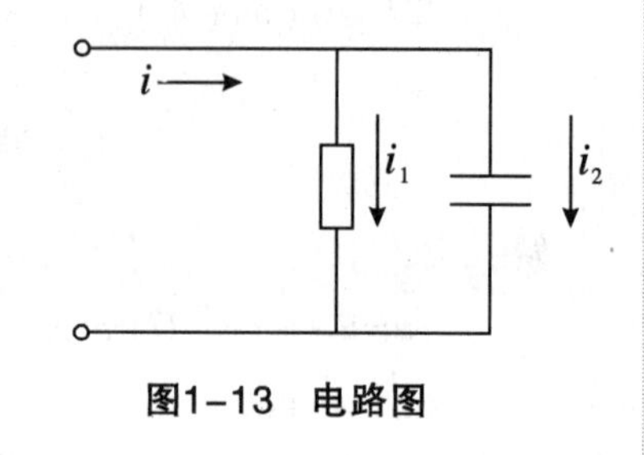

图1-13 电路图

（1）用向量的复数式求解

$$\dot{I}_{1m}=10\angle 0°=10(\mathrm{A})$$

$$\dot{I}_{2m}=10\angle 90°=10j(\mathrm{A})$$

$$\dot{I}_m=\dot{I}_{1m}+\dot{I}_{2m}=(10+j10)=10\sqrt{2}\angle 45°(\mathrm{A})$$

所以

$$\dot{I}=10\sqrt{2}\sin(314t+45°)(\mathrm{A})$$

（2）用向量图解法求解

在复平面上作出$\dot{I}_{1m}$、$\dot{I}_{2m}$的向量图（复平面坐标可省略不画），如图1-14所示，根据矢量相加的平行四边形法则可得出它们的向量和$\dot{I}_m$。

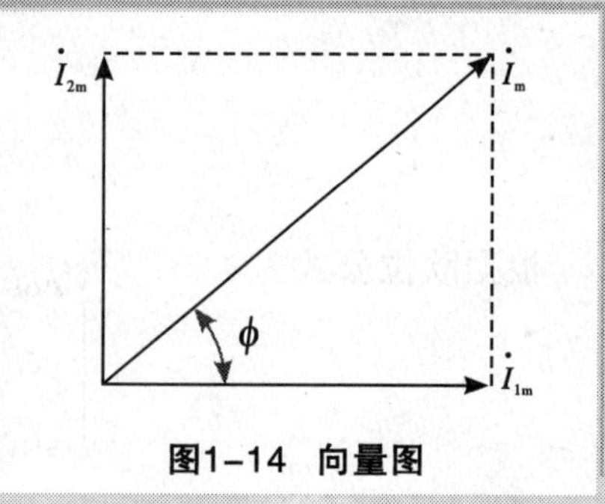

图1-14 向量图

由图可知：

$$I_m=\sqrt{I_{1m}^2+I_{2m}^2}=10\sqrt{2}\,(A)$$

$\dot{I}_m$的复角

$$\tan\phi=\frac{I_{2m}}{I_{1m}}=1$$
$$\phi=45^\circ$$

所以

$$i=I_m\sin(\omega t+\phi)$$
$$\dot{I}=10\sqrt{2}\sin(314t+45^\circ)\,(A)$$

（四）电阻、电容、电感在交流电路中的特性

1. 电阻在交流电路中的特性

如图1-15所示是一个线性电阻元件的交流电路。设加在电阻R两端的电压

$$u=U_m\sin(\omega t)$$

根据欧姆定律，通过电阻的电流

$$i=\frac{U}{R}=\frac{U_m\sin(\omega t)}{R}\ I_m\sin(\omega t)$$
$$u=iR=I_mR\sin(\omega t)$$

式中，$I_m=\frac{U_m}{R}$ 是通过电阻中的最大电流。

两边除以$\sqrt{2}$得　$I=\frac{U}{R}$

用向量表示为

$$\dot{U}_m=U_m\angle 0^\circ$$
$$\dot{I}_m=\frac{\dot{U}_m}{R}=I_m\angle 0^\circ$$

或　$$\dot{U}_m=R\dot{I}_m$$

同理　$$\dot{U}=R\dot{I}\quad \dot{I}=\frac{\dot{U}}{R}$$

由此可知，在电阻元件电路中，电压幅值（或有效值）与电流幅值（或有效值）的比值，就是电阻R。

在任意瞬间，电压瞬时值与电流瞬时值的乘积，称为瞬时功率，用小写字母p代表，即

$$p=ui=U_m I_m \sin^2(\omega t)=UI[1-\cos(2\omega t)]$$

电阻功率波形如图1-15d）所示。

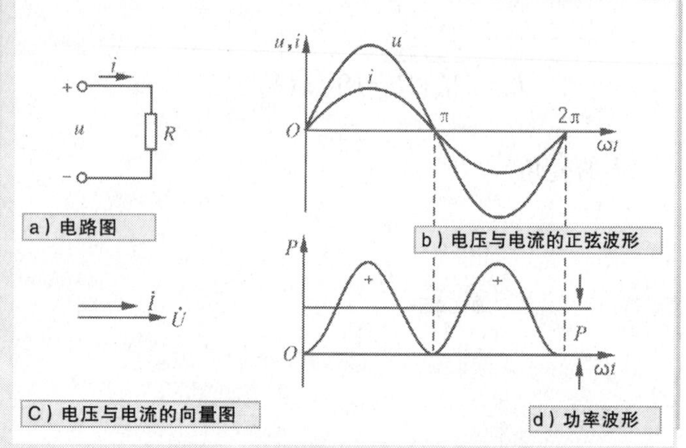

图1-15 电阻元件的交流电路

提示： 由于在电阻元件的交流电路中u与i同相，它们同时为正（或同时为负），所以瞬时功率总是正值即$p>0$。瞬时功率为正，这表示外电路从电源取用能量，即电阻元件从电源取用电能而转换为热能。

由于瞬时功率不便计算和测量，所以通常用在一个周期内的平均值来表示功率的大小，称平均功率（又称有功功率），用P表示，单位为瓦（W）。

$$P=\frac{1}{T}\int_0^T p\mathrm{d}t=\int_0^T UI[1-\cos(2\omega t)]$$
$$=UI=I^2R=\frac{U^2}{R}$$

式中，U、I分别为正弦电压、电流的有效值。

2. 电感在交流电路中的特性

如图1-16所示是一个线性电感元件的交流电路。

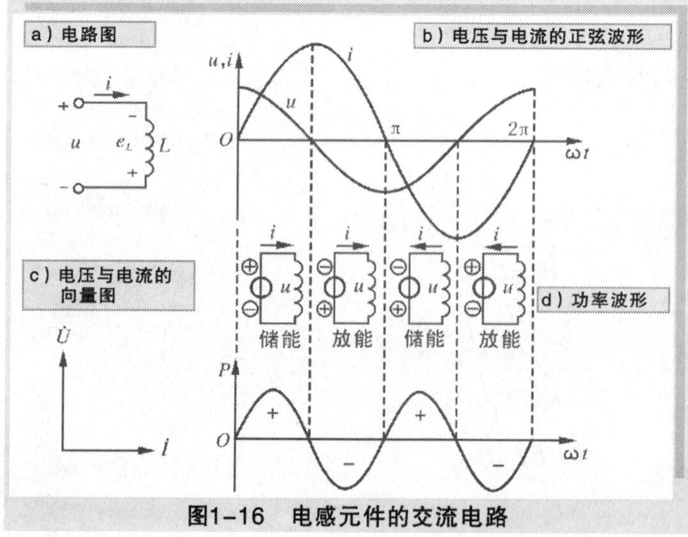

图1-16 电感元件的交流电路

当电感线圈中通过交流电流i时，产生自感电动势e。设电流

$$I=I_m\sin(\omega t) \qquad (i)$$

根据电磁感应定律，感应电动势为

$$e_L=-L\frac{\mathrm{d}i}{\mathrm{d}t}$$

负号说明自感电动势的实际方向总是阻碍电流的变化。

当电感两端有自感电动势时，电感两端必有电压，且电

压u与自感电动势e_L相平衡。在电动势、电压、电流三者参考方向一致的情况下，则

$$u=-e_L=L\frac{di}{dt}=L\frac{d[I_m\sin(\omega t)]}{dt}=\omega LI_m\cos(\omega t)=U_m\sin(\omega t+90°) \qquad \text{(ii)}$$

式中，$U_m=\omega LI_m$。

比较（i）和（ii）式，可以看出电压超前电流相位90°。

用向量表示

设：

$$\dot{I}_m=I_m\angle 0°=I_m$$

$$\dot{U}_m=U_m\angle 90°=jI_m\omega L=j\dot{I}_m\omega L$$

则：

$$\frac{\dot{U}_m}{\dot{I}_m}=\frac{U_m}{I_m}\angle 90°=j\omega L$$

同理：

$$\dot{U}=j\omega L\dot{I}$$

在电感元件电路中，当交流电通过线圈时，电感对电流变化起阻碍作用，称为感抗，用X_L表示。

若令$X_L=\omega L=2\pi fL$，则

$$\dot{U}=jX_L\dot{I}$$

同理：

$$U=X_LI \quad 或 \quad I=\frac{U}{X_L}$$

说明在电感元件电路中，电压幅值（或有效值）与电流幅值（或有效值）的比值为ωL，它的单位为欧姆（Ω）。ω为角频率，L为电感量。当电压一定时，L越大，则电流越小，对交流电流起阻碍作用。感抗X_L与电感L、频率f成正比。

电感元件的瞬时功率

$$P=ui=I_m\sin(\omega t)U_m\sin(\omega t+90°)=UI\sin(2\omega t)$$

有功功率（平均功率）

$$P=\frac{1}{T}\int_0^T p\,dt=\frac{1}{T}\int_0^T UI\sin(2\omega t)\,dt=0$$

从瞬时功率图中可以看出，瞬时功率在第一个和第三个1/4周期内为正值，它表示电感从电源中获得电能，转换为磁能储藏于线圈内；在第二个和第四个1/4周期内为负值，表示电感将储藏的磁场能转换为电能，随电流送回电源。由曲线图还可看出，在整个周期内，正方向和负方向曲线所包围的面积相等，它表示瞬时功率在一个周期内的平均值等于零。也就是说，在纯电感电路中，不消耗能量，而只与电源进行能量的交换。所以在一个周期内的有功功率为零，即$P=0$。

纯电感电路中瞬时功率的最大值称做无功功率，它表示线圈与电源之间能量交换规模的大小，用字母Q_L表示

$$Q_L=IU=I^2X_L=U^2/X_L$$

为了与有功功率区别，无功功率的单位为Var。

提示：（1）电感线圈对高频电流的阻碍作用很大，而对直流则可视作短路。电感元件有通直流、阻交流的作用。

（2）纯电感交流电路中，电压超前电流，其相位差为正，电路为电感性。

（3）电感元件的交流电路中，没有能量消耗，只有电源与电感元件间的能量互换。

3. 电容在交流电路中的特性

图1-17是一个线性电容元件的交流电路，电流i和电压u的参考方向如图1-17所示。

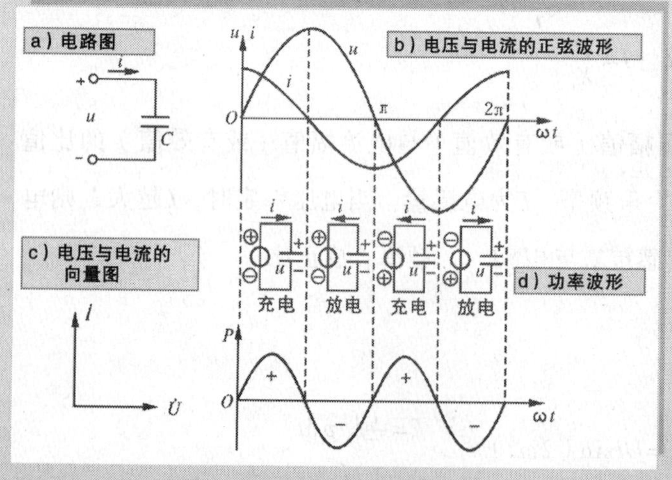

图1-17 电容元件的交流电路

设：电容器两端电压$u=U_m\sin(\omega t)$

因为对电容器来说，其两端极板上电荷随时间的变化率，就是流过连接于电容导线中的电流，而极板上储存的电荷由公式$q=Cu$决定，于是就有：

$$i=\frac{dq}{dt}=C\frac{du}{dt}$$

$$I=C\frac{\mathrm{d}u}{\mathrm{d}t}=C\frac{\mathrm{d}[U_{\mathrm{m}}\sin(\omega t)]}{\mathrm{d}t}=\omega CU_{\mathrm{m}}\cos(\omega t)=I_{\mathrm{m}}\sin(\omega t+90°)$$

$$I_{\mathrm{m}}=\omega CU_{\mathrm{m}} \quad 即 \quad \frac{U_{\mathrm{m}}}{I_{\mathrm{m}}}=\frac{U}{I}=\frac{1}{\omega C}$$

用向量表示

$$\dot{U}_{\mathrm{m}}=U_{\mathrm{m}}\angle 0°$$

$$\dot{I}_{\mathrm{m}}=I_{\mathrm{m}}\angle 90°=\dot{U}_{\mathrm{m}}\,\omega C\angle 90°=j\,\omega C\dot{U}_{\mathrm{m}}$$

同理

$$\dot{I}=j\,\omega C\dot{U}$$

在电容元件电路中，电容对电流变化起阻碍作用，称为容抗，用X_{C}代表。

若令

$$X_{\mathrm{C}}=\frac{1}{\omega C}=\frac{1}{2\pi fC}$$

则：$\dot{U}=-j\dot{I}X_{\mathrm{C}} \qquad \dot{I}=-\frac{\dot{U}}{jX_{\mathrm{C}}} \qquad I=\frac{U}{X_{\mathrm{C}}}$

X_{C}的单位为欧姆（Ω），其值与电容器的容量和电路的频率有关，电容C越大，交流电频率越高，则X_{C}越小，也就是对电流的阻碍作用越小。

电容元件的瞬时功率

$P=ui=U_{\mathrm{m}}\sin(\omega t)\,I_{\mathrm{m}}\sin(\omega t+90°)=UI\sin(2\omega t)$

平均功率

$$P=\frac{1}{T}\int_0^T p\mathrm{d}t=\frac{1}{T}\int_0^T UI\sin(2\omega t)\,\mathrm{d}t=0$$

从图1-17中可见，瞬时功率在第一个和第三个1/4周期内为正值，它表示电容器从电源中获得电能，转换为电场能储藏于电容器内；在第二个和第四个1/4周期内为负值，表示电容器将储藏的电场能转换为电能，随电流送回电源。它表示瞬时功率在整个周期内的平均值等于零，也就是说，在纯电容电路中，不消耗能量，而只与电源进行能量的交换。所以在一个周期内的有功功率为零，即$P=0$。

与电感相似，电容与电源功率交换的最大值，称为无功功率，用Q_C表示，单位为Var，即

$$Q_C=UI=I^2X_C=U^2/X_C$$

提示：（1）电容元件对高频电流所呈现的容抗很小，可视作短路；而对直流电路所呈现的容抗很大，可视作开路。电容元件有隔直流、通交流的作用。

（2）纯电容交流电路中，电流超前电压，其相位差ϕ为负，电路为电容性。

（3）电容元件不消耗能量，在电源与电容元件之间只发生能量的互换。

（五） 三相交流电路

三相电路在汽车维修检测企业中应用很普遍。电力电源一般采用三相制。用电方面最主要的负载是交流电动机，大型汽车维修检测设备多数是由交流电动机驱动的，而交流电动机多数是三相的。

1. 三相交流电源

三相交流电是由三相交流发电机产生的。如图1-18所示为三相交流发电机原理示意图。图中U_1、V_1、W_1分别表示三个绕组的始端（首端），U_2、V_2、W_2分别表示末端。每一个绕组（线圈组）称做发电机的一相，在空间上彼此相隔120°。

当原动机（如汽轮机、水轮机、启动机等）带动三相发电机的转子作顺时针匀速转动时，定子绕组切割磁力线，则定子每个绕组中产生的感应电动势分别为e_u、e_v、e_w。由于各绕组的结构相同而位置依次互差120°，因此三个电动势的最大值相等、频率相同，而初相依次互差120°。这样的三个电动势称为三相对称电动势。

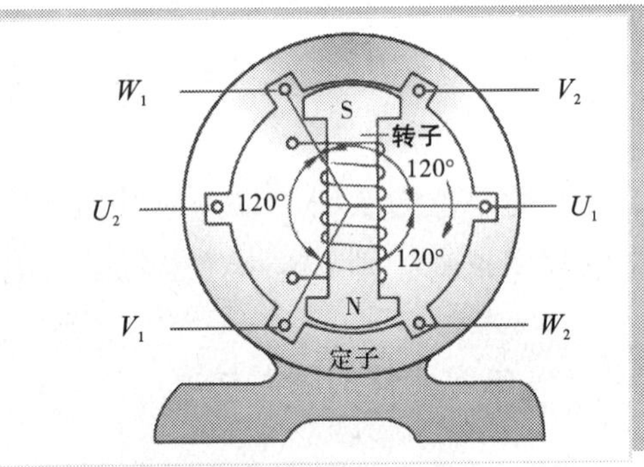

图1-18 三相交流发电机原理示意图

$$\begin{cases} e_u=E_m\sin(\omega t) \\ e_v=E_m\sin(\omega t-120°) \\ e_w=E_m\sin(\omega t-240°)=E_m\sin(\omega t+120°) \end{cases}$$

波形图和向量图如图1-19 所示。

用向量表示

$$\begin{cases} \dot{E}_u=E\angle 0°=E \\ \dot{E}_V=E\angle -120° \\ \dot{E}_W=E\angle +120° \end{cases}$$

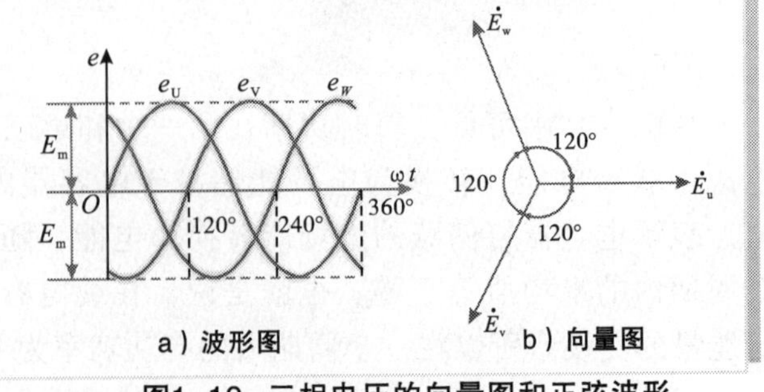

图1-19 三相电压的向量图和正弦波形

提示： 发电和输配电一般都采用三相制。

三相电源的连接方法

发电机三相绕组的接法通常如图1-20所示，即将三个末端连在一起，这一连接点称为中性点或零点，用N表示，这种连接法称为星形连接。从中性点引出的导线称为中性线或零线。从始端U、V、W引出的三根导线称为相线或端线，俗称火线。

在图1-20中，每相始端与末端间的电压，即相线与中性线间的电压，称为相电压。而任意两始端间的电压，即两相线间的电压，称为线电压。相电压和线电压的参考方向如图中所示。

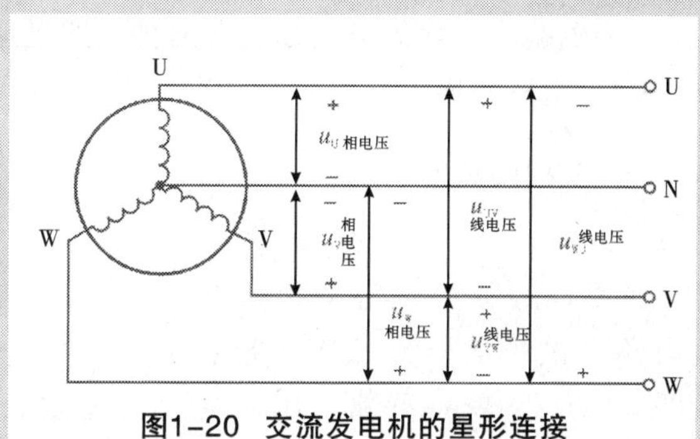

图1-20 交流发电机的星形连接

三相电源Y形连接时的电压向量图如图1-21所示。三个相电压大小相等，在空间各相差120° 的角度。

故两端线之间的线电压应该是两个相应的相电压之差，即

$$\begin{cases}\dot{U}_{UV}=\dot{U}_{U}-\dot{U}_{V}\\ \dot{U}_{VW}=\dot{U}_{V}-\dot{U}_{W}\\ \dot{U}_{WU}=\dot{U}_{W}-\dot{U}_{U}\end{cases}$$

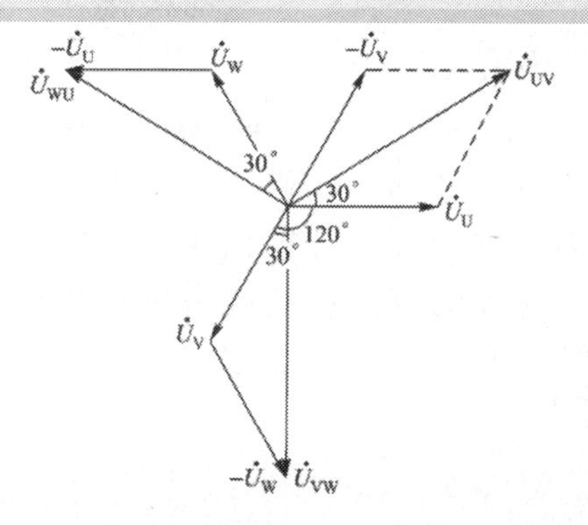

图1-21 电源星形连接时的电压向量图

线电压大小利用几何关系可求得为：

$$U_{UV}=2U_{U}\cos30°=\sqrt{3}U_{U}$$

同理可求得U_{VW}、U_{WU}，得出：

$$\begin{cases}U_{UV}=\sqrt{3}U_{U}\\ U_{VW}=\sqrt{3}U_{V}\\ U_{WU}=\sqrt{3}U_{W}\end{cases}$$

即：三相电路中线电压的大小是相电压的$\sqrt{3}$倍，其公式为

$$U_{L}=\sqrt{3}U_{P}$$

式中，U_P为相电压，U_L为线电压。

提示：（1）当发电机的绕组星形连接时，线电压与相电压频率相同，都是三相对称电压。相电压和线电压的关系是，线电压是相应相电压的$\sqrt{3}$倍。

（2）发电机（或变压器）的绕组星形连接时，可引出四根导线称三相四线制。通常在低压配电系统中相电压为220V，线电压为380V。

如负载对称（此时中性线中没有电流），不一定都引出中性线，这种连接方法称三相三线制。发电机（或变压器）的绕组星形连接时通常采用三相三线制。

2. 三相电路中负载的连接

三相电路中负载的连接方法有两种，即星形连接和三角形连接。

（1）星形连接

三相四线制

如图1-22所示，是三相四线制电路，设线电压为380V。照明负载（220V，单相负载）比较均匀地分配在各相之中，接在相线与中性线之间，三相电动机接在三根相线上。

三相电路中的电流也有相电流与线电流之分。每相负载中的电流称为相电流，每根相线中的电流称为线电流。在负载为星形连接时，相电流等于线电流。

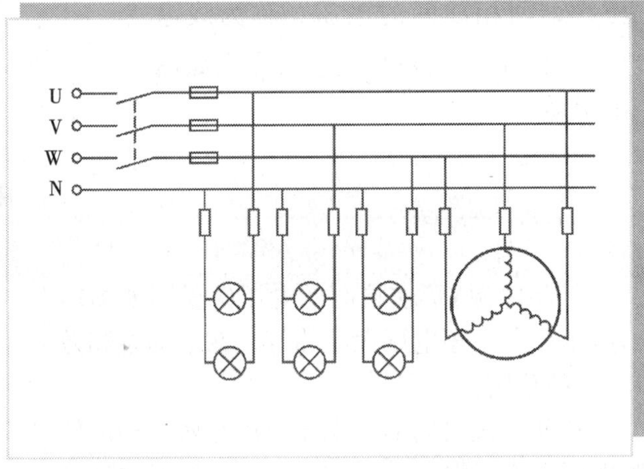

图1-22 照明负载与电动机的星形连接

三相三线制

在三相电压对称的情况下，若负载也对称，那么负载相电流也是对称的，此时中性线中没有电流通过，这时中性线就不需要了，如图1-23所示。三相负载（通常所见的是三相电动机）一般都是对称的，所以三相三线制电路的应用极为广泛。

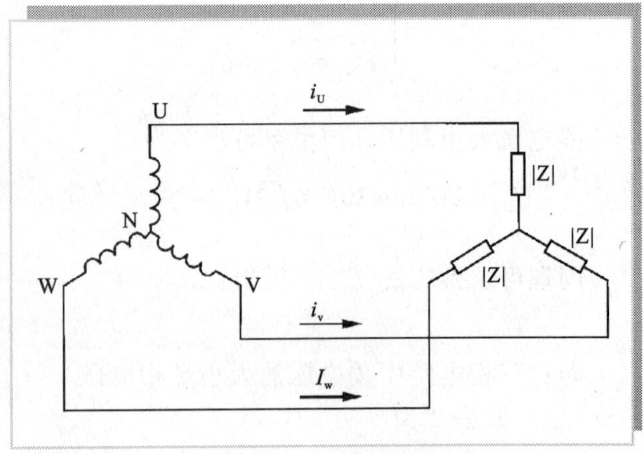

图1-23 三相三线制电路

（2）三角形连接

负载三角形连接的三相电路可用如图1-24所示的电路来表示。

因为各相负载都直接接在电源的线电压上，所以负载的相电压与电源的线电压相等。因此，不论负载对称与否，其相电压总是对称的。

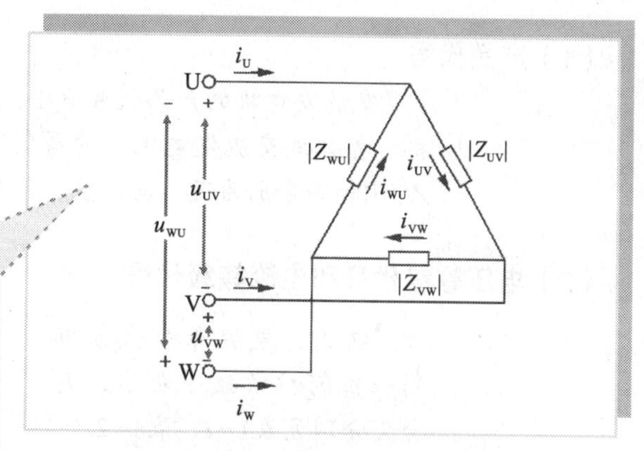

图1-24 负载三角形连接的三相电路

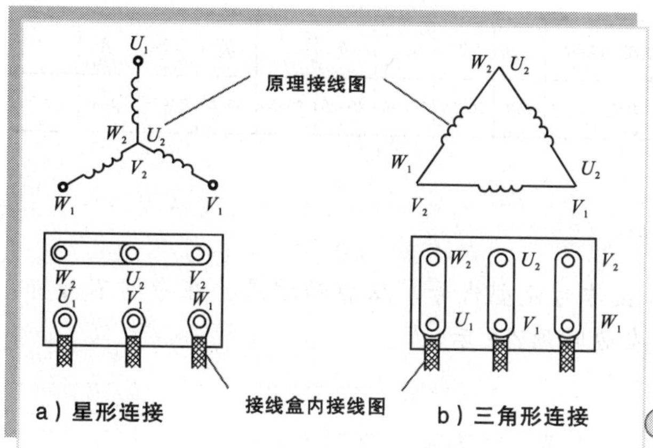

图1-25 三相绕组的连接

提示：

通常照明负载一般采用星形连接（具有中性线）；三相电动机的绕组可以采用星形连接，也可以采用三角形连接，如图1-25所示。

二、汽车交流发电机

汽车用交流发电机是由三相同步交流发电机和硅二极管构成的整流器所组成，是汽车的主要电源，其任务是向除启动机以外的所有用电设备供电，同时还向蓄电池充电。

（一）汽车交流发电机的类型与结构

1. 汽车交流发电机的类型

根据中华人民共和国汽车行业标准《汽车电气设备产品型号编制方法》（QC／T 73—93）的规定，汽车交流发电机的型号组成如右图所示：

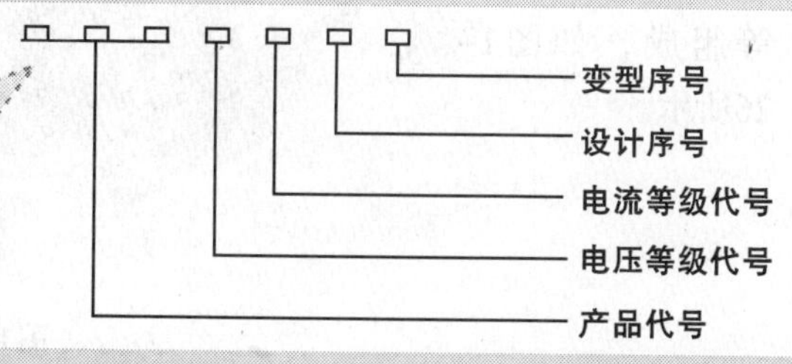

(1) 产品代号

交流发电机的产品代号有JF、JFZ、JFB和JFW四种，分别表示交流发电机、整体式交流发电机、带泵交流发电机和无刷交流发电机（字母J、F、Z、B和W分别为交、发、整、泵和无字的汉语拼音第一个大写字母）。

(2) 电压等级代号和电流等级代号

电压、电流等级代号都用一位阿拉伯数字表示，其含义分别见表1-1、表1-2。

电压等级代号　　表1-1

电压等级代号	1	2	3	4	5	6
电压等级（V）	12	24	—	—	—	6

(3) 设计序号

按产品设计先后顺序，由1～2位阿拉伯数字组成。

电流等级代号　　表1-2

电流等级代号	1	2	3	4	5	6	7	8	9
电流（A）	≤19	20~29	30~39	40~49	50~59	60~69	70~79	80~89	≥90

(4) 变型代号

交流发电机以调整臂位置作为变型代号。从驱动端看，在中间不加标记；在右边时用Y表示；在左边时用Z表示。

例如：捷达轿车用JFZ1927型交流发电机是电压等级为12V、电流等级为≥90A、第27次设计。

2. 汽车交流发电机的结构

三相同步交流发电机由转子、定子、电刷与电刷架、整流器、前后端盖、带轮及风扇等组成，如图1-26所示。

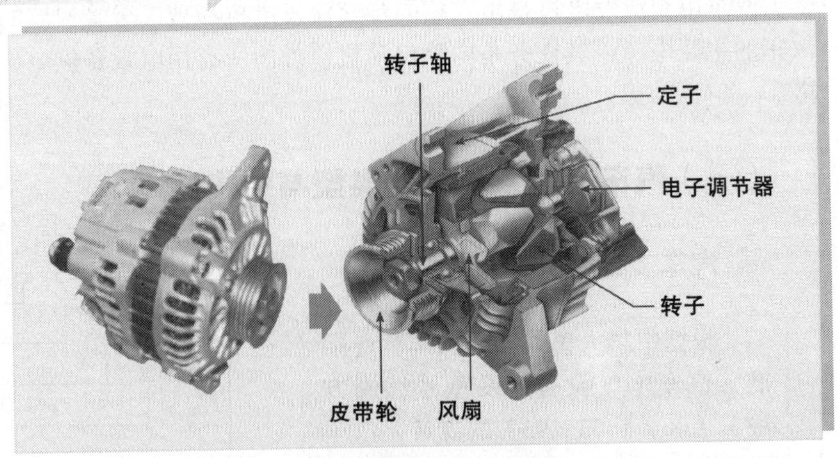

图1-26　三相同步交流发电机

（1）转子

转子是交流发电机的磁场部分，主要由两块爪极、磁场绕组、轴和滑环等组成。两块爪极各具有6个鸟嘴形磁极，压装在转子轴上，在爪极的空腔内装有磁轭，其上绕有磁场绕组（又称励磁绕组或转子线圈）。磁场绕组的两引出线分别焊在与轴绝缘的两个滑环上，滑环与装在后端盖上的两个电刷接触。当两电刷与直流电源接通时，磁场绕组中便有磁场电流通过，产生轴向磁通，使得一块爪极被磁化为N极，另一块爪极为S极，从而形成了六对相互交错的磁极，实物如图1-27a）所示，分解图如图1-27b）所示。

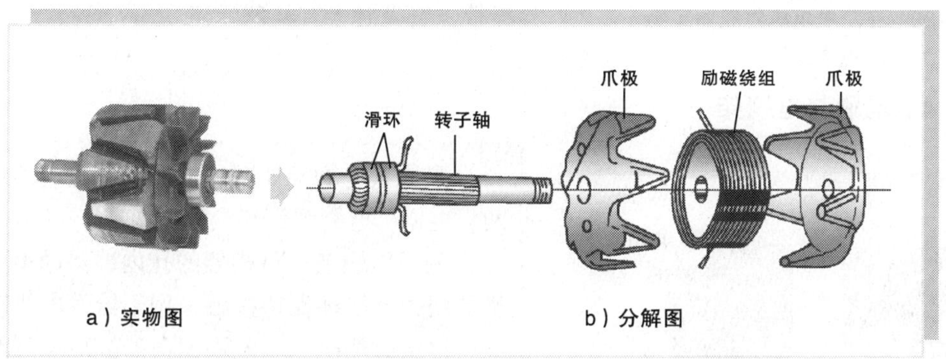

图1-27　转子

（2）定子

定子由定子铁芯和定子绕组组成，如图1-28所示。定子铁芯由相互绝缘的内圆带嵌线槽的圆环状硅钢片叠成。嵌线槽内嵌入三相对称的定子绕组。绕组的接法有星形（即Y形）、三角形两种方式，如图1-29所示。一般采用星形连接，即每相绕组的首端分别与整流器的硅二极管相接，每相绕组的尾端接在一起，形成中性点N。

图1-28　定子

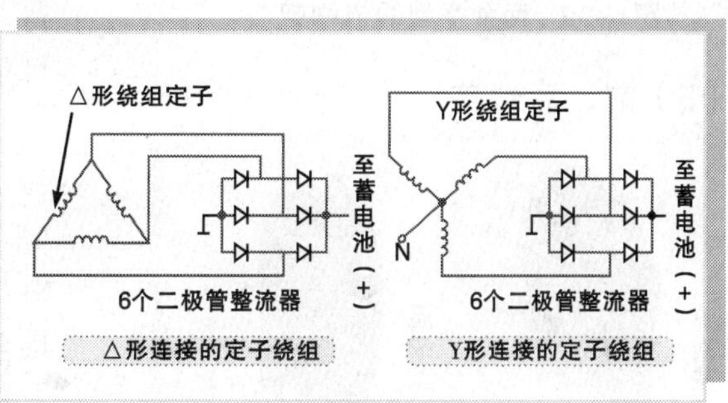

图1-29　定子绕组连接图

（3）整流器

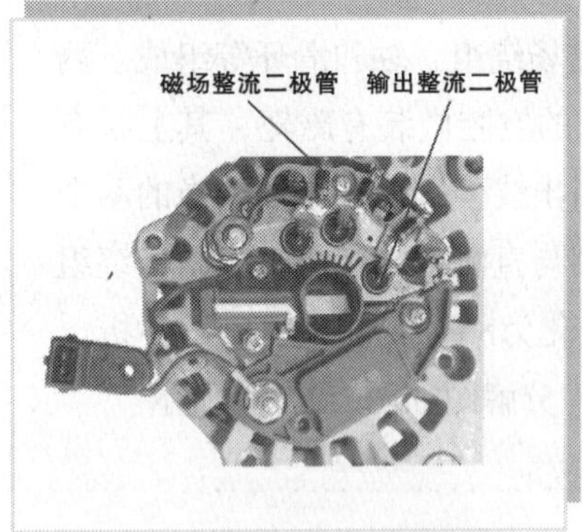

图1-30 交流发电机整流器实物

交流发电机整流器如图1-30所示，它的作用是将发电机定子绕组产生的三相交流电转换为直流电，一般由6只硅整流二极管及其散热板所组成。整流二极管的工作电流大、反向电压高。交流发电机整流二极管有负极管和正极管之分，外壳为正极、中心引线为负极的二极管，称为负极管，管壳底上注有黑色标记；外壳为负极、中心引线为正极的二极管，称为正极管，管壳底上有红色标记。

（4）电刷与电刷架

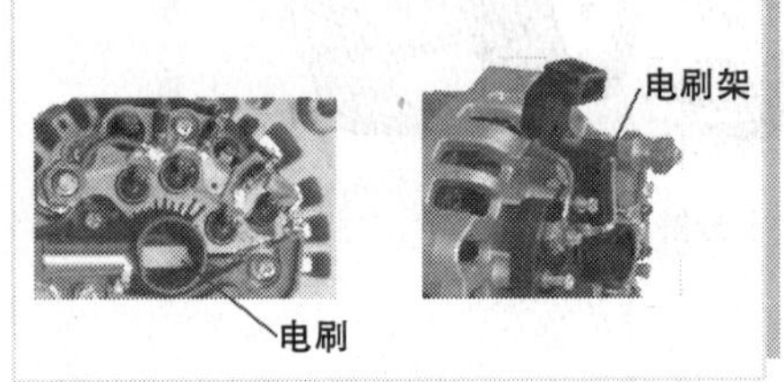

图1-31 电刷与电刷架实物

电刷及电刷架如图1-31所示，电刷总成由两只电刷、电刷弹簧和电刷架组成。

两只电刷装在电刷架的孔内，借助电刷弹簧的压力与滑环保持接触，用于给发电机转子绕组提供磁场电流。电刷架由酚醛玻璃纤维塑料模压成或用玻璃纤维增强尼龙制成，安装在发电机的后端盖上。

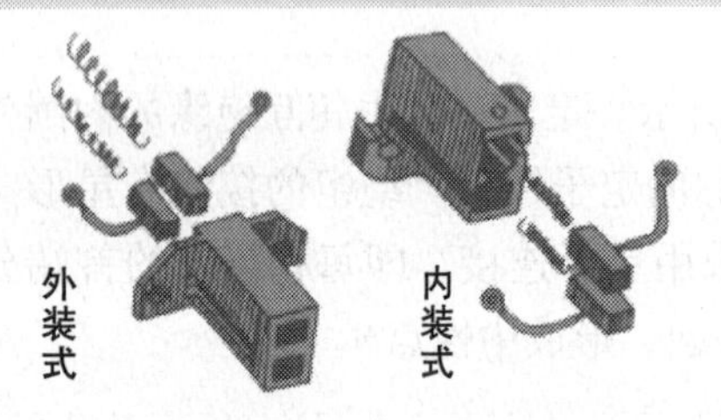

图1-32 两种类型的电刷架

目前国产交流发电机的电刷架有两种结构，如图1-32所示，一种电刷架可直接从发电机的外部拆装（外装式），因此，拆装维修方便；另一种则不能直接从发电机外部进行拆装（内装式），如需更换电刷，还需将发电机拆开，故这种结构将逐渐被淘汰。

（5）前、后端盖

图1-33 前、后端盖实物

如图1-33所示，前端盖、后端盖是由非导磁材料铝合金制成的，漏磁少，并具有轻便、散热性能好等优点。在后端盖上装有电刷架和电刷。

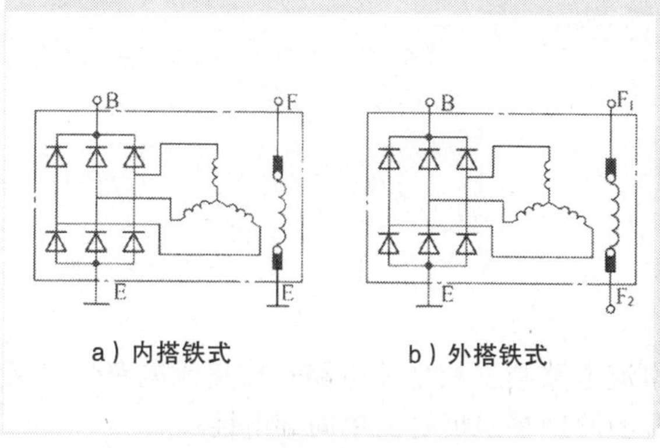

图1–34　交流发电机的搭铁形式

交流发电机的搭铁形式分为内搭铁和外搭铁两种。内搭铁式的交流发电机，其励磁绕组的两端通过电刷分别引至发电机后端盖上的接线柱，分别称为“F”（或“磁场”）和“E”（或“搭铁”）接线柱，即励磁绕组的一端在发电机的外壳上直接搭铁。外搭铁式的交流发电机，其励磁绕组的两端引至后端盖上的接线柱，分别称为“F_1”和“F_2”接线柱，且两个接线柱均与发电机的后端盖绝缘，励磁绕组需经调节器搭铁，如图1–34所示。

（6）风扇与皮带轮

风扇及皮带轮实物如图1–35所示。交流发电机的前端装有皮带轮，由发动机通过风扇传动带驱动发电机旋转。在皮带轮的后面装有叶片式风扇，前后端盖上分别有出风口和进风口。当发动机带动发电机高速旋转时，可使空气流经发电机内部，对发电机进行冷却。

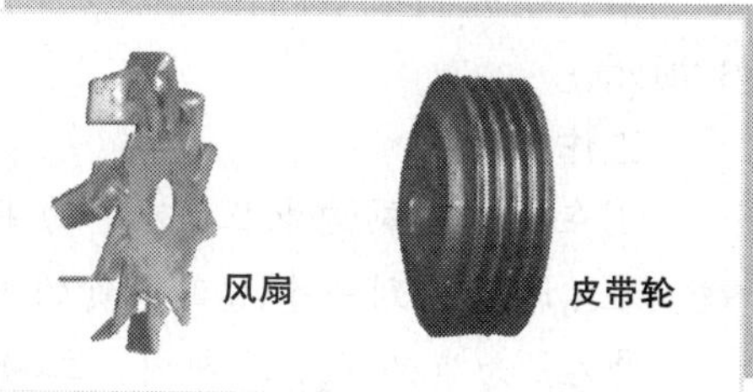

图1–35　风扇及皮带轮实物

（二）交流发电机的工作原理

1. 发电原理

当外加的直流电压作用在励磁绕组两端点的接线柱之间时，励磁绕组中便有电流通过，产生轴向磁场，两块爪形磁极磁化，形成了数对N极和S极。磁极的磁力线经过转子与定子之间的气隙、定子铁芯形成闭合磁路。

当转子旋转时，磁力线和定子绕组之间产生相对的切割运动，在三相绕组中产生交流电动势。如图1–36所示，由于三相绕组是对称绕制的，所以产生的三相电动势亦是对称的。

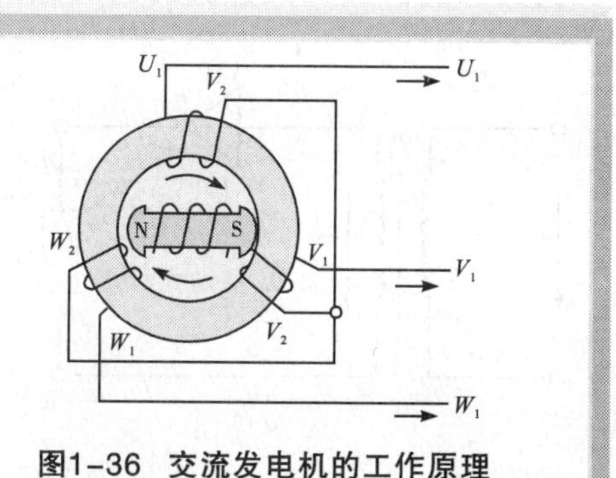

图1–36　交流发电机的工作原理

每相绕组的电动势有效值的大小和转子的转速及磁极的磁通成正比。即：

$$E_{\phi}=C_1 n\phi$$

式中：E_{ϕ} ——电动势的有效值；

C_1——常数；

n ——转子的转速；

ϕ ——磁极磁通。

2. 整流原理

整流电路按交流电源相数可分为单相整流电路与三相整流电路；按整流电路形式又可分为半波整流电路与全波整流电路。整流的原理是二极管的单向导电性。

（1）单相半波整流电路

单相半波整流电路由整流变压器T、整流二极管VD以及负载电阻R_L组成。如图1-37所示。

工作原理

①在变压器副边电压u_2为正的半个周期内，二极管导通，电流经过二极管流向负载，在R_L两端得到一个上正下负的电压。

②在u_2为负的半个周期内，二极管反向偏置，电流基本上为0。

因此，在负载R_L两端得到的电压u_0为电源电压u_2的正半波，所以称半波整流，如图1-38所示。

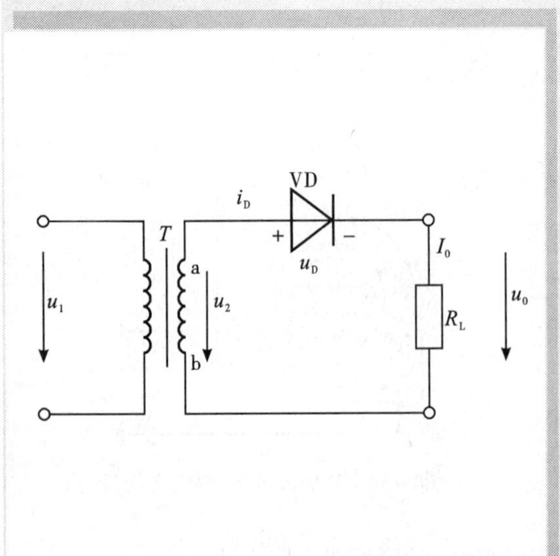

图1-37 单相半波整流电路

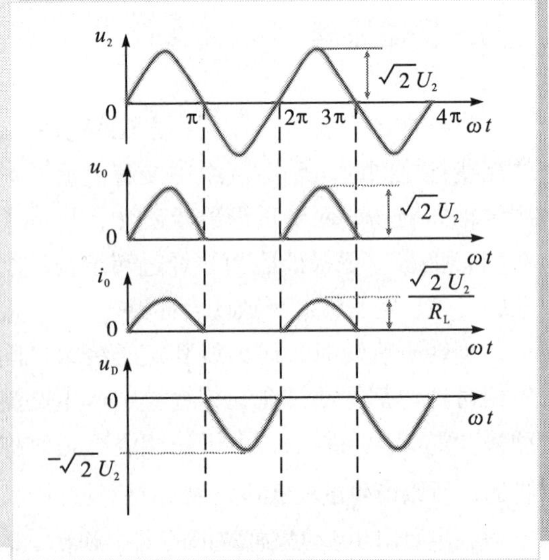

图1-38 单相半波整流电路波形图

半波整流电路输出电压的平均值U_0

设整流电路的交流输入电压 $u_2=\sqrt{2}U_2\sin(\omega t)$

根据图1-38可知，在输入电压的一个周期内，在负载上得到输出电压波形只是半个正弦波。

在半波整流情况下，整流电路的输出电压瞬时值为：

$$U_0=\begin{cases}\sqrt{2}U_2\sin(\omega t) & 0\leqslant \omega t\leqslant \pi \\ 0 & \pi\leqslant \omega t\leqslant 2\pi\end{cases}$$

其中U_2为变压器副边电压的有效值，因此，根据定义，可以求出输出电压平均值。

$$U_0=\frac{1}{2\pi}\int_0^{\pi}\sqrt{2}U_2\sin(\omega t)\mathrm{d}(\omega t)=\sqrt{\frac{2}{\pi}}U_2=0.45U_2$$

整流二极管正向平均电流I_D

在半波整流电路中，整流二极管串联在输出回路中，因此，整流二极管的正向平均电流I_D等于流过负载的输出平均电流I_0。

$$I_D=I_0=\frac{U_0}{R_L}=0.45\frac{U_2}{R_L}$$

二极管承受的反向峰值电压U_{RM}

整流二极管在截止时，它两端所承受的最大反向电压。选管时应选择耐压值比高的管子，以免发生反向击穿。如图1-36所示的波形图可看出，整流二极管所承受的最大反向电压U_{RM}就是变压器副边电压的最大值，即$U_{RM}=\sqrt{2}U_2$。

（2）单相全波整流电路

全波整流电路是在半波整流电路的基础上加以改进而得到的。它是利用具有中心抽头的变压器与两个二极管配合，使两个二极管在正半周和负半周内轮流导电，而且二者流过R_L的电流保持同一方向，从而使正、负半周在负载上均有输出电压。

全波整流的原理图见图1-39。变压器的两个副边电压大小相等，同名端如图1-39所示。

①当u_2极性如图所示为上正下负（称之为正半周）时，VD_1导通，VD_2截止，i_{D1}流过R_L在负载上得到的输出电压极性为上正下负；

②当u_2负半周时，u_2的极性与图示相反，此时VD_1截止，VD_2导通，由图1-39可见，i_{D2}流过R_L时产生的电压极性也是上正下负，与正半周时相同。

因此在负载上可以得到一个单方向的脉动电压。全波整流电路的波形见图1-40。

此外，全波整流电路必须采用具有中心抽头的变压器，而且每个线圈只有一半时间通过电流，所以变压器的利用率不高。

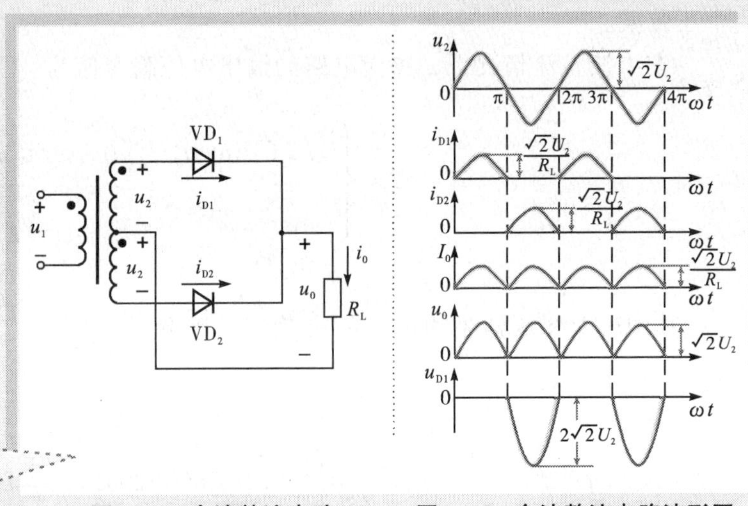

图1-39 全波整流电路　图1-40 全波整流电路波形图

（3）桥式整流

① 单相桥式整流

由4个整流二极管接成电桥的形式，其电路图如图1-41a）所示。VD_1和VD_2的负极接在一起作为输出端的正极；VD_3和VD_4的正极接在一起作为输出端的负极。图1-41b）为简化画法。

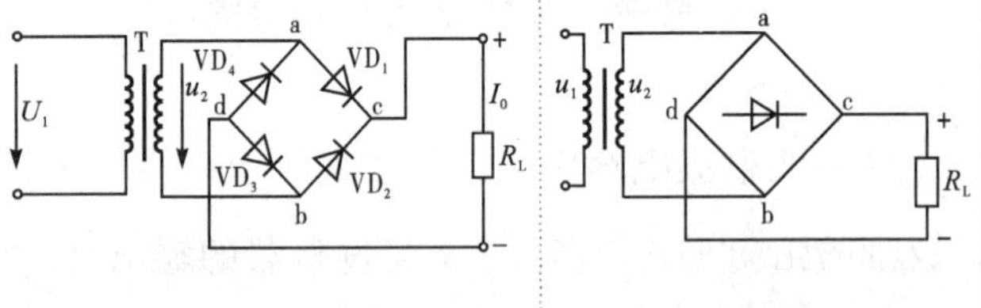

a）常用画法　b）简化表示法

图1-41 单相全波桥式整流电路

工作原理

当u_2为正半波时，二极管VD_1，VD_3导通，VD_2、VD_4截止。电流的流向为a→VD_1→R_L→VD_3→b，如图1-42a）所示。

当u_2为负半波时，二极管VD_2、VD_4导通，VD_1、VD_3截止。电流的流向为b→VD_2→R_L→VD_4→a，如图1-42b）所示。VD_1、VD_3与VD_2、VD_4轮流导通半个周期，在整个周期内，负载R_L上均有电流流过，并且始终是一个方向。

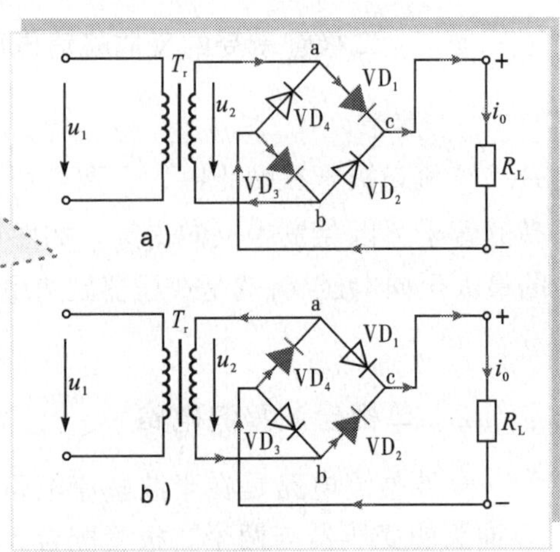

图1-42 单相全波桥式整流电路波形图

②三相桥式整流

交流发电机定子绕组中感应产生的交流电，就是靠硅整流器整定为直流电，硅整流器实际上是一个6只二极管组成的三相桥式全波整流电路，如图1-43所示。

整流过程：以六管三相桥式整流电路为例：

由于3只正极管（VD_1、VD_3、VD_5）的正极分别接在发电机三相绕组的始端（A、B、C）上，它们的负极又连接在一起，所以3只正极管的导通原则是，在某一瞬间正极电位最高者导通。

由于3只负极管（VD_2、VD_4、VD_6）的负极分别接在发电机三相绕组的始端，它们的正极又连接在一起，所以3只负极管的导通原则是在某一瞬间负极电位最低者导通，整流过程如图1-44所示。

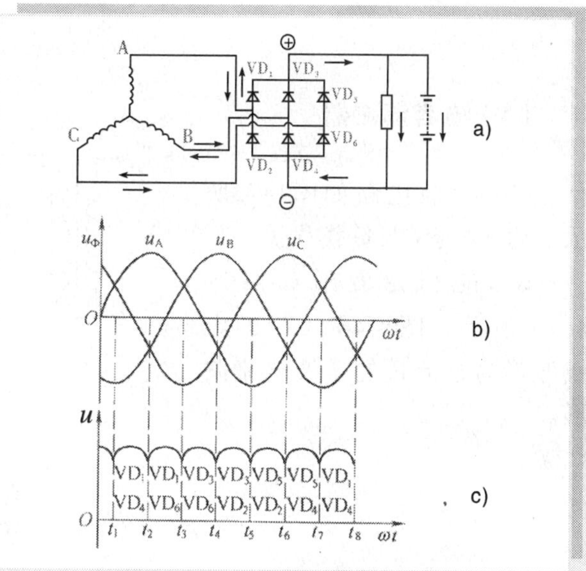

图1-43　三相桥式整流电路

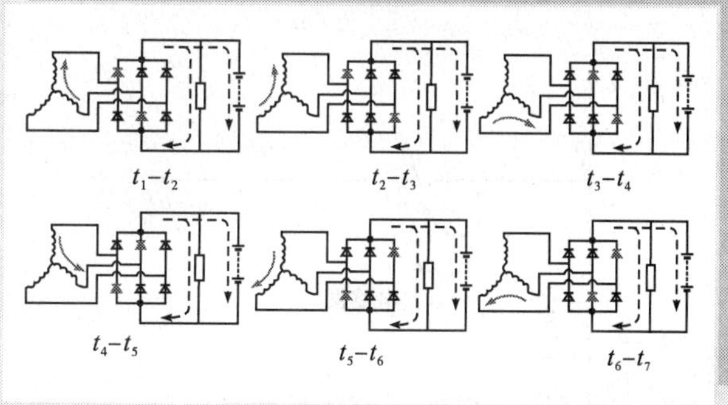

图1-44　整流过程

3. 滤波电路

整流电路输出电压实际上含有多种频率的交流成分。为减少负载电压中的交流分量，一般在负载与整流电路之间接入滤波电路。滤波电路能滤除交流成分，使输出电压变得平稳。滤波电路通常由电容、电感元件组成。把电容、电感适当地组合，就可以很好地完成滤波任务。下面，我们将介绍电容滤波电路、电感滤波电路以及由电容、电感组成的复式滤波电路。

（1）电容滤波器

电容滤波电路如图1-45所示，滤波电容C与负载并联。

设u_2的初始波形如图1-46a）所示。图1-46b）中的虚线波形为整流桥的全波整流波形。

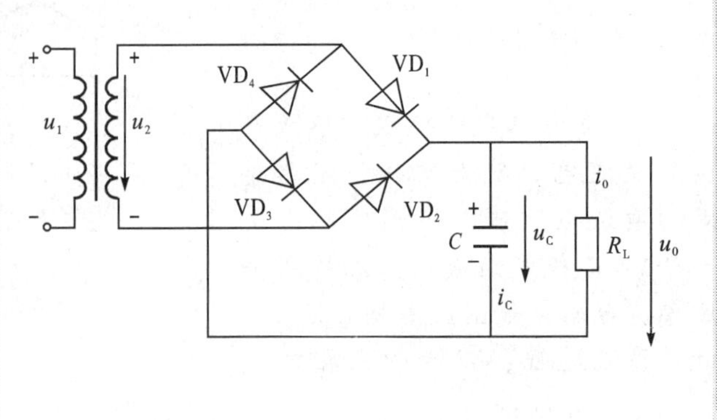

图1-45 桥式整流电容滤波电路

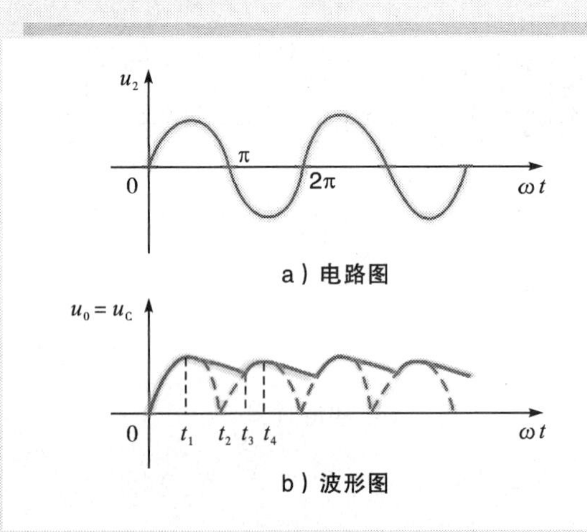

图1-46 电容滤波电压波形图

工作原理

当u_2正半波上升时，VD_1、VD_3导通，电容C开始充电，电压逐渐上升，直至接近电源电压u_2的最大值。当u_2正半波开始下降时，$u_c>u_2$，VD_1、VD_3截止，电容C向R_L放电。同理，当u_2负半波时，在$t_2\sim t_3$期间，$u_c>u_2$，VD_2、VD4截止，电容C向R_L放电。在$t_3\sim t_4$期间，$u_2>u_c$，VD_2、VD_4导通，电容C充电，直至$u_c>u_2$，VD_2、VD_4截止。如此周而复始。由于二极管正向电阻小，电容充电快；而R_L则一般较大，电容放电较慢，所以负载上得到一个脉动较小的电压。

电容滤波的特点：

电容滤波电路的优点是可以得到脉动很小的直流电压，其缺点是输出电压u_0受负载变化影响较大，负载电流增大，负载电压脉动程度就会增大。所以电容滤波电路只适用于负载电流较小的场合。

(2)电感滤波电路

电感滤波电路如图1-47所示。

工作原理

将电感线圈L与负载R_L串联，电流增大时，电感产生自感电动势阻止电流增加；电流减少时，电感产生自感电动势阻止电流减少，从而使负载电流变平滑。

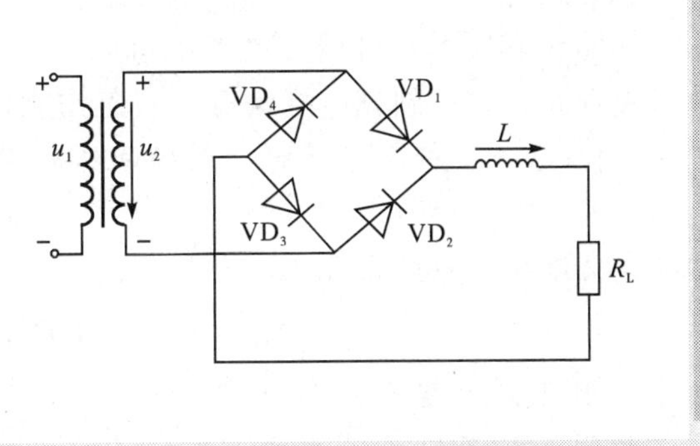

图1-47 电感滤波电路

电感滤波的特点：

电感滤波的优点能够得到较好的滤波效果而直流电压损失很小；其缺点是设备体积大，重量大，而且容易引起电磁干扰，一般只适用于低电压的电流场合。

(3)LC滤波电路

为进一步改善滤波效果，在电感滤波电路的基础上，再在R_L上并联一个电容，如图1-48所示。

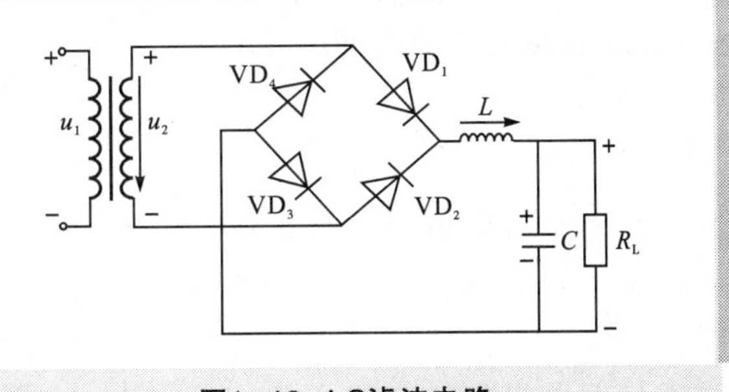

图1-48 LC滤波电路

LC滤波电路的特点：

其优点是同时利用了电感阻止交流分量和电容旁路交流分量的作用，滤波效果好，接通瞬间冲击电流小，输出电流大，带负载能力强；其缺点是电感线圈体积大，成本高，因此适用于负载变动大或电流较大的场合。

4. 励磁方式

由于交流发电机转子的爪极剩磁较弱，所以发电机在低速运转时，加在硅二极管上的正向电压也很小，此时二极管的正向电阻较大，较弱的剩磁产生的很小的电动势很难克服二极管的正向电阻，使发电机电压不能迅速建立起来。因此，交流发电机开始发电时，采用他励方式，即由蓄电池提供励磁电流，增强磁场，使电压随发电机转速很快上升。当发电机转速升高，发电机电压达到蓄电池电压时，即由发电机自己供给励磁电流，也就是由他励转变为自励。由此可见：

汽车交流发电机的励磁方式是：先他励、后自励

如图1-49所示是九管交流发电机原理图，其中3只励磁二极管专供励磁电流，励磁二极管同时也控制充电指示灯。其工作原理如下：

（1）当点火开关接通时，励磁电路如下：蓄电池正极→点火开关→充电指示灯→调节器→F端→发电机励磁绕组→搭铁。这时充电指示灯亮，表示蓄电池放电。此时汽车交流发电机的励磁方式是他励。

（2）当发动机启动，发电机电压高于蓄电池电压时，由于D+端与B端两点电位相等，因此充电指示灯因两端电位相等而熄灭，表示发电机正常发电。一方面，由发电机的火线接线端B向全车供电及向蓄电池充电；另一方面通过D+端为发电机的励磁绕组提供励磁电流。励磁电路如下：D+→调节器→F端→发电机励磁绕组→搭铁。此时汽车交流发电机的励磁方式是自励。

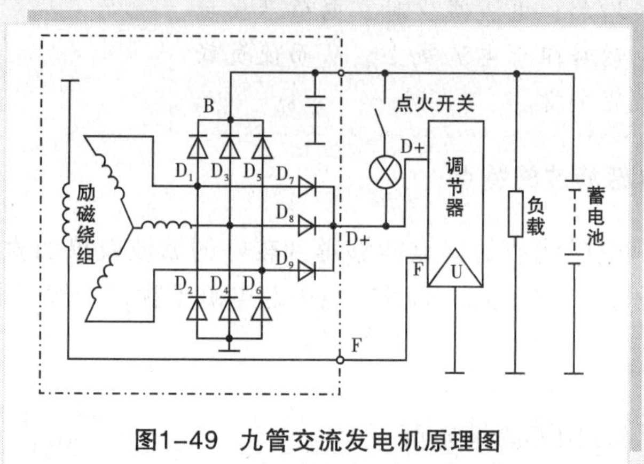

图1-49 九管交流发电机原理图

车用交流发电机励磁电流的控制形式有两种，一种是控制励磁电流的火线，其搭铁可以通过发电机机体直接搭铁，我们通常称这种控制方式为内搭铁（或内搭铁交流发电机），如图1-50a）所示；另一种控制方式是控制励磁电流的搭铁，我们通常称这一种控制方式为外搭铁（或外搭铁交流发电机），如图1-50b）所示。

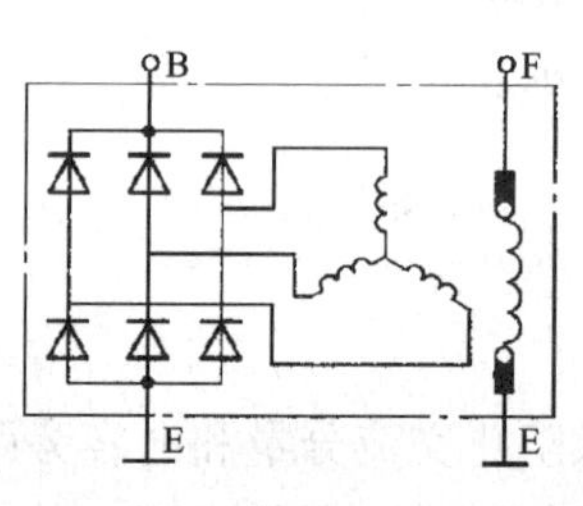

a）内搭铁控制形式

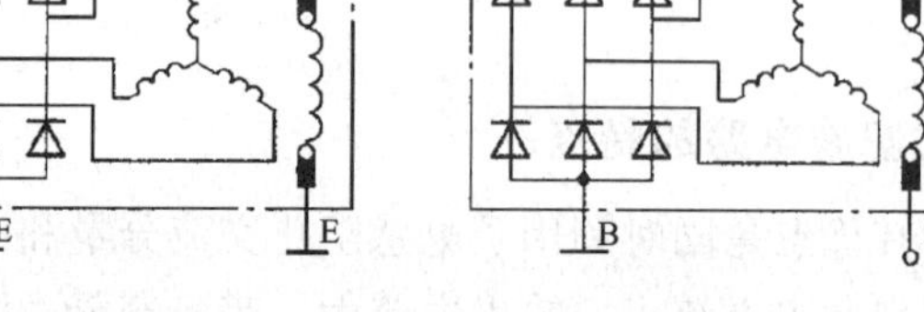

b）外搭铁控制形式

图1-50 励磁电流的控制形式

（三）交流发电机的工作特性

汽车交流发电机的特性有空载特性、输出特性和外特性，其中以输出特性最为重要。

1. 输出特性

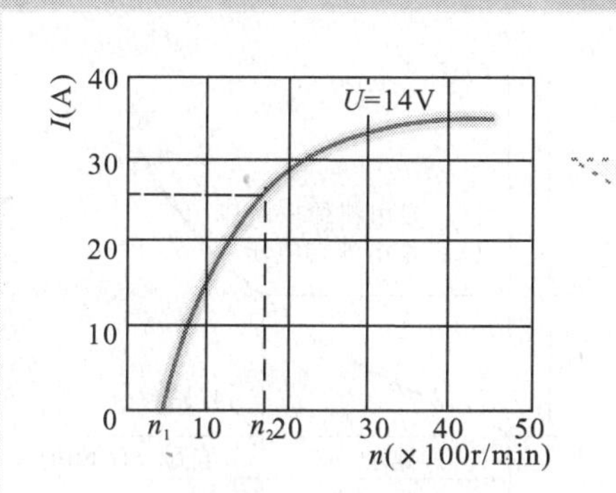

图1-51 交流发电机的输出特性

输出特性也称负载特性，是指当交流发电机保持输出电压一定时，发电机的输出电流与转速之间的关系，即U等于常数时（对于标称电压为12 V的交流发电机电压恒定在14 V；标称电压为24 V的发电机电压恒定在28 V），$I=f(n)$的函数关系。如图1-51所示为交流发电机的输出特性曲线。

由输出特性可以看出：

①发电机达到额定电压时的转速定为空载转速n_1，空载转速值是选择发电机与发动机传动比的主要依据。

②发电机达到额定功率（或额定电流）时的转速定为满载转速n_2，此时发电机的负载电流为额定电流。空载转速值和满载转速值是使用中判断发电机技术性能优劣的重要指标，发电机出厂产品说明书中均有规定。使用中，只要测得这两个数据，与规定值相比即可判断发电机性能是否良好。

③当电动机转速升到某一定值以后，其输出电流就不再随转速的升高和负荷的增多而继续增大，此时的电流称为发电机的最大输出电流或限流值。也就是说交流发电机具有自身控制输出电流的功能。交流发电机的最大输出电流约为额定电流的1.5倍。

交流发电机能自动限制最大输出电流的原因如下：

① 交流发电机定子绕组的阻抗Z随发电机转速的升高而增加。阻抗越大，电源的内阻越大，输出电流下降。

② 随着发电机输出电流增大，电枢反应加强，磁场减弱，可使定子绕组中的感应电动势下降。

2. 空载特性

空载特性是指无负荷时，发电机端电压与转速的变化规律。即$U=f(n)$的空载特性曲线，如图1-52所示。

从曲线可以看出，随着转速的升高，端电压上升较快。由他励转入自励发电时，即能向蓄电池进行补充充电。这进一步证实了交流发电机低速充电性能好的优点。空载特性是判定交流发电机充电性能是否良好的重要依据。

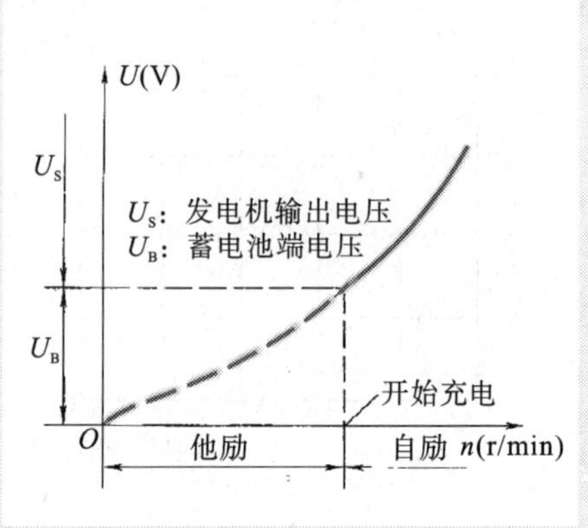

图1-52 交流发电机的空载特性

3. 外特性

外特性是指发电机转速保持一定时，发电机的端电压与输出电流的关系，即转速n=常数时，$U=f(I)$的曲线如图1-53所示。

由此可见：

①发电机的转速越高，在相同电压下其输出电流越大或相同电流下其输出电压越高。

②当保持在某一转速时，端电压均随输出电流的增大而相应下降得较快，原因是：

a. 发电机的输出电流增大，随着电枢反应增强，导致定子绕组中的感应电动势下降，引起端电压的下降。

b. 发电机的输出电流增加，使得发电机内压降增大，引起端电压下降。

c. 当端电压下降较多时导致励磁电流减小，引起磁场减弱，从而导致发电机端电压进一步下降。

此外，发电机输出电流随负载增加到一定值时，若再继续增加负载，输出电流不再增加，反而同端电压一起下降。

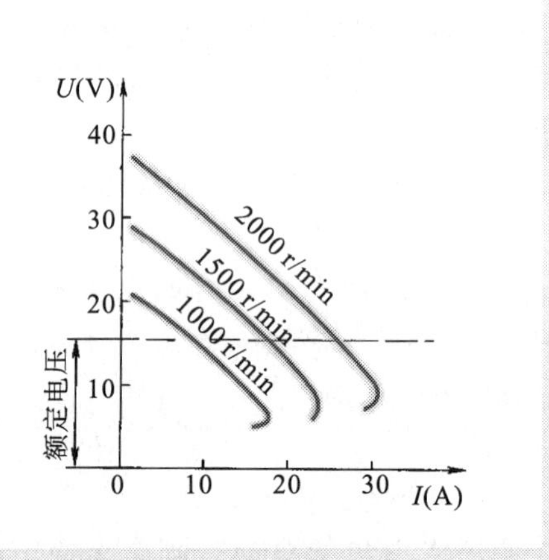

图1-53 交流发电机的外特性

三、汽车交流发电机的检测（静态与动态检测）

（一）交流发电机的拆装与接线端子的识别

1. 发电机接线端子的识别

以威驰轿车交流发电机为例，其接线端子如图1-54所示。其中，发电机B1（L）端子，接充电指示灯；发电机B2（IG）端子，是电压调节器供电，接10A仪表熔断丝；发电机B3（S）端子，蓄电池端电压检测，接7.5A ACTS熔断丝；发电机A1（B）是交流发电机的输出，接熔断丝盒的B接线端。

图1-54　丰田威驰发电机端子识别

2. 大众发电机的拆解

发电机的拆解按照以下操作步骤进行（此为大众汽车发电机）。

①用扭力扳手拧出发电机皮带轮的紧固螺母，取出螺母垫圈，如图1-55所示。

②用拉器拉出发电机皮带轮，如图1-56所示。

图1-55　拧发电机皮带轮的紧固螺母

图1-56　拉出发电机皮带轮

图1-57 拧下整流器罩盖螺栓

③拧下发电机后端盖的整流器罩盖螺栓，如图1-57所示。

图1-58 取下后端盖

④取下后端盖，如图1-58所示。

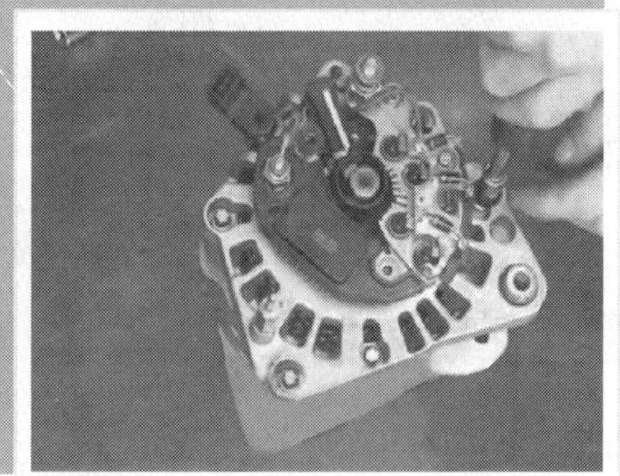

图1-59 拧下壳体紧固螺栓

⑤拧下各颗发电机电前后端壳体紧固螺栓，如图1-59所示。

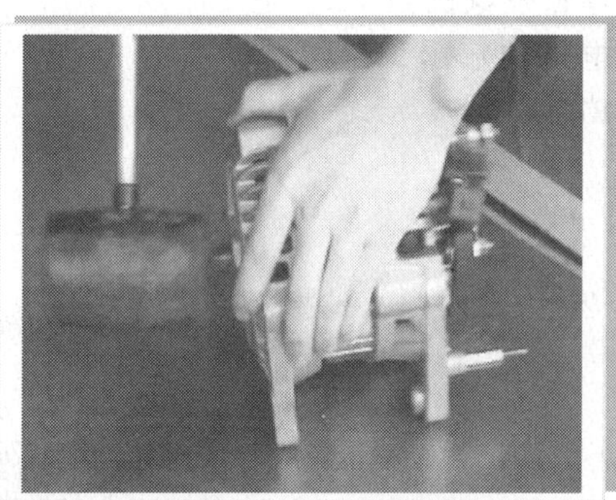

图1-60 敲击转子转轴

⑥用橡胶锤敲击转子转轴，如图1-60所示。

图1-61 取前端盖

⑦取出前端盖，如图1-61所示。

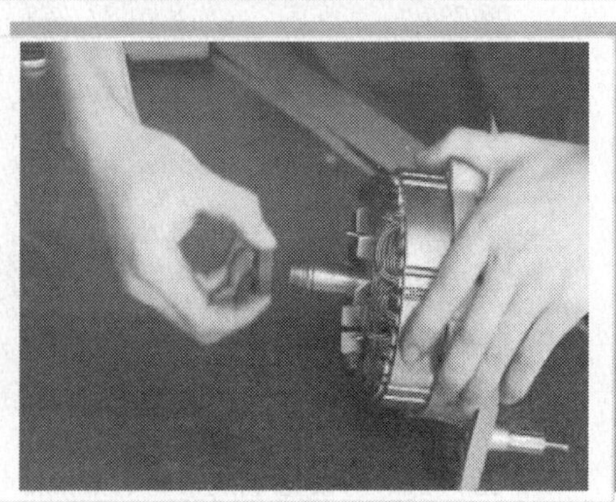

图1-62 取止推垫圈

⑧取出止推垫圈，如图1-62所示。

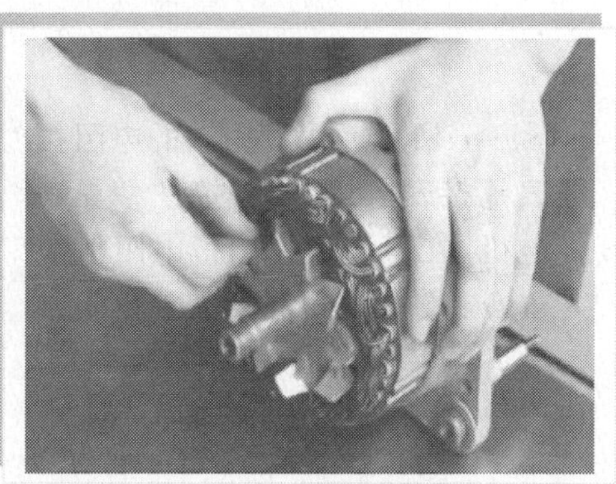

图1-63 取出风扇叶轮

⑨取出风扇叶轮，如图1-63所示。

图1-64 取出转子总成

⑩取出转子绕组总成，如图1-64所示。

图1-65 定子绕组总成

⑪定子绕组总成，如图1-65所示。

3. 发电机的装配

按拆解的反顺序装复。装复后，转动发电机皮带轮，转子转动平顺，无摩擦及碰击声。

（二）交流发电机的整机检测

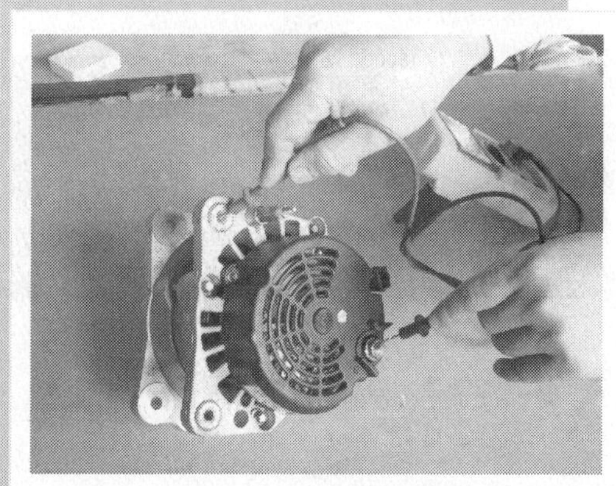

图1-66 检测交流发电机

如图1-66所示，用万用表的电阻挡位，红表笔接发电机电枢“B”接柱，黑表笔接发电机外壳。测得阻值在40～50Ω以上，说明无故障；若阻值在10Ω左右，说明有失效的二极管；若阻值为0Ω，说明有不同极性的二极管击穿。调换表笔检测，电阻应大于10kΩ。

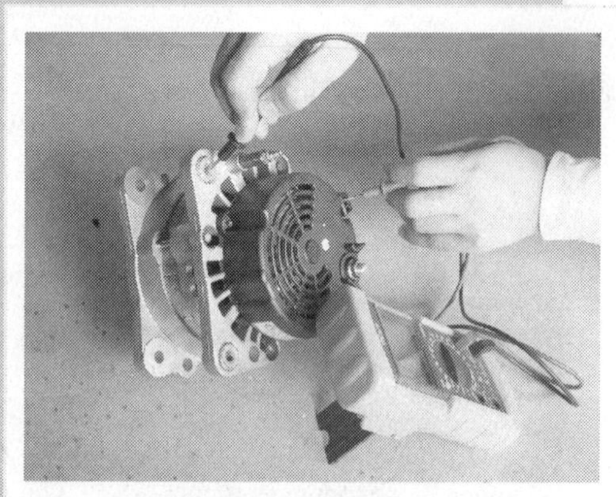

图1-67 检测交流发电机

如图1-67所示，用万用表的电阻挡位，红表笔接发电机“F”接柱，黑表笔接发电机“E”接柱，测得电阻值应为3.5～6Ω；转动转子再测量，电阻基本不变。

（三）交流发电机零部件的检测与维修

1. 二极管的检测与维修

拆开定子绕组与硅二极管的连接线后，用万用表逐个检查硅二极管的性能。其检查方法和要求如图1-68所示。测量压在后端盖上的二极管（负极管子）时，将万用表的红表笔接端盖，黑表笔接二极管的引线如图1-68a）所示，电阻值应在8~10Ω的范围内；然后将两表笔交换进行测量，电阻值应在10kΩ以上。

压在散热板上的三个正极管子是相反方向导电的，测试结果与负极管子相反，如图1-68b）所示。若正、反向测试时，电阻值均为零，则二极管短路；若电阻值均为无穷大，则二极管断路。短路和断路的二极管均应更换。

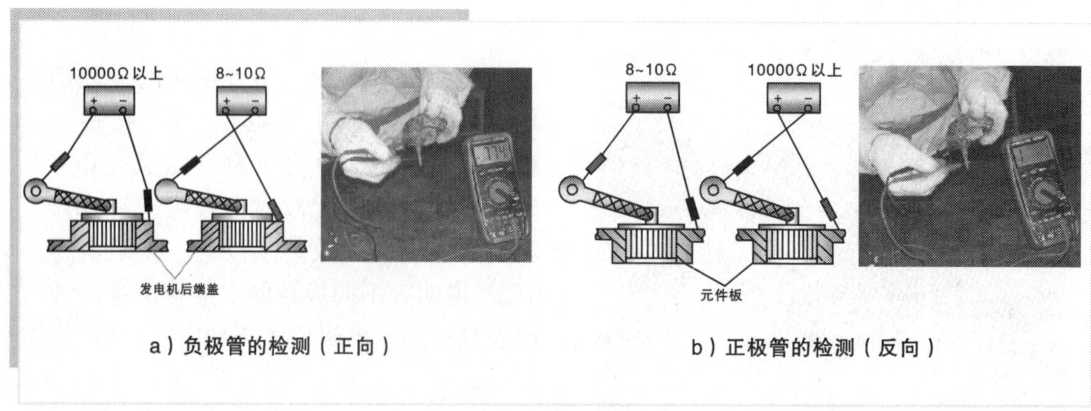

a）负极管的检测（正向）　　b）正极管的检测（反向）

图1-68 二极管的检测

2. 转子的检测

(1) 滑环的检修

滑环表面应光洁，不得有油污，两滑环之间不得有污物，否则应进行清洁。可用干布蘸汽油擦净，当滑环脏污严重并有轻微烧损时，可用细砂纸磨光，如图1-69所示；若严重烧损或失圆，可在车床上车削修复，修复后，滑环表面粗糙度≤1.60μm，滑环厚度≥1.50mm。

图1-69 滑环的打磨

(2) 检测励磁绕组

检查励磁绕组短路和断路故障时，万用表置于“Ω”挡的位置，表笔分别触在两滑环上，如图1-70所示。如果电阻比规定值小，说明励磁绕组有短路故障；如果电阻无穷大，说明励磁绕组有断路故障。

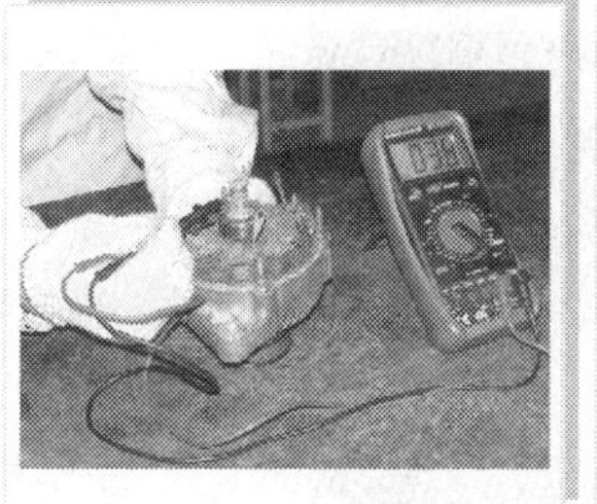

图1-70 测励磁绕组

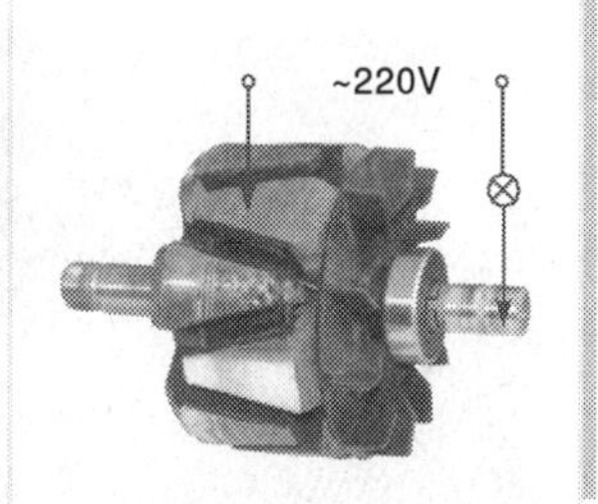

图1-71 用交流试灯检查示意图

励磁绕组搭铁故障可以用交流试灯或万用表进行检查。用交流试灯检查的方法如图1-71所示，灯亮表明励磁绕组或滑环有搭铁故障。用万用表检测时，万用表置于“Ω”挡位置、表笔分别触在滑环和转子轴上，如图1-72所示。如果电阻无穷大，说明励磁绕组绝缘良好，否则说明有搭铁故障。

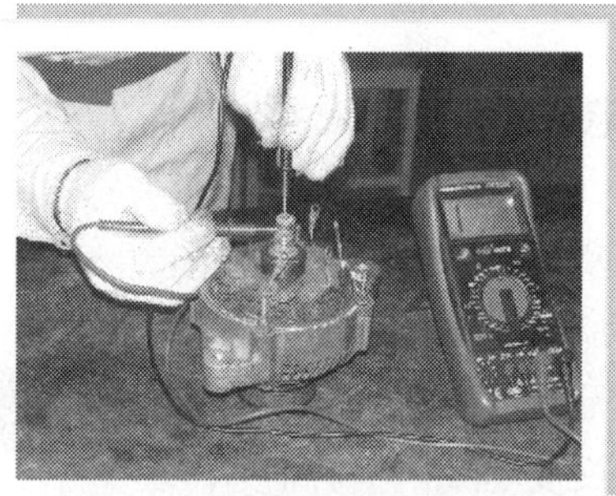

图1-72 万用表测励磁绕组的绝缘

转子轴和轴承的检修

由于发电机转子转速很高，因此转子与定子之间不允许有任何接触，而转子磁极与定子铁芯间的气隙又很小（一般为0.25～0.50mm，最大不超过1.0mm），所以要求转子磁极外圆周表面对两端轴颈公共轴线的径向圆跳动≤0.05mm，否则应予校正或更换。

封闭式轴承，不要拆开密封圈，不宜在溶剂中清洗，轴承径向不应有松旷感觉，滚珠和轨道应无明显损伤，转动灵活，否则更换。

3. 定子的检测

定子绕组断路故障可用万用表按图1–73所示的方法检查。万用表置于"Ω"挡的位置，两表笔每次触及定子绕组的任何两相首端，电阻值都相等并且电阻很小，说明没有断路故障；如果电阻无穷大，说明定子绕组有断路故障。

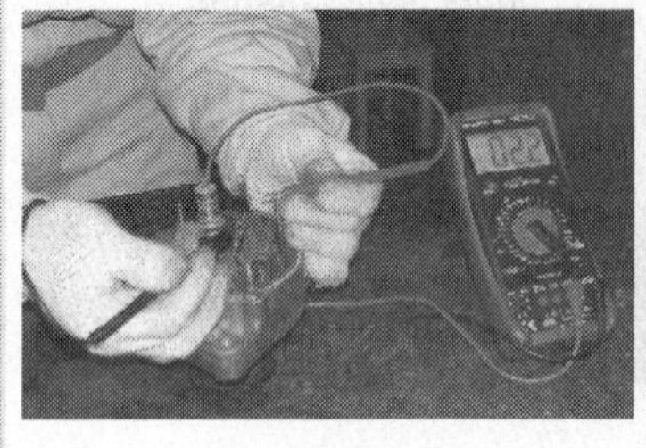

图1–73 定子绕组的断路检查

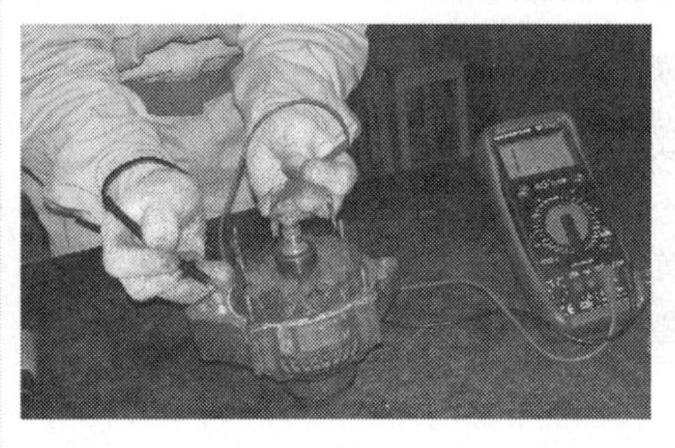

图1–74 定子绕组的绝缘情况检查

定子绕组的绝缘情况检查：万用表置于"Ω"挡的位置，表笔分别触在定子绕组间和定子绕组与定子铁芯间，如果电阻无穷大，说明绕组绝缘良好，否则说明有搭铁故障，如图1–74所示。

也可用交流试灯的方法检查，灯亮说明绕组有搭铁故障，灯不亮为绝缘良好。

4. 电刷组件的检测

电刷及电刷架应无破损或裂纹，电刷在电刷架中应能活动自如，无卡滞现象。

电刷长度也称电刷高度，当电刷的高度低于原来的1/2时应更换，如图1–75所示。

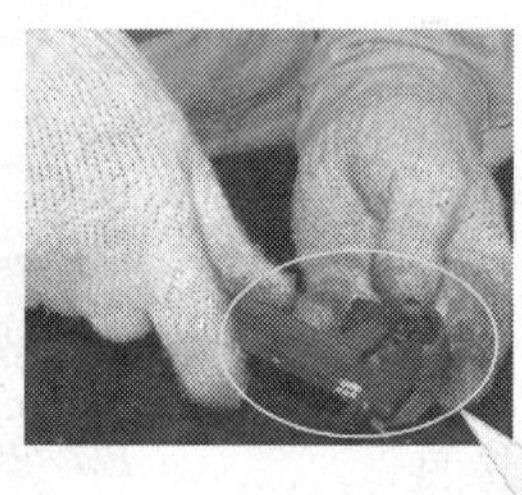
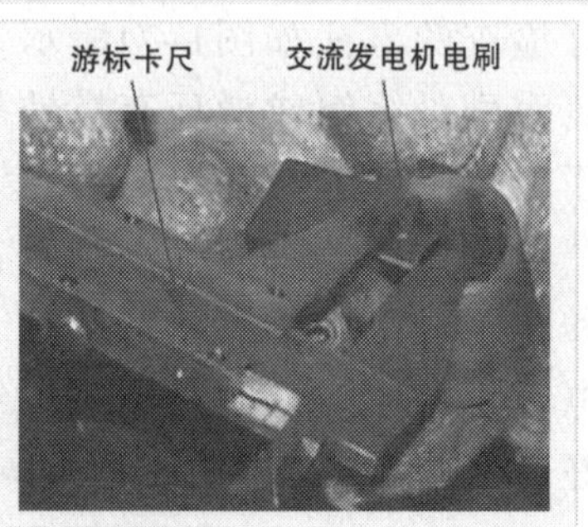

图1–75 检测交流发电机电刷

四、汽车发电机故障的检修

1. 故障现象与故障分析

(1) 故障现象

在启动发动机前充电指示灯点亮，启动发动机后，充电指示灯不灭，并且蓄电池亏电严重。

（2）故障所在部位及原因

①发电机传动带太松或油污打滑。

②发电机励磁线路或充电线路断路。

③发电机整流二极管击穿、短路或断路。

④发电机定子绕组断路或搭铁。

⑤发电机转子绕组断路。

⑥发电机电刷与集电环接触不良。

⑦调节器失效。

2. 故障诊断与排除工艺步骤

①用手指压下皮带的中部，检查发电机皮带是否过松，若压下量过大，说明发电机皮带过松，应调整。

②接通点火开关，用一字旋具靠近发电机后轴承盖，探测转子电磁吸力，如图1-76所示，若有明显吸力，说明励磁回路正常，故障在充电回路。

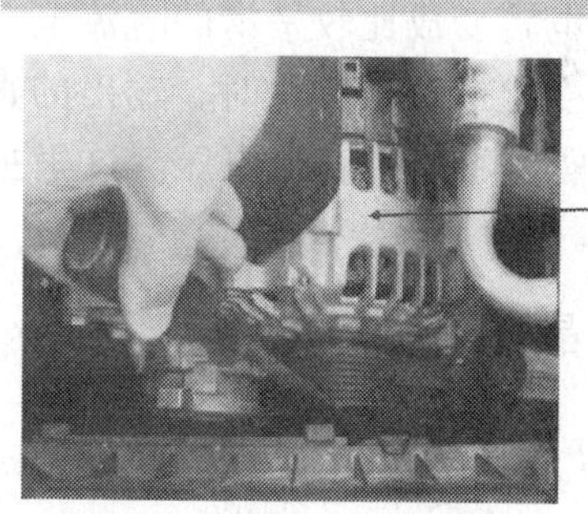

图1-76 检查转子有无磁性（捷达轿车）

③若无吸力或吸力微弱，则用试灯检查发电机励磁电路有无输入电压，如图1-77所示，如无则检查电压调节器及励磁绕组有无损坏。

④若充电回路有故障，可将试灯的一端搭铁，另一端接触发电机“B”接线柱。试灯亮，表时蓄电池到发电机电枢接线柱之间连接正常，故障在发电机；若灯不亮，表明蓄电池到发电机“B”接线柱之间断路。

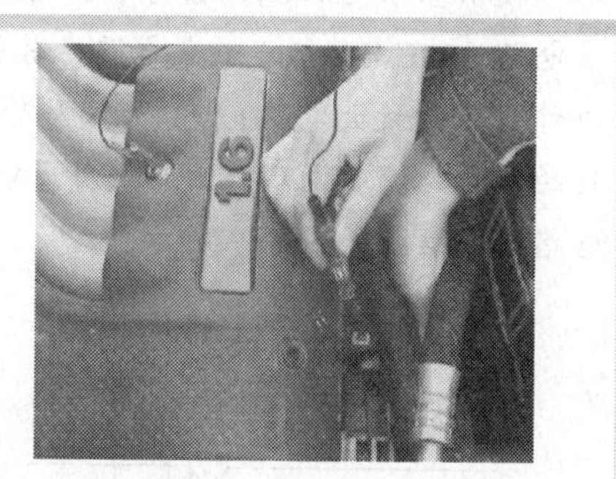

图1-77 检查发电机励磁电路有无电压输入

3. 汽车发电机故障检修实训指导与实操工单

详见附录一。

五、汽车交流发电机检测实训指导与实操工单

详见附录二。

有一客户开来一辆威驰轿车，陈述轿车在起启发动机前充电指示灯点亮，启动发动机后，充电指示灯不灭；发动机中低速时，车上用电设备工作正常。在高速行驶时，夜间行车灯泡易烧毁，蓄电池经常缺电解液。要求给予维修。

为完成这个工作任务，接下来我们学习发电机电压调节器的工作原理及检修方法。

任务二 交流发电机电压调节器的检修

一、稳压电路

发电机输出的交流电压经过整流电路将交流电变成脉动的直流电，滤波电路再将脉动的直流电转变成比较平滑的直流电，但是输出的直流中还含有交流成分，且当发电机输出电压变化或负载变化时，输出的直流电压也随着变化。因此在整流和滤波之后还需稳压，以得到稳定的直流电压。这里主要介绍汽车上常见的两种稳压电路。

1. 晶体管稳压电路

（1）电路组成

晶体管串联电路如图1-78所示。

图中，R_3、R_4、RP组成分压器，称为取样电路；稳压管VS与限流电阻R_2组成稳压电路，提供基准电压U_Z，它与取样电压U_{B2}比较产生一个差值电压，所以该稳压电路又称为基准电路；VT_2与R_1组成放大电路，其输入电压就是取样电压U_{B2}与基准电压U_Z之差值电压，所以称为比较放大电路；VT_1为调整管，与负载相串联，通过U_{CE1}的调整达到稳定输出电压的目的，称为调整电路。由于调整管VT_1与负载串联，所以称为串联型稳压电路。串联型稳压电路组成框图如图1-79所示。

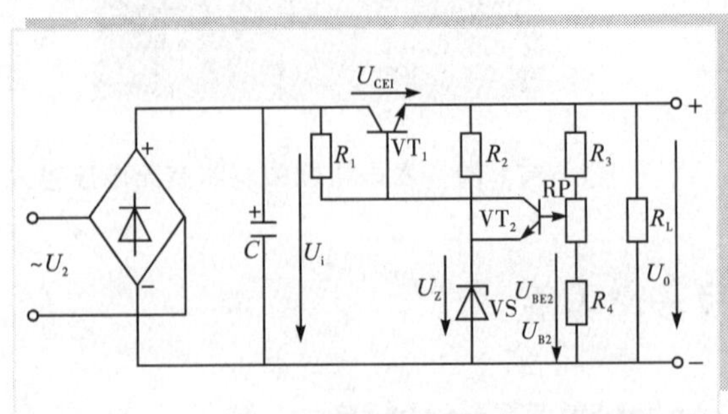

图1-78 晶体管串联稳压电路

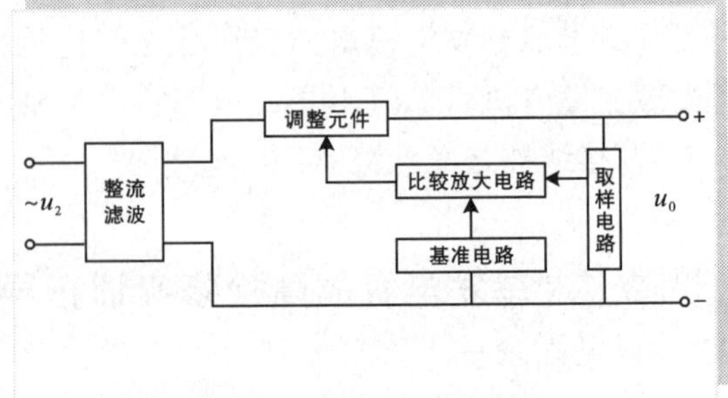

图1-79 串联型稳压电路组成框图

（2）工作原理

假设由于电网电压变化或负载电流变化引起输出电压U_0下降→U_{B2}减少→$U_{BE2}=U_{B2}-U_Z$减少（U_Z不变）→I_{C2}下降→U_{C2}上升→I_{B1}增大→I_{C1}增大→U_{CE1}减少→$U_0=U_i-U_{CE1}$增大，抵消了U_0的下降，使U_0保持不变。

U_0增大时，U_0上升→U_{B2}增加→$U_{BE2}=U_{B2}-U_z$增加（U_z不变）→I_{C2}上升→U_{C2}下降→I_{B1}减小→I_{C1}减小→U_{CE1}增加→$U_0=U_i-U_{CE1}$减小，抵消了U_0的上升，使U_0保持不变。

如果放大管的放大倍数足够大，只要输出电压发生微小的变化，就可以使调整管立即产生调整作用。另外，调节RP，也可以改变U_{B2}，达到对输出电压U_0进行微调的目的。

2. 三端集成稳压器

集成稳压器因其体积小、性能好、使用简单等优点而得到广泛使用。目前，小功率集成稳压器主要采用三端集成稳压电路。该集成电路有输入、输出和公共端三个端子，故因此而得名。按输出电压的不同，该电路可分为固定式和可调式、正输出和负输出几大类。下面就以常用的W78××系列和W79××系列为例来介绍三端固定式集成稳压器。

（1）三端固定式集成稳压器简介

三端固定式引出的三个接线端是输入端、输出端和输入输出的公共端。W78××系列为正电压输出，W79××系列为负电压输出。输出电压有5V、6V、8V、12V、15V、18V、24V共7个档次。××表示输出的电压档次。例如W7808表示输出电压为+8V，W7915表示输出电压为−15V。78××系列三端固定式集成稳压器的外形如图1-80所示。79××系列三端固定式集成稳压器的外形与78××系列相同，但管脚排列与78××系不同，79××系列管脚排列为：1脚为公共端、2脚为输入端、3脚为输出端。

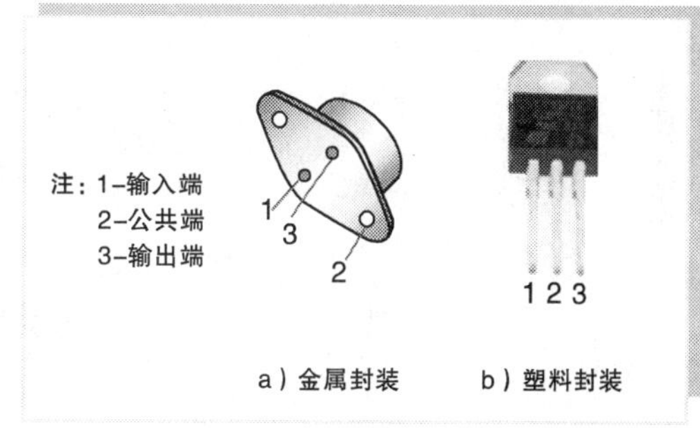

图1-80 W78××系列三端固定式集成稳压器外形

（2）应用电路

三端电压固定式集成稳压器的接线图如图1-81所示。其中，图1-81a）为固定正电压输出（78××系列）电路，图1-81b）是固定负电压输出（79××系列）电路。

图中，输入电压U_i为整流电路的输出电压，经过稳压器后，得到稳定的输出电压U_0。输入端电容C_1是用来抑制输入电压的脉动，输出段电容C_2是用来抑制负载电压的突变。

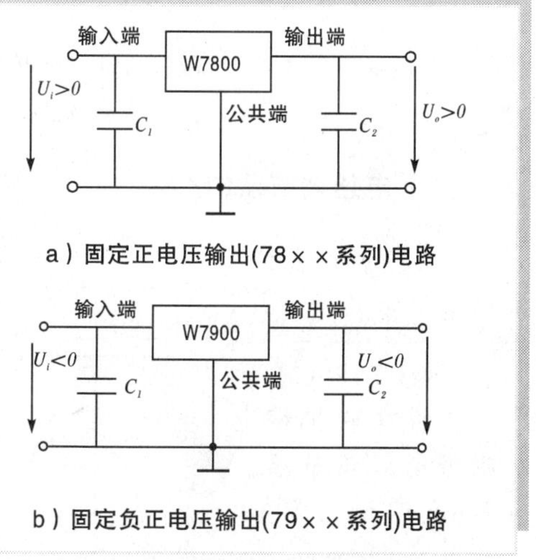

图1-81 三端电压固定式集成稳压器的接线图

二、电压调节器的类型与结构、工作过程

1. 电压调节器的识别

（1）电压调节器的作用

交流发电机由发动机驱动旋转，其转速的变化范围非常大，这样将会引起发电机的输出电压发生较大的变化，为了保证用电设备正常工作，防止蓄电池过充电及损坏电子装置，交流发电机必须配用电压调节器，使其输出电压保持稳定。

（2）电压调节器的分类

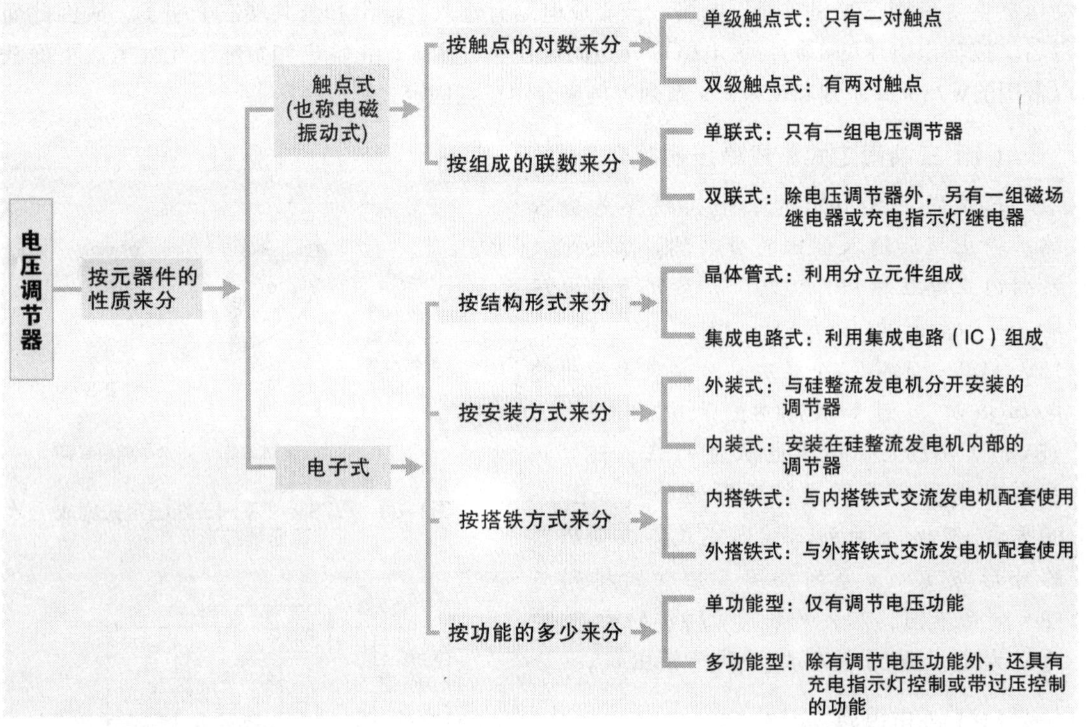

（3）电压调节器的型号

电压调节器的型号编制如下：

如FT126C表示12V的双联机械电磁振动式调节器，第6次设计，第3次变形。

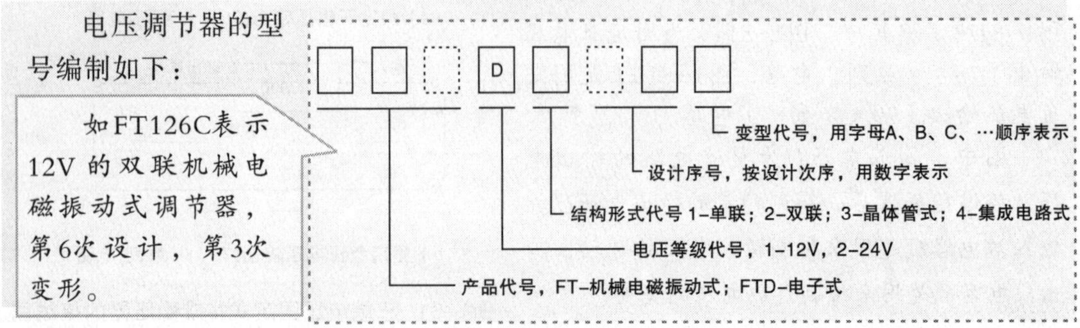

2. 电压调节器的工作原理

交流发电机输出的直流电压U正比于交流发电机的感应电动势E_{φ}，而感应电动势E_{φ}正比于发电机转速与每极磁通φ，因此，当发电机转速变化时，相应地改变每极磁通φ才能达到保持电压恒定的目的，而每极磁通φ的大小取决于发电机磁场电流I_F的大小，即：

$$U \propto E_{\varphi} \propto n \cdot \varphi \propto n \cdot I_F$$

故在发电机转速变化时，只要自动调节发电机的磁场电流I_F便可使发电机输出电压保持恒定。电压调节器就是利用这一原理调节发电机电压的。

（1）晶体管式调节器的工作原理

利用三极管的开关特性制成的，即将三极管作为一只开关串联在发电机的磁场电路中，根据发电机输出电压的高低，控制三极管的导通和截止，调节发电机的磁场电流使发电机输出电压稳定在某一规定的范围之内。

电子调节器有内搭铁和外搭铁之分，分别与内搭铁或外搭铁式发电机匹配使用。

内搭铁型晶体管调节器

如图1-82所示为内搭铁型晶体管调节器，它由功率开关三极管、信号放大和控制电路以及电压信号的检测电路等三部分电路组成。

电阻R_1和R_2串联组成一个分压器，接在发电机输出端B+与搭铁端E之间，直接监测发电机的输出电压U_B，分压电阻R_2两端的电压U_P为：

$$U_P = \frac{R_2}{R_1 + R_2} U_B$$

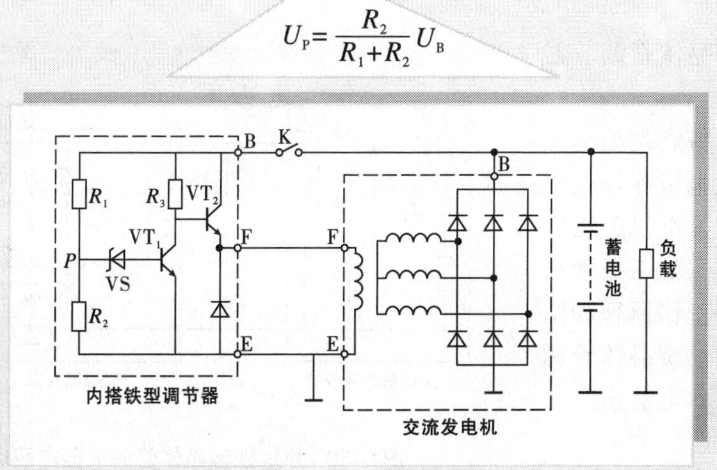

图1-82 内搭铁型晶体管调节器

电路工作原理：

①点火开关K刚接通时，蓄电池电压加在分压器R_1、R_2上，此时因U_P较低不能使稳压管VS反向击穿，VT_1截止。而由于R_3的分压作用，使得VT_2导通，发电机磁场电路接通（他励完成），此时由蓄电池供给磁场电流，电路为：蓄电池正极→点火开关K→调节器B接线柱→三极管VT_2→调节器F接柱→发电机F接线柱→励磁绕组→发动机E接线柱→搭铁→蓄电池负极。

随着发动机的启动，发电机转速升高，发电机电压上升。

②当发电机电压升高到稍高于蓄电池电压时（发电机转速大约在900r/min左右时），发电机自励发电并开始对蓄电池充电，如果此时发电机输出电压U_B小于调节器调节电压上限，VT_1继续截止，VT_2继续导通，但此时的磁场电流由发电机供给，通路为：发电机正极→点火开关K→调节器B接线柱→三极管VT_2→调节器F接线柱→发电机F接线柱→励磁绕组→发动机E接线柱→搭铁→发电机负极。

由于磁场电路一直导通，发电机电压随转速升高迅速升高。

③当发电机电压升高到等于调节上限时，调节器对电压的调节开始。此时电阻R_1、R_2上的分压U_P达到VS击穿电压，VS导通，VT_1导通，VT_2截止，发电机磁场电路被切断，由于磁场被断路，磁通下降，发电机输出电压下降。

④当发电机电压下降到等于调节下限时，电阻R_1、R_2分压减小，U_P下降到VS截止电压，VS截止，VT_1截止，VT_2重新导通，磁场电路重新被接通，发电机电压上升。

重复③、④如此周而复始，发电机输出电压U_B被控制在一定范围内。这就是内搭铁型电子调节器的工作原理。

外搭铁型晶体管调节器

外搭铁型晶体管调节器如图1-83所示。

该电路的特点是功率三极管串联在发电机磁场绕组的搭铁端，即发电机磁场电路是通过调节器的三极管来搭铁的，电路工作原理和结构与前述内搭铁型晶体管调节器类似，故不再赘述。

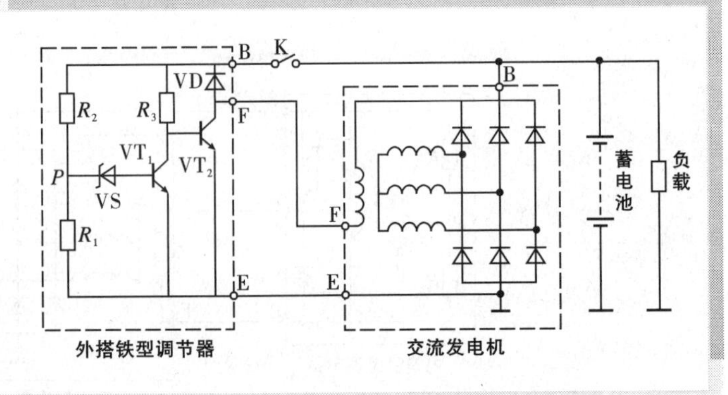

图1-83 外搭铁型晶体管调节器电路原理图

（2）集成电路电压调节器的工作原理

集成电路电压调节器——按电压检测方法的不同分为：

- 发电机电压检测法：直接在发电机上检测发电机的输出电压
- 蓄电池电压检测法：用连接导线检测蓄电池的端电压来调节发电机的输出电压

①发电机电压检测法

如图1-84所示，加在分压器R_1和R_2上的电压是磁场二极管输出端L的电压U_L，U_L和发电机B端的电压U_B相等，检测点P的电压为U_P，由于检测点P加在稳压管VD_1两端的反向电压与发电机的端电压成正比，所以称为发电机电压检测法。

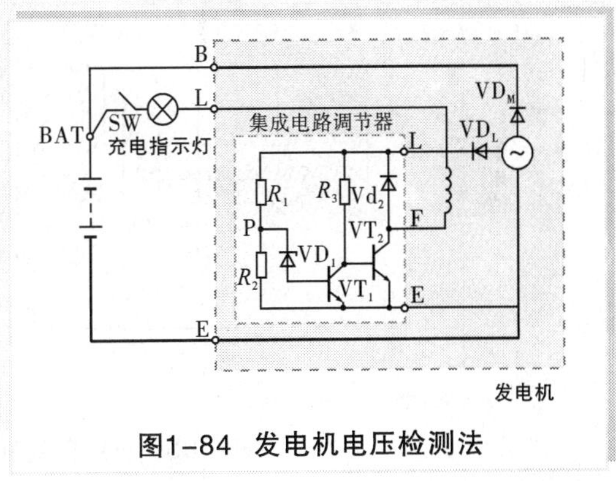

图1-84　发电机电压检测法

②蓄电池电压检测法

如图1-85所示，加到分压器R_1和R_2上的电压为蓄电池端电压，由于检测点P加在稳压管VD_1上的反向电压与蓄电池端电压成正比，所以称为蓄电池电压检测法。

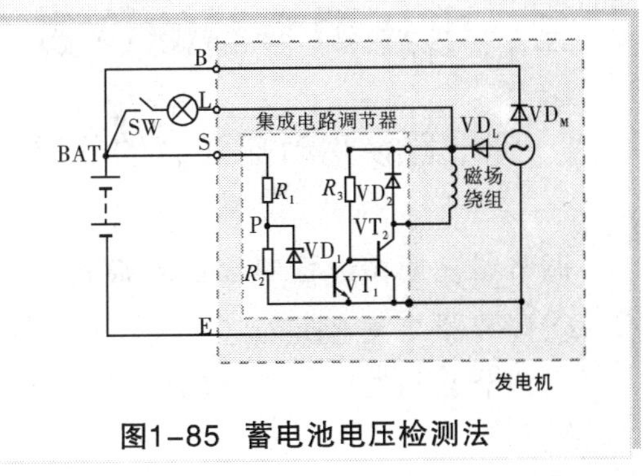

图1-85　蓄电池电压检测法

采用发电机电压检测法时，发电机的引出线可以少一根，缺点是在“B”到“BAT”接线柱之间导线的电压降较大（因发电机输出电流大）时，蓄电池的充电电压将会偏低，使蓄电池充电不足。因此，一般大功率发电机宜采用蓄电池电压检测法。

但采用蓄电池电压检测法时，如“B”到“BAT”之间或“S”到“BAT”之间断线时，由于不能检测出发电机的端电压，发电机的输出电压将会失控。为了克服这一缺点，电路上应采取一定措施。

如图1-86所示为日产蓝鸟轿车集成电路调节器电路，该电路采用具有保护作用的蓄电池电压检测法。检测点S通过一根导线直接连接到蓄电池的正极，使检测电路R_2、R_3直接检测蓄电池的端电压。为了防止接于检测点S和蓄电池正极间的电压检测导线断路时，由于不能检测蓄电池电压而造成发电机电压失控现象发生，在发电机的输出端

B与检测点S之间又接入了一只电阻R_4，这样，当蓄电池电压检测线断路时，由于R_4的存在，仍能检测出发电机的端电压，即当蓄电池电压检测法失效时，调节器转为发电机电压检测法控制，从而使调节器正常工作。

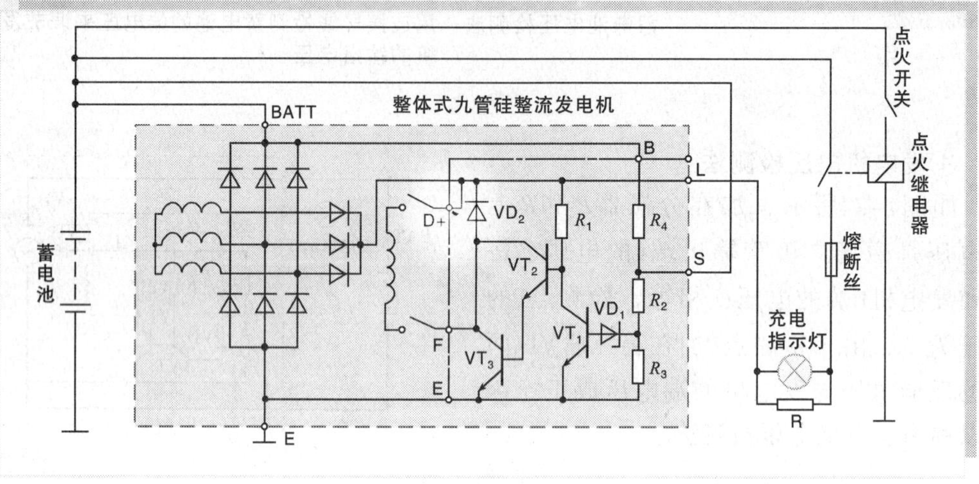

图1-86 日产蓝鸟轿车集成电路调节器电路

三、电压调节器的检测与代换

1. 调节器使用时应注意的问题

调节器在使用过程中应注意如下几个问题：

①调节器与发电机的电压等级和搭铁形式必须一致。

②调节器与发电机之间的线路连接必须正确；蓄电池的极性不得接反，必须负极搭铁。

③配用双级式电压调节器时，当检查充电系不充电故障时，在没有断开发电机与调节器接线之前，不允许将发电机的“+”与“F”（或调节器的“+”与“F”）短接，否则将会烧坏调节器的高速触点。

④调节器必须受点火开关控制。因调节器控制磁场电流的大功率管在发电机输出电压较低时就始终导通，如果不受点火开关控制，当汽车停驶时，大功率管一直导通，将缩短调节器使用寿命，而且还会导致蓄电池亏电。

2. 晶体管式调节器的识别与性能检测

（1）晶体管式调节器的识别

晶体管式调节器有内搭铁型与外搭铁型之分，如果在不清楚其搭铁形式的情况下，可采用如下方法对其搭铁极性进行判断：

对12V系统的调节器，用一个12V蓄电池和1个12V、2W的小灯泡按图1−71所示连接好线路。

灯泡接在“−”（E）与“F”接线柱之间发亮，而接在“+”（B）与“F”接线柱之间不亮，说明该调节器为内搭铁式[如图1−87a）所示]；反之，如果灯泡接在“+”（B）与“F”接线柱之间发亮，而接在“−”（E）与“F”接线柱之间不亮，说明该调节器为外搭铁形式[如图1−87b）所示]。如调节器是四个引出端（D+、B、F、D−），试验时，可将D+与B连接为一点，再按上述方法识别；如调节器有五个引出端（D+、B、F、D−、L），则将L端子不接线，并将D+与B连接在一起，再按上述方法识别。

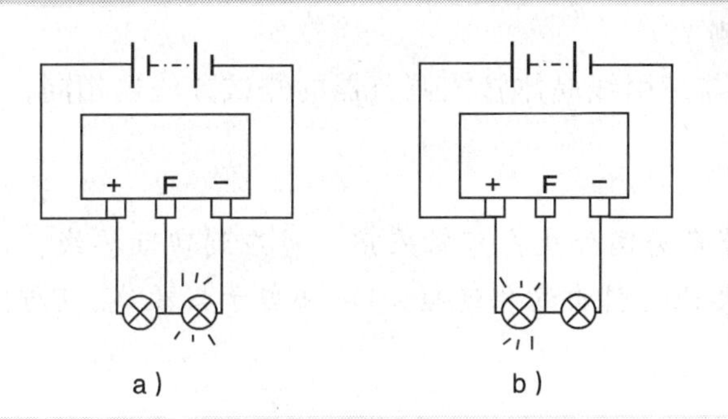

图1−87　晶体管式调节器搭铁形式的判断

（2）晶体管式调节器的性能检测

将可调直流电源与调节器按如图1−88所示的线路接好，逐渐提高电源输出电压。当电压达到6V左右时，指示灯点亮。继续提高电源电压，当电压达到13.5～14.5 V左右时，指示灯应熄灭，熄灯时的电压即为调节器的调节电压，并与性能参数值相比较。若指示灯在电压达6V时不亮，或电压超过规定值后，指示灯仍不熄灭，则说明该调节器有故障。

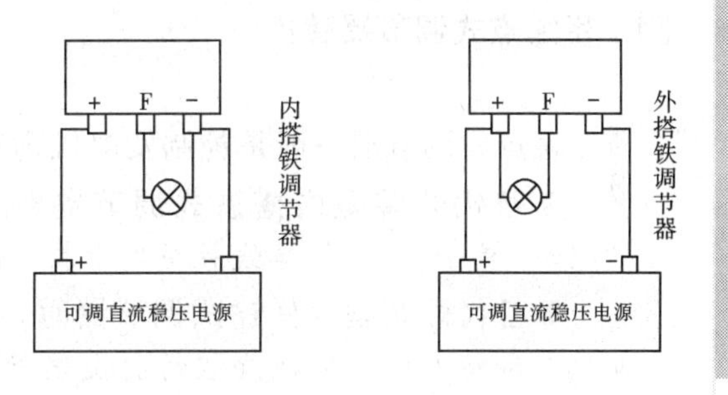

图1−88　电子调节器检测接线图

3. 集成电路电压调节器的性能检测

集成电路电压调节器一般有三引线和四引线两种。三引线的集成电路电压调节器采用发电机电压检测法，四引线的集成电路电压调节器采用蓄电池电压检测法。

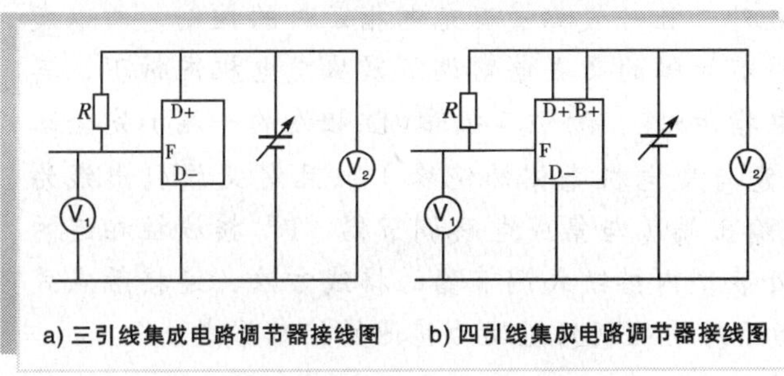

图1−89　集成电路调节器检测接线图

①三引线集成电路电压调节器的检测

按图1−89 a）接好线路。图中

R为一个3～5 Ω的电阻，可变直流电源的调节范围为0～30 V。逐渐增加直流电源电压，该直流电压值由电压表V_2指示。当V_2指示值小于调节器调节电压值时，V_1电压表上的电压值应在0.6～1V的范围内；当V_2指示值大于调节器调节电压值时，V_1表上的电压值应为V_2的值。调节时，注意V_2调节电压值不能超过30 V。

②四引线集成电路电压调节器的检测

四引线集成电路电压调节器的测试与三引线晶体管式调节器的测试方法也相同，只是需按图1-89b）接好线路。

提示：图中调节器的引出线字母符号多为国外生产厂家采用，对应到实际接线，B+与发电机输出端引线相连，D+与点火开关引出线相连接，D−相当于搭铁线，F与发电机磁场绕组相连。

4. 调节器的代换

调节器损坏后，最好选用原型号调节器。但在无配件的情况下，也可以用别的型号临时替代使用。替代时，除了要注意调节器的调压值必须与发电机匹配外，与发电机的线路连接也应做相应的改动。

（1）用触点式调节器替代

触点式调节器一般是控制发电机励磁绕组的火线，为内搭铁型。

●**替代外装型内搭铁式调节器时**，其“+”接线柱接点火开关“IG”或“15#”端子，“F”接线柱接发电机“F”或“磁场”接线柱。

●**替代外装型外搭铁式调节器时**，应先将外搭铁式发电机改为内搭铁式发电机：即将发电机励磁绕组的引出端子（与外搭铁式调节器“F”接线柱相连的接柱）直接搭铁，与点火开关“IG”或“15#”端子相连的接线柱定义为“F”接线柱，再按替代外装型内搭铁式调节器的接线方法，连接触点式调节器与发电机。

●**替代内装型（整体式交流发电机）集成电路调节器时**，因发电机的励磁绕组两端并未引出发电机壳体之外，且一般都带有充电指示灯的控制，所以发电机的改动将会更大：首先要将有故障的集成电路调节器从发电机内拆下；其次将励磁绕组的输入端（与充电指示灯L、励磁二极管VD_L相连的一端）完全断开，并引出发电机壳体外（注意与发电机壳体的绝缘），且定义该引出线为“F”接柱；然后将励磁绕组的输出端（与集成电路调节器“F”接线柱相连的一端）直接搭铁；最后按替代外装型内搭铁式调节器的接线方法，连接触点式调节器与发电机。不过，充电指示灯的控制只能改为其他的控制形式。

(2)内或外搭铁式晶体管调节器的相互替代

在内或外搭铁式晶体管调节器的相互替代时，我们可对发电机及其线路的连接做相应的变动。

●**内搭铁式晶体管调节器配外搭铁式发电机：**将发电机励磁绕组的输入端F_2（与点火开关“IG”或“15#”端子相连的接线柱）定义为“F”接线柱，并与内搭铁式晶体管的“F”接线柱相连；将发电机励磁绕组的输出端F_1（与原外搭铁式晶体管的“F” 相连的接线柱）直接搭铁；内搭铁式晶体管调节器的“+”端子接点火开关“IG”或“15#”端子、“−”端子接搭铁。

●**外搭铁式晶体管调节器配内搭铁式发电机：**将发电机励磁绕组输出端的搭铁片拆去后，与外搭铁式晶体管调节器的“F”端子相连；将发电机励磁绕组的输入端子“F”接柱与点火开关“IG”或“15#”端子相连；外搭铁式晶体管调节器的“+”端子接点火开关“IG”或“15#”端子、“−”端子接搭铁。

四、汽车电压调节器故障的检修

1. 故障现象与故障分析

在启动轿车发动机前充电指示灯点亮，启动发动机后，充电指示灯不灭；发动机中低速时，车上用电设备工作正常。在高速行驶时，夜间行车灯泡易烧毁，蓄电池经常缺水。

根据故障现象，分析大多是电压调节器存在故障，使输出电压不稳，过高的输出电压使灯泡烧毁，蓄电池经常缺水。

2. 故障诊断与排除工艺步骤

拆下晶体管电压调节器，用万用表测量各接线柱间的电阻值，电阻值的大小应符合厂家规定或与技术状况良好的调节器进行比较。

其检查方法如下：

（1）测“+”与F间的电阻，如图1−90所示：

正向电阻R≈500~750Ω；反向电阻R≈5~7kΩ。

（2）测“+”与“−”间的电阻，如图1−91所示：

正向电阻R≈1.6~1.8Ω；反向电阻R≈3~4kΩ。

（3）测F与“−”间电阻，如图1−92所示：

正向电阻R≈550~600Ω；反向电阻R≈4~5kΩ。

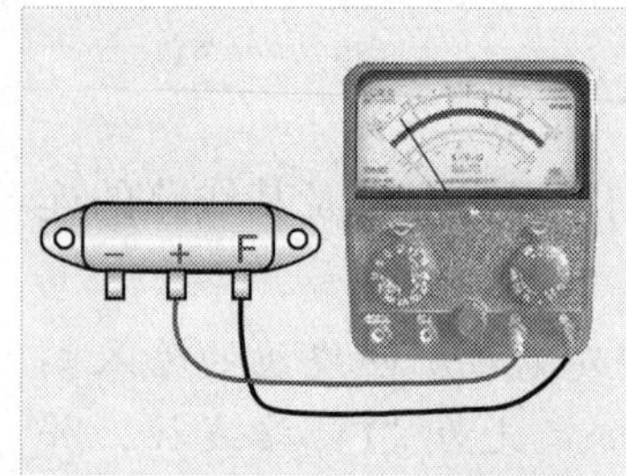

图1-90 测“+”与F间的电阻

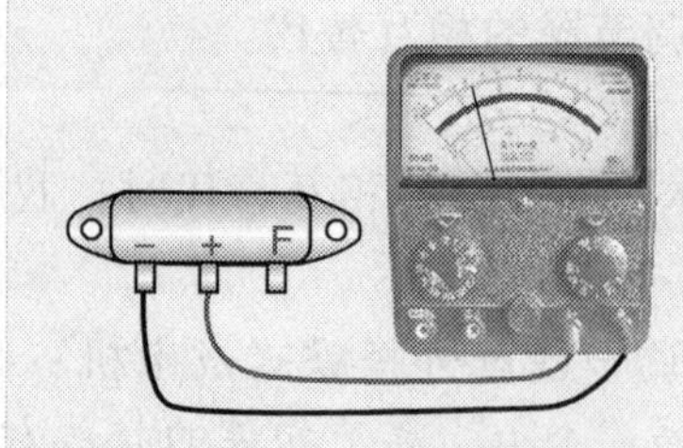

图1-91 测“+”与“-”间的电阻

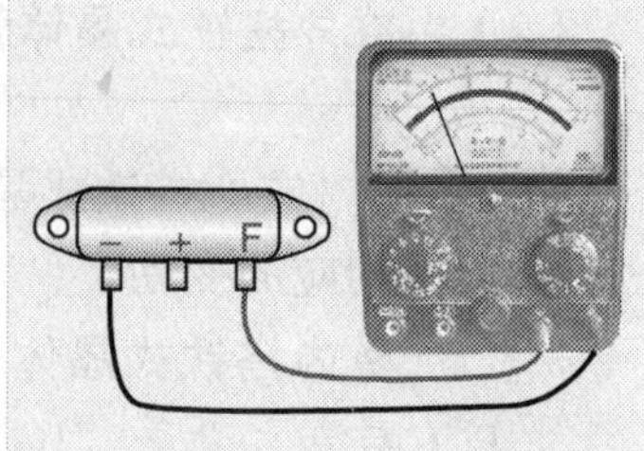

图1-92 测F与“-”间的电阻

3. 汽车电压调节器故障的检修实训指导与实操工单

详见附录三。

五、电压调节器的检测与代换实训指导与实操工单

详见附录四。

有一客户开来一辆威驰轿车，陈述轿车在启动发动机前充电指示灯点亮，启动发动机后，充电指示灯不灭，蓄电池无亏电现象，要求给予维修。

为完成这个工作任务，接下来我们了解目前流行的几种车系的电源系电路。

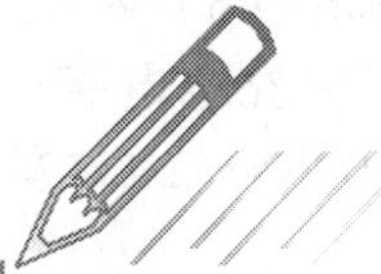

任务三　汽车充电电路的检修

一、充电系电路图的识读与工作过程分析

1. 丰田车系电源系电路的识读与分析

如图1-93所示为丰田威驰汽车电源系电路图。是内装集成电路调节器（检测蓄电池电压）整体式交流发电机，当点火开关闭合时，电路分析如下：

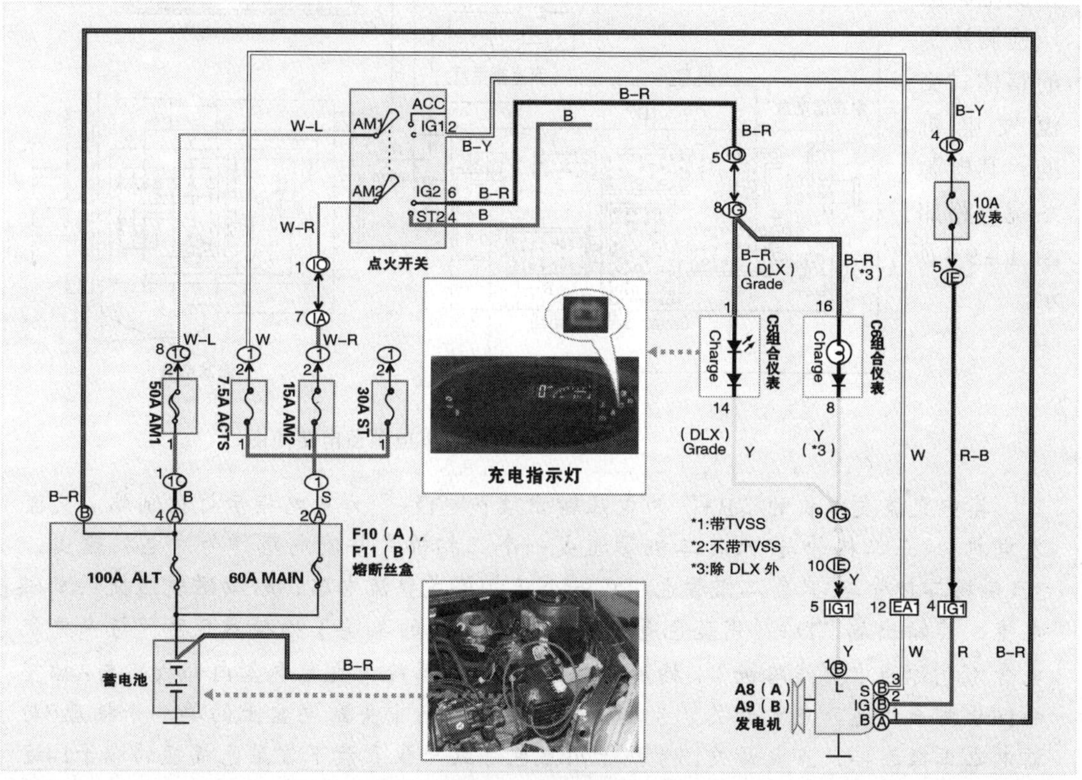

图1-93　丰田威驰汽车电源电路图

充电指示灯电路：蓄电池电压→60A MAIN熔断丝→15A AM2熔断丝→点火开关→点火开关6号（IG2）端子→组合仪表充电指示灯→发电机B1（L）端子，此电路控

制充电指示灯的亮与灭。

电压调节器供电电路： 蓄电池电压→100A ALT熔断丝→50A AM1熔断丝→点火开关→点火开关2号（IG1）端子→10A仪表的熔断丝→发电机B2（IG）端子。

蓄电池端电压检测电路： 蓄电池电压→60A MAIN熔断丝→7.5A ACTS熔断丝→发电机B3（S）端子。

充电电路： 发电机A1（B）插接器是交流发电机的输出端，发电机A1→并经过100A的ALT熔断丝→蓄电池，给其他用电设备供电和给蓄电池充电。

2. 大众车系电源系电路的识读与分析

为桑塔纳轿车采用内装集成电路调节器（发电机电压检测法）的整体式交流发电机的，其电源系统电路如图1-94所示。

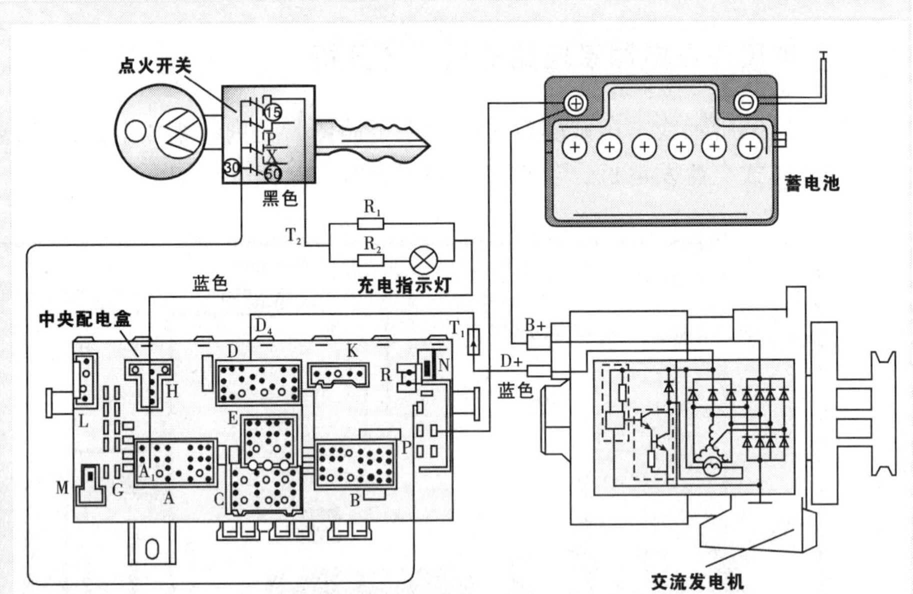

图1-94 桑塔纳汽车电源系电路简图

其中交流发电机的“B+”为电压输出端；“D+”为充电指示灯控制端。交流发电机3只正二极管与3只负二极管组成一个三相桥式整流电路作为发电机输出，3只磁场二极管与3只负二极管也组成一个三相桥式整流电路，给励磁绕组提供励磁电流，其输出端“D+”用蓝色导线经蓄电池旁边的单端子插接器T_1后，与中央配电盒（也称为中央线路板）D插座的4端子连接，再经中央配电盒内部线路与A插座的16号端子相连。点火开关30号端子用红色导线经中央配电盒上的单端子插座P与蓄电池正极连接，点火开关15号端子用黑色导线与仪表盘下方黑色插座的端子14连接（图中未画出，而是用T_2端子代替），经仪表盘印刷电路上的电阻R_1、R_2和充电指示灯LED接回到黑色插座10号端子，再用蓝色导线与中央配电盒A插座的16号端子连接。

3. 通用车系电源系电路的识读与分析

图1-95为凯越汽车电源系电路图，也是内装集成电路调节器整体式交流发电机（发电机电压检测法）。

发电机输出B通过启动机主接线柱给用电设备供电和给蓄电池充电，**充电电路为：**发电机→启动机电磁线圈B+→蓄电池→搭铁线。

"F"接柱为调压器供电电路：点火开关位于ON或ST挡时，蓄电池正极→点火开关→10A熔断丝F2→发电机F端。

充电指示灯电路：点火开关位于ON或ST挡时，蓄电池正极→点火开关→10A熔断丝F4→仪表板组合仪表充电指示灯→发电机"L"端。此电路控制充电指示灯的亮与灭。

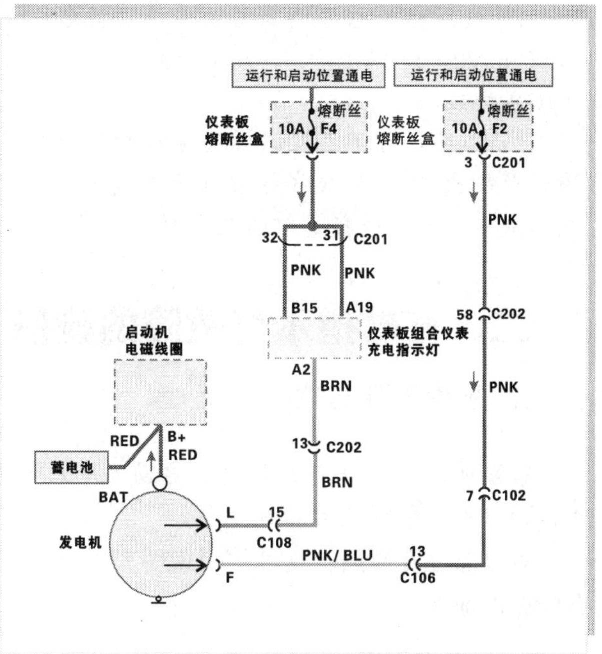

图1-95　凯越汽车电源系电路图

4. 本田车系电源系电路的识读与分析

图1-96所示为广州本田雅阁电源系统电路图，充电系统装有测量充电系统负载的电负载检测器（ELD）。ELD向控制电压调节器的动力控制模块（PCM）发送信号。电压调节器为集成电路（IC）式、整流器与调节器均安装在发电机内。

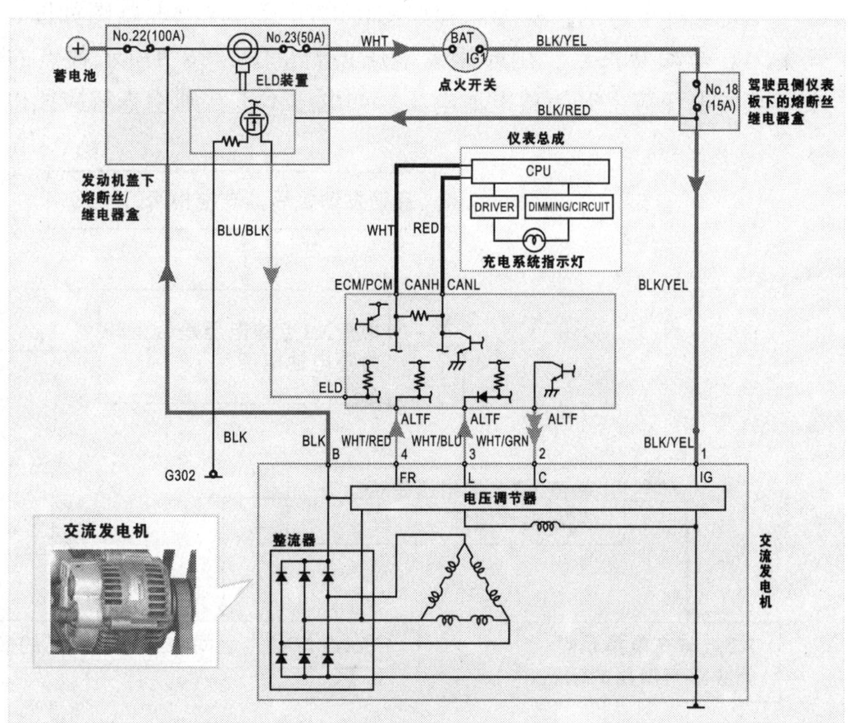

图1-96　广州本田雅阁电源系统电路图

发电机“B”接线柱输出直流电。**充电电路为：**交流发电机B+→熔断丝No.22（100A）→蓄电池→发电机搭铁端子。

1号接线柱为电压调节器供电端。蓄电池正极→发动机盖下熔断器/继电器盒中的熔丝No.22（100A）→No.23（50A）→点火开关→熔断丝No.18（15A）→发电机1号（IG）接线柱。

2号接线柱为动力控制模块（PCM）控制信号输入端；4号接线柱为交流发电机反馈信号输出端；3号接线柱为指示灯信号控制端，输入到PCM，通过CAN总线控制仪表总成内充电系统指示灯的亮与灭。

二、充电指示灯故障的检修

1. 故障现象与故障分析

故障现象：打开点火开关，启动发动机前充电指示灯点亮，启动发动机后，充电指示灯不灭，蓄电池无亏电现象。

故障部位及原因：这种情况说明充电指示灯电路有故障。可能是：充电指示灯线路有断路的地方。

2. 故障诊断与排除工艺步骤

以威驰轿车为例，检测流程如图1-97所示，检测电路图如图1-98所示。打开点火开关，启动发动机后，用万用表电压挡测量图1-98中所示各点的电压，正常时X1、X2各点的电压应上升为蓄电池电压。如电压不正常则检查相应段电路或检查发电机。

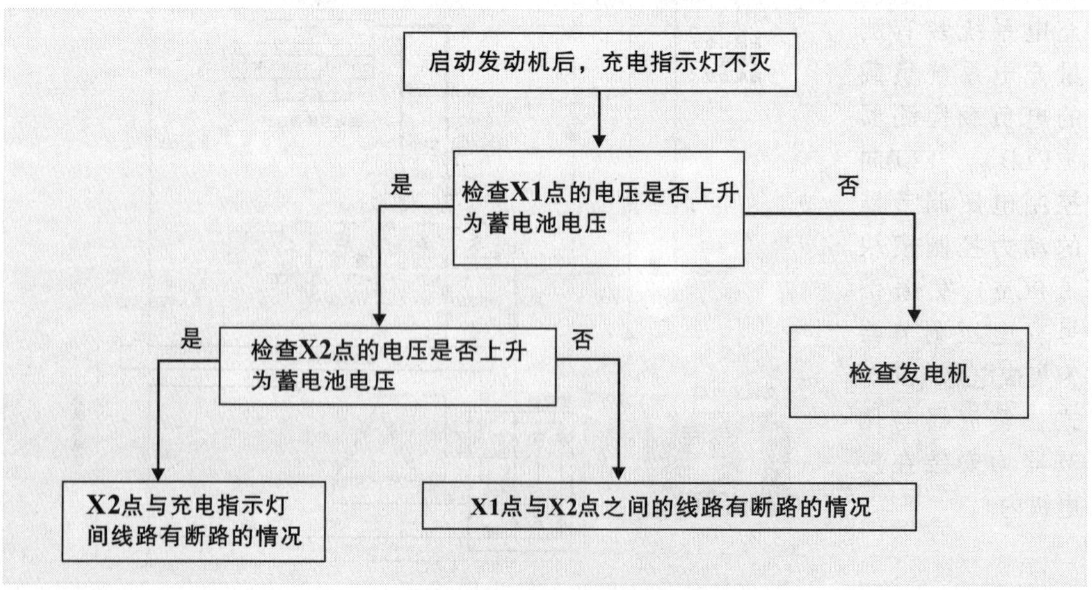

图1-97 威驰轿车充电指示灯故障检测流程图

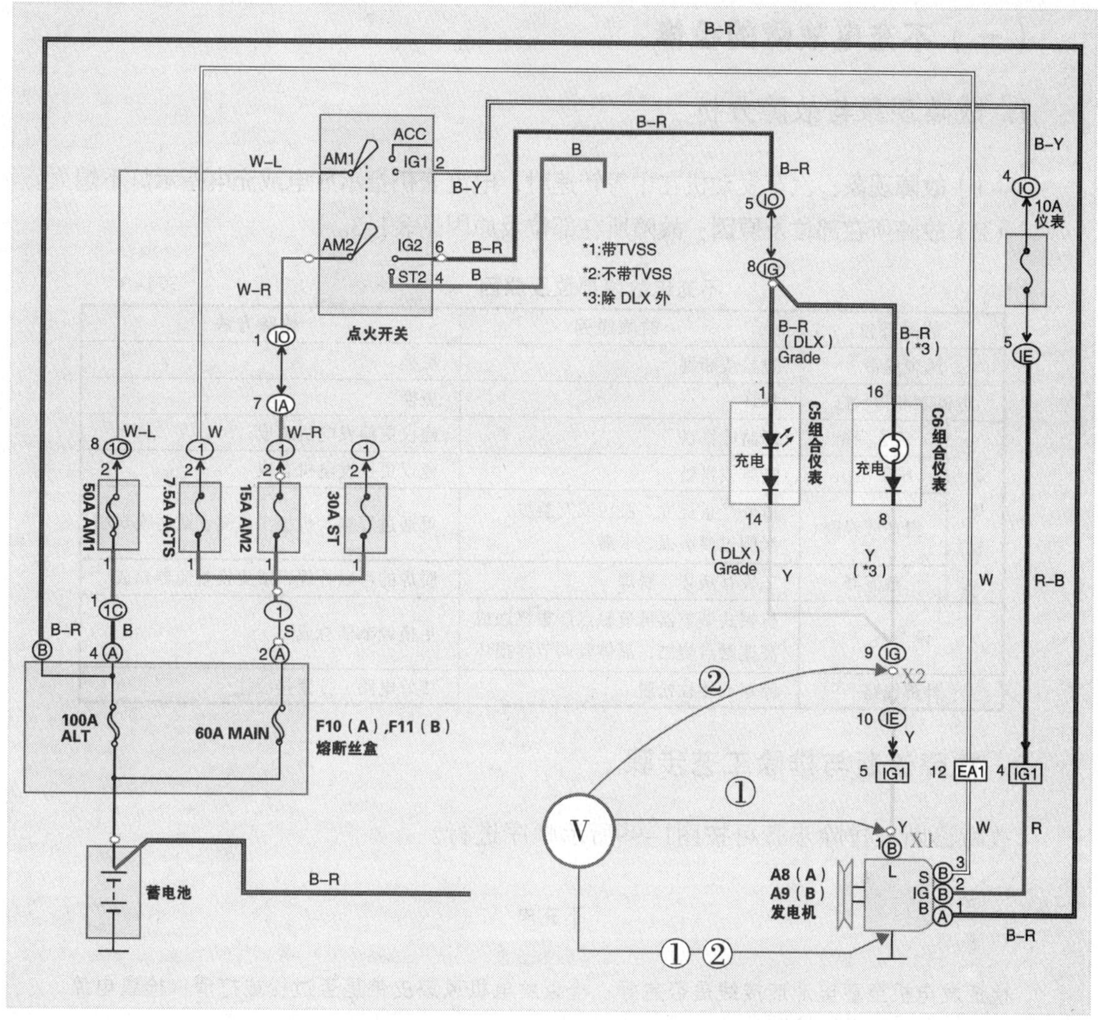

图1–98 丰田威驰轿车充电指示灯故障检测电路图

三、充电指示灯故障检修实训指导与实操工单

详见附录五。

四、充电系其他故障的检修

充电系常见的其他故障有：不充电、充电电流过小、充电电流过大、充电不稳等。故障原因可能是风扇皮带打滑、发电机故障、调节器故障、磁场继电器故障、充电系各连接线路有断路或短路处，以及蓄电池、电流表、充电指示灯、点火开关等有故障。下面就介绍各种故障的检修方法。

(一)不充电故障的检修

1. 故障现象与故障分析

(1)**故障现象：**汽车发动机在中等转速时，电流表仍指示放电或充电指示灯不熄灭。

(2)**故障所在部位及原因：**故障所在部位及原因见表1–3。

不充电故障部位及原因 表1–3

故障部位		故障原因	排除方法
风扇皮带		过松或断裂	更换
电流表和指示灯		损坏	更换
发电机	定子绕组	断路或搭铁	建议更换发电机总成
发电机	励磁绕组	断路或搭铁	建议更换发电机总成
发电机	滑环或炭刷	滑环严重烧蚀、脏污或有裂纹，炭刷过渡磨损、卡滞	可通过焊接、机加工修复，或更换炭刷
发电机	整流器	二极管烧坏、脱焊	脱焊的可以补焊，或更换整流器总成
调节器		机械式调节器低速触点严重烧蚀或高速触点烧结，晶体管调节器损坏	更换调节器总成
外部线路		断路或接柱松脱	接好电路、拧紧接线柱

2. 故障诊断与排除工艺步骤

故障诊断与排除步骤可按图1–99所示顺序进行。

图1–99 不充电故障的诊断与排除流程图

3. 不充电故障检修实训指导与实操工单

详见附录六。

（二）充电电流过小故障的检修

1. 故障现象与故障分析

（1）现象： 若将发动机转速由低速逐渐升高至中速时，打开大灯，其灯光暗淡或按喇叭其音量小，电流表指示放电。

（2）故障部位及原因： 故障所在部位及原因见表1-4。

充电量过小故障部位及原因　表1-4

故障部位		故障原因	排除方法
风扇皮带		张紧不够	按要求张紧
发电机	定子绕组	匝间短路	建议更换发电机总成
	励磁绕组	匝间短路	建议更换发电机总成
	滑环或灰刷	滑环轻度烧蚀、脏污，炭刷磨损不均、接触不良	可用细砂纸打磨滑环，更换炭刷及炭刷弹簧
	整流器	个别二极管损坏	对于压装（静配合）的二极管可以个别更换，否则更换整流器总成
调节器		机械式调节器触点接触不良，或调节器调节电压过低	更换调节器总成
外部线路		接柱松动或接触不良	拧紧接线柱

2. 故障诊断与排除工艺步骤

故障诊断与排除步骤可按，如图1-100所示顺序进行。

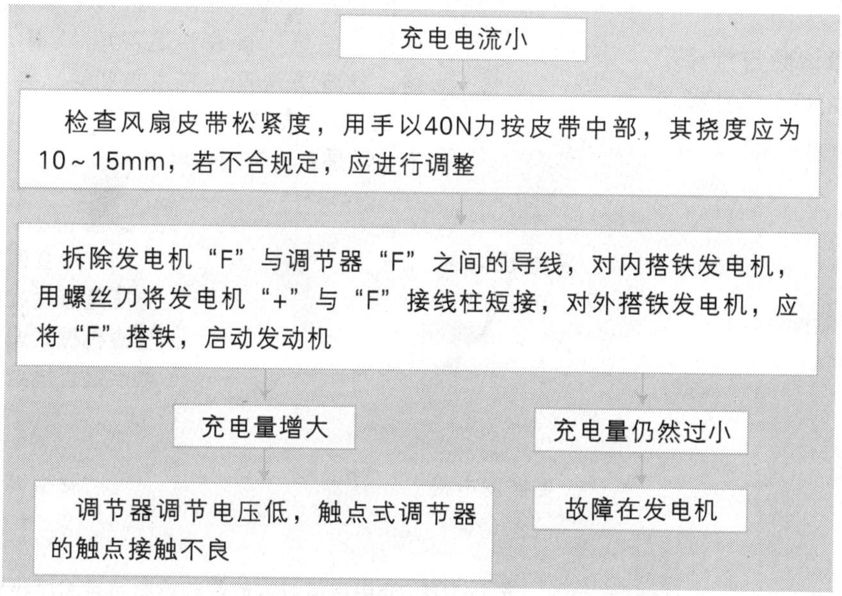

充电电流小

↓

检查风扇皮带松紧度，用手以40N力按皮带中部，其挠度应为10～15mm，若不合规定，应进行调整

↓

拆除发电机“F”与调节器“F”之间的导线，对内搭铁发电机，用螺丝刀将发电机“+”与“F”接线柱短接，对外搭铁发电机，应将“F”搭铁，启动发动机

↓

- 充电量增大 → 调节器调节电压低，触点式调节器的触点接触不良
- 充电量仍然过小 → 故障在发电机

图1-100　充电量过小故障的诊断与排除流程图

3. 充电电流过小故障检修实训指导与实操工单

详见附录七。

（三）充电电流过大的故障检修

1. 故障现象与故障分析

（1）现象

发动机运转在中速以上，电流表指示大电流充电（30A以上），蓄电池电解液消耗过快且有气味，点火线圈过热，分电器触点易烧蚀，灯泡及熔断丝易烧坏。

（2）故障部位及原因

①调节器调节电压过高或失控，机械式调节器低速触点烧结。
②发电机“+”（电枢）接线柱和磁场接线柱短路。
③蓄电池亏电太多，蓄电池内部短路。

2. 故障诊断与排除工艺步骤

故障诊断与排除步骤可按如图1-101所示顺序进行。

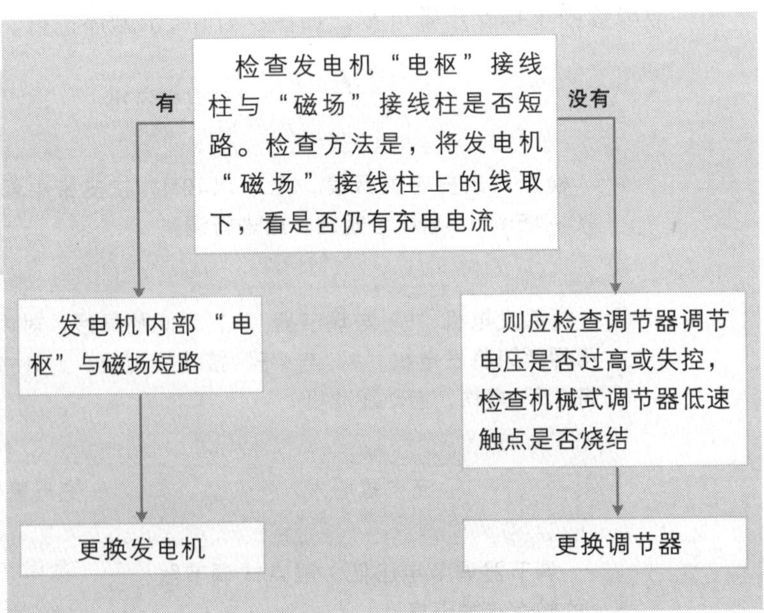

图1-101 充电电流过大故障的诊断与排除流程图

3. 充电电流过大故障检修实训指导与实操工单

详见附录八。

（四）充电电流不稳的故障检修

1. 故障现象与故障分析

（1）现象

发动机正常运转时，汽车上的电流表指示充电，但指针总是左右摆动，忽大忽小。

（2）故障部位及原因

①发电机风扇皮带过松、跳动或皮带轮失圆。
②发电机内部接线松动、接触不良。
③发电机电刷磨损过度或卡滞，电刷弹簧弹力减退或折断，滑环脏污或失圆。
④调节器触点接触不良，磁场线接触不良。

2. 故障诊断与排除工艺步骤

故障诊断与排除步骤可按如图1-102所示顺序进行。

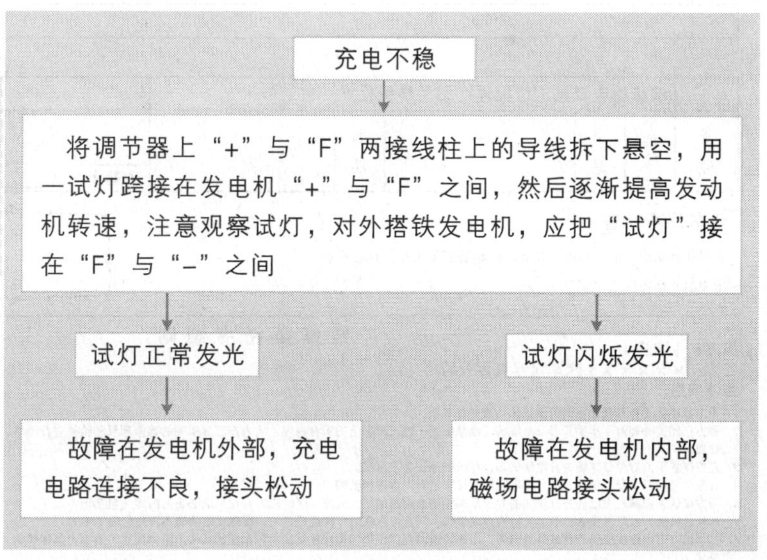

图1-102 外装调节器的电源系充电不稳故障的诊断与排除流程图

3. 充电电流不稳故障检修实训指导与实操工单

详见附录九。

××××××汽车维修有限公司

维修委托书

工单号 No: 200809538

客户名称：张三　车牌号：×××0088　购车日期：2005 年 3 月 6 日　联系电话：×××××××××××

联系人：张三　车　型：丰田威驰　Vin No.：L T V B A 4 2 3 X 5 0 0 9 4 0 7 5

送修日期：2008 年 9 月 15 日　交付日期：2008 年 9 月 16 日　行驶里程：9 0 0 0 0

故障描述 报修症状	发动机在中等转速时，充电指示灯不熄灭。	交接物品	无
提车要求	付款方式：☑现金　☐刷卡　☐支票　其他：	其他	洗车 是☑ 否☐　带走旧件 是☑ 否☐

序号	报　修　项　目
1	更换发电机风扇皮带
2	
3	
4	
5	
6	
	小计：150元

备注	维修检查及施工情况详细见《维修检查·施工单》				
	旧件检查	空罐		旧件	
					油量　E　1/4　1/2　3/4　F

全车外观检查

车身如有变形、油漆划痕、玻璃、灯具裂痕等损伤，请在示意图中的方格内标注“√”。

维修委托书细则

甲方：（客户）

乙方：××××××汽车维修有限公司

维修细则：

1. 甲方已确认无包括现金在内的贵重物品遗留在车上。
2. 甲方已阅读并理解了本委托书及对应的《维修检查·施工单》上的所有内容，同意按乙方所列的维修项目和价格进行维修，甲方愿意支付相关的维修服务费及零件费。
3. 乙方同意甲方对维修车辆进行维修试车，包括场地试验或路试。
4. 如果甲方同意不带走旧件，乙方可以在甲方提车后对旧件进行处理。
5. 甲方确认并理解乙方已经充分告知的关于车辆检测或维修的相关情况，同时乙方有权采取必要的措施（包括但不限于拆解车辆的机械、电路及发动机等）进行检测或维修。同意乙方在对车辆进行进一步检测或维修时不再另行通知甲方。
6. 如因乙方过失致使维修车辆或部件损坏，乙方赔偿的范围仅限于维修或更换损坏车辆的部件，甲方同意不再提出其他赔偿要求。
7. 甲方应事先备份维修车辆上安装的所有软件或可存储数据信息。无论如何，维修车辆上安装的所有软件或可存储数据信息的损坏或丢失，乙方不作赔偿。
8. 甲方应在乙方通知提取车辆之日起壹个月内提取车辆，逾期不取，乙方有权按政府公布的停车费价格收取保管费用。

本人确认已经清楚理解并接受以上维修细则。

甲方(客户)签名
张三
日期：2008年9月15日

公司地址：××××××

救援热线：×××××××××××　服务热线：020-××××××××　传真：020-××××××××

开户行：××××××××　账号：×××××××××××××　乙方代表(接待员)：李先生

第一联：客户（取车凭证，请注意保管）

有一客户开来一辆威驰轿车，发动机在中等转速时，充电指示灯不熄灭，要求给予维修。

要完成这个工作任务，首先我们还需掌握蓄电池的结构及工作原理，充电系其他常见故障现象及检修方法，下面就分步来完成本学习情境的学习任务。

任务　蓄电池故障的检修

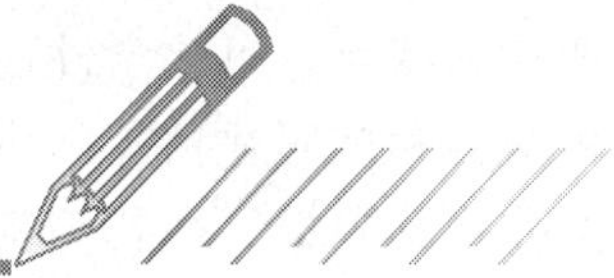

一、蓄电池的结构

汽车蓄电池是一种可逆的低压直流电源，一旦连接外部负载或接通充电电路，便开始了它的能量转换过程。在放电过程中，蓄电池中的化学能转变成电能；在充电过程中，电能被转变成化学能。

蓄电池由极板、隔板、电解液、外壳、连条等组成，如图2-1所示。

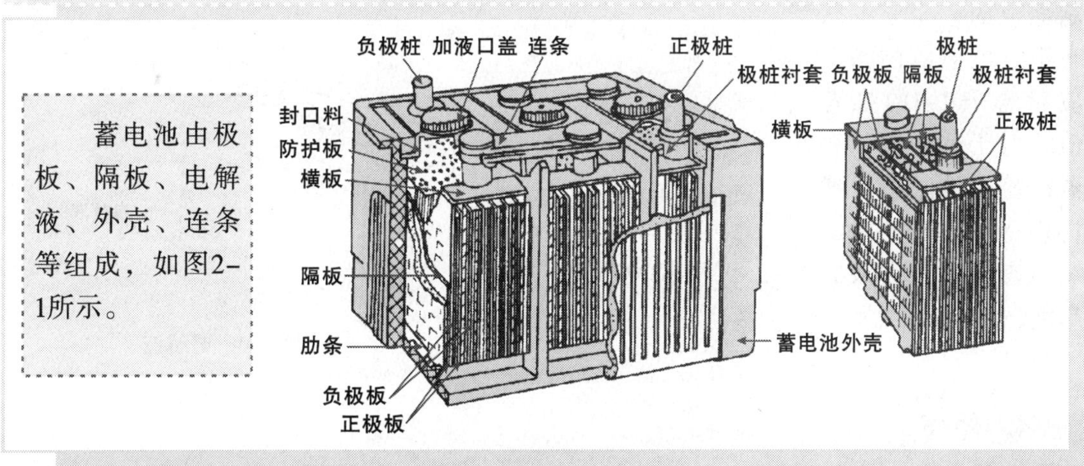

图2-1　蓄电池的结构

1. 极板：正极板、负极板

极板是蓄电池的核心部分，它分正极板和负极板。蓄电池极板由栅架和活性物质组成，如图2-2所示，活性物质填充在铅锑合金铸成的栅架上。

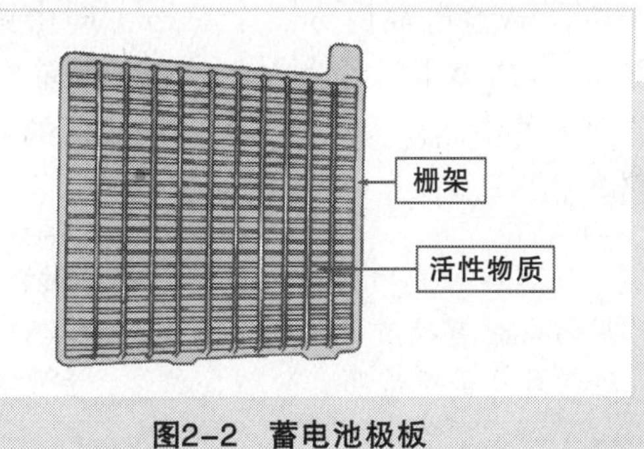

图2-2　蓄电池极板

2. 隔板

为了减小蓄电池的内阻和尺寸，蓄电池内部正、负极板应尽可能地靠近，但为了避免彼此接触而短路，正、负极板之间要用隔板隔开，如图2-3所示。隔板材料应具有多孔性和渗透性的特点，且化学性能稳定，即具有良好的耐酸性和抗氧化性。常用的隔板有木质隔板、微孔橡胶隔板、微孔塑料隔板、玻璃纤维隔板和纸板等。

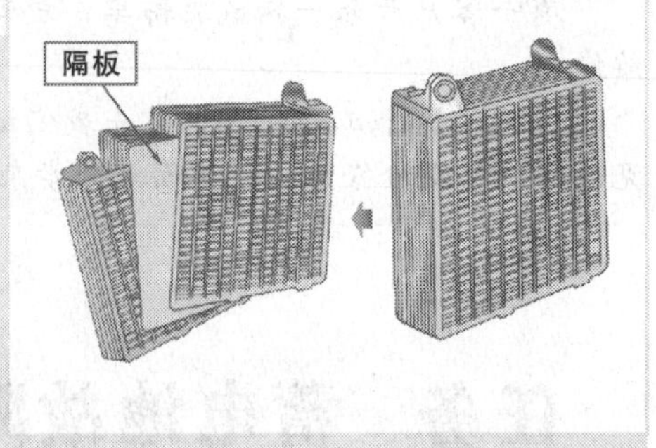

图2-3 隔板位置图

3. 电解液

蓄电池的电解液是用高纯度的硫酸和蒸馏水按规定比例配制而成的。全充电状态下，电解液的密度应符合表2-1的推荐值。对于透明塑料容器的蓄电池，可以通过观察液面高度指示线检查电解液的液面高度，如图2-4所示。

适应不同气温的电解液密度（单位：g/cm³） 表2-1

地区气候条件	冬季	夏季	地区气候条件	冬季	夏季
气温低于-40℃	1.30	1.26	气温高于-20℃	1.26	1.23
气温高于-40℃	1.28	1.26	气温高于0℃	1.23	1.23
气温高于-30℃	1.27	1.24			

电解液的密度一般为1.24~1.31g/cm³，不同气温下电解液密度的选择见表2-1（完全充足电的蓄电池在25℃时）。

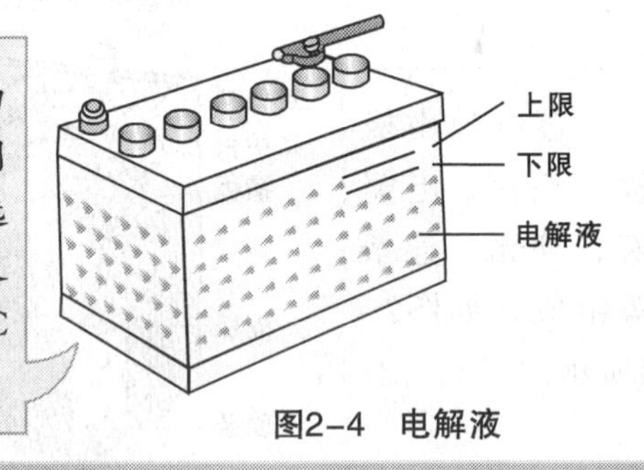

图2-4 电解液

4. 外壳

外壳是用来盛放电解液、极板组和隔板的。汽车用蓄电池电压多为6V和12V两种规格。6V蓄电池内分三个单格（即由两个单格壁将容器分为互不相通的三个小容器），12V蓄电池分为六个单格。各单格底部都有垫脚，用以架起极板组，使其下方有足够的空间作为沉淀槽，容纳脱落的活性物质，以免堆积起来，接触极板，造成短路。

制造外壳的材料必须能耐酸、耐温、耐寒、抗振，并具有足够的机械强度。常用的材料有硬质橡胶、沥青塑料和工程塑料等。现在国内普遍采用工程塑料外壳，这种外壳美观透明，耐酸、抗蚀、重量轻、强度高，是一种较好的外壳材料。

5. 连条

连条的作用是将单体电池串联起来，提高整个蓄电池的端电压。普通蓄电池连条的串联方式一般是外露式，而新型蓄电池连条的串联方式是穿壁式或跨接式结构（在电池内部），几种方式如图2-5所示。

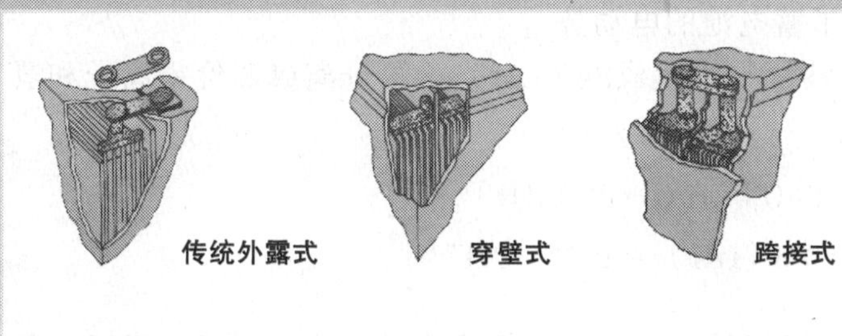

图2-5 单体电池的连接方式

6. 极桩

极桩有锥台形和“L”形等形式，如图2-6所示。锥台形极桩是蓄电池装配后再铸上的，L形极桩是装配后焊接上去的。为便于识别，极桩的上方或旁边标刻有“+”（或P）、“–”（或N）标记，或者在正极桩上涂红色油漆。

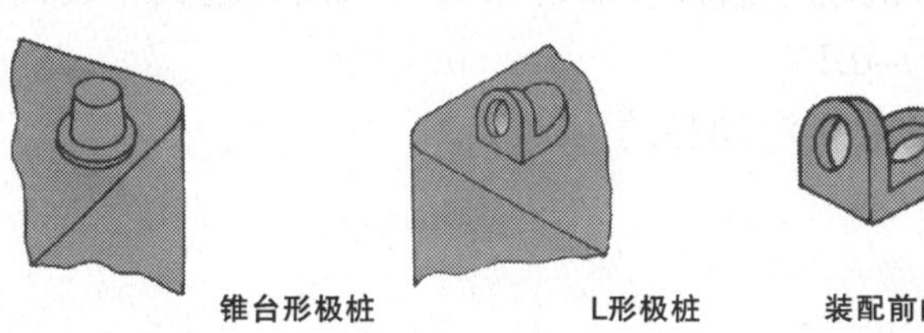

图2-6 极桩

二、蓄电池工作原理

蓄电池充放电过程（即它的工作过程）就是化学能与电能相互转化的过程：当蓄电池向外供电时，将化学能转化为电能；而当蓄电池与外部直流电源相连进行充电时，将电能转化为化学能，如图2-7所示。

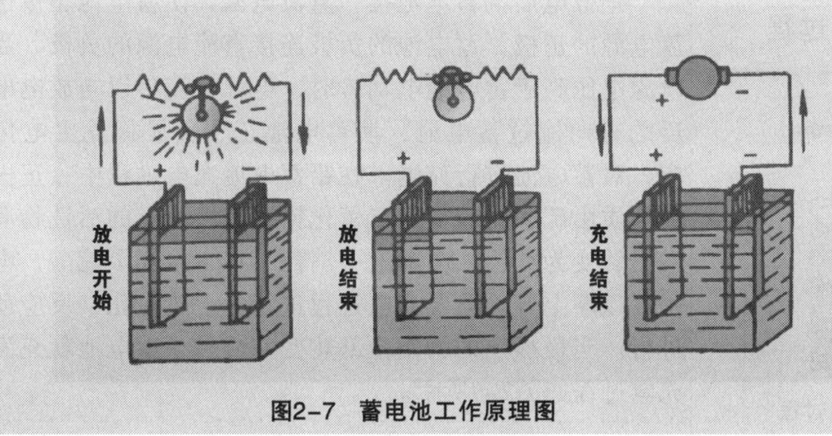

图2-7 蓄电池工作原理图

1. 电动势的建立

当极板浸入电解液后，由于少量的活性物质溶解于电解液，产生了电极电位，并且由于正负极板的电极电位不同形成了蓄电池的电动势。

正极板处，少量PbO_2溶入电解液，与水生成$Pb(OH)_4$，再分离成四价铅离子和氢氧根离子。即：

$$PbO_2+2H_2O \rightarrow Pb(OH)_4$$
$$Pb(OH)_4 \rightleftharpoons Pb^{4+}+4OH^-$$

其中，溶液中的Pb^{4+}有沉附于正极板的倾向，使正极板呈正电位，同时由于正、负电荷的吸引，极板上Pb^{4+}有与溶液中OH^-结合，生成$Pb(OH)_4$的倾向，当两者达到动态平衡时，正极板的电极电位约为+2.0 V。

在负极板处，金属铅受到两方面的作用，一方面它有溶解于电解液的倾向，因而有少量铅进入溶液，生成Pb^{2+}，在负极板上留下两个电子2e，使负极板带负电；另一方面，由于正、负电荷的相互吸引，Pb^{2+}有沉附于极板表面的倾向。当两者达到平衡时，溶解便停止，此时极板具有负电位，约为-0.1V。

因此，当外电路未接通时，蓄电池的静止电动势约为2.1V。

2. 放电过程

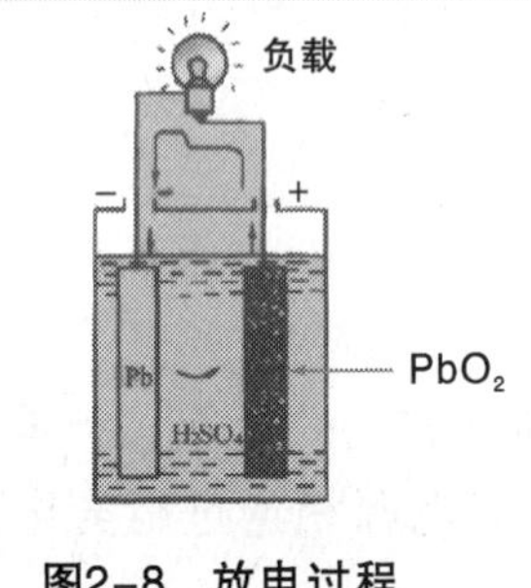

图2-8 放电过程

蓄电池与外电路接通后，在极板电位差的作用下，电流从正极流出，经过灯泡流回负极，使灯泡通电发光。在蓄电池放电过程中，正极板活性物质由二氧化铅转变为硫酸铅，负极板上的活性物质由纯铅也转变为硫酸铅，电解液消耗硫酸生成水，电解液密度逐渐下降，放电过程如图2-8所示。

3. 充电过程

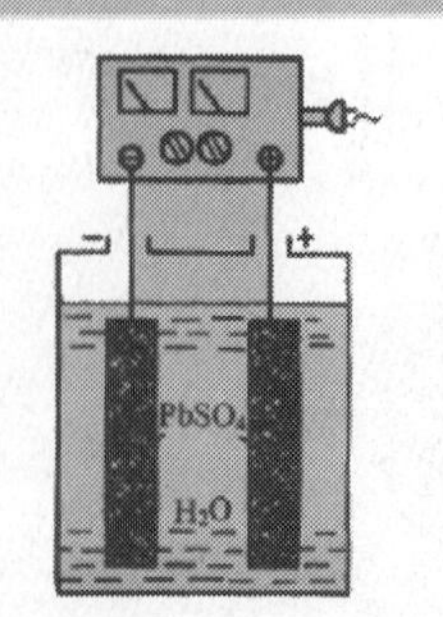

图2-9 充电过程

把放电后的蓄电池接一直流电源，使蓄电池正极连接直流电源的正极，蓄电池的负极连接直流电源的负极，当外加电源电压高于蓄电池电动势时，电源电流将以与放电电流相反的方向流过蓄电池，使蓄电池正、负极板发生电化学反应，对蓄电池进行充电。在铅蓄电池充电过程中，正极板活性物质由硫酸铅转变为二氧化铅，负极板上的活性物质由硫酸铅转变为纯铅，电解液中消耗了水，生成了硫酸，电解液密度逐渐上升。只要充电过程进行，上述电化学反应就不断进行。当极板上的物质全部转变完成后，蓄电池就充满电，充电过程如图2-9所示。

结论： 放电时，正极板上的PbO_2和负极板上的Pb都变成$PbSO_4$，电解液中的H_2SO_4减少，密度减小。充电时按相反的方向变化，正负极板上的$PbSO_4$分别变成原来的PbO_2和Pb，电解液中的H_2SO_4增加，密度增大。总的反应式如下：

$$PbO_2+2H_2SO_4+Pb \underset{\text{充电}}{\overset{\text{放电}}{\rightleftharpoons}} 2PbSO_4+2H_2O$$

三、蓄电池的工作特性

1. 内阻

蓄电池的内阻大小反映了蓄电池带负载的能力。在相同条件下，内阻越小，输出电流越大，带负载能力越强。**蓄电池内阻包括极板电阻、隔板电阻、电解液电阻、铅连接条和极桩的电阻等。在正常的使用中，蓄电池的内阻很小，约为0.011Ω。**

极板电阻一般很小，并随着极板上活性物质的变化而变化。完全充电时电阻最小，放电时电阻逐渐变大，特别是放电终了，由于覆盖在极板表面的$PbSO_4$增多，极板电阻会大大增加。

隔板电阻主要取决于隔板的材料、厚度及多孔性，在常用的隔板中，微孔塑料隔板的电阻较小。

电解液的电阻与电解液的温度和密度有关。温度低，黏度大，电解液电阻大。电解液的密度过高或过低时，电阻会增大。电解液在15℃、密度为1.20g/cm³时，电阻最小。

2. 蓄电池的放电特性

蓄电池的放电特性是指恒流放电时，蓄电池端电压U_f、电动势E和电解液密度$\rho_{25℃}$、随放电时间变化的规律。完全充足电的蓄电池以20h放电率恒流放电的特性曲线如图2-10所示。

由于是恒（定电）流放电，单位时间内消耗的硫酸量相同。所以，电解液的密度$\rho_{25℃}$呈直线下降，静止电动势E_j也直线下降。一般电解液密度每下降0.03～0.038g/cm³，蓄电池放电约为额定容量的25%。

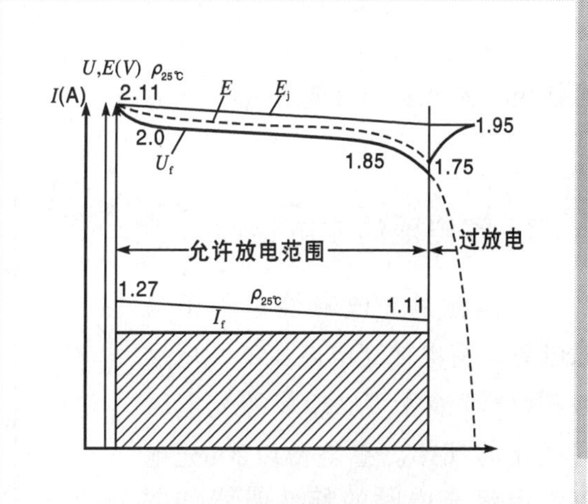

图2-10 蓄电池的放电特性

从放电特性曲线可看出，蓄电池单格端电压的变化规律可分为四个阶段：

第一阶段

开始放电阶段（2.11～2.0V）。这时，蓄电池端电压U_f从2.11V迅速下降，这是由于放电之初极板孔隙内的硫酸迅速消耗，密度迅速下降的缘故。

第二阶段

相对稳定阶段（2.0～1.85V）。这一阶段，极板孔隙外的电解液向极板孔隙内渗透速度加快，当渗透速度与化学反应速度达到相对平衡时，端电压将随整个容器内的电解液密度降低而缓慢下降到1.85 V。

第三阶段

迅速下降阶段（1.85～1.75V）。这时由于放电接近终了时，孔隙内的电解液密度便迅速下降，端电压也随之急剧下降。

第四阶段

过度放电阶段（<1.75V）。蓄电池单格的端电压下降至一定值时（20h放电率降至1.75V），再继续放电即为过度放电。过度放电对蓄电池十分有害，易使极板损坏。

此时如果切断电源，由于极板孔隙中的电解液和容器中的电解液相互渗透，趋于平衡，蓄电池的端电压将会有所回升。

由此可见，蓄电池放电终了的特征是：

（1）单格电压放电至终止电压（以20h放电率放电，单格电压降至1.75V）。

（2）电解液密度降至最小许可值（约1.11g／cm^3）。

蓄电池允许的放电终止电压与放电电流强度有关，放电电流越大，则放完电的时间越短，而允许的放电终止电压越低。

3. 蓄电池的充电特性

蓄电池的充电特性是指恒流充电时，蓄电池充电电压U_C、电动势E及电解液密度$\rho_{25℃}$等随充电时间变化的规律。蓄电池以20h充电率恒电流充电时的特性曲线如图2-11所示。

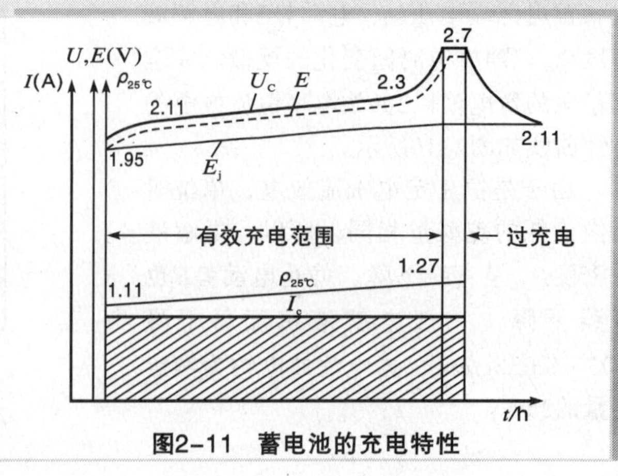

图2-11 蓄电池的充电特性

由于采用恒（定电）流充电，单位时间内生成的硫酸量相同。所以，电解液的密度 $\rho_{25℃}$ 呈直线上升，静止电动势也随之上升。

从充电特性曲线可看出，蓄电池单格端电压的变化规律也可分为四个阶段：

第一阶段

开始充电阶段（2.0～2.11V）。开始接通充电电源时，极板孔隙内表层迅速生成硫酸，使孔隙中电解液的密度增大，因此，蓄电池单格端电压迅速上升。

第二阶段

稳定上升阶段（2.11～2.3V）。蓄电池单格端电压上升到2.1V以后，孔隙内硫酸向外扩散，继续充电至孔隙内产生硫酸的速度和渗透的速度达到平衡时，蓄电池的端电压就不再上升，而是随着整个容器内电解液密度的上升而相应增高。

第三阶段

迅速上升阶段（2.3～2.7V）。蓄电池单格电压达到2.3～2.4V时，极板外层的活性物质基本都恢复为二氧化铅和铅了，继续通电，则使电解液中的水电解，产生氢气和氧气，以气泡形式出现，形成“沸腾”现象。由于产生的氢气以离子状态 H^+ 集结在溶液中负极板处，使得溶液与极板之间产生约0.33V的附加电压，因而使得蓄电池单格端电压 U 上升至2.7V左右。

第四阶段

是过充电阶段（≥2.7V）。蓄电池单格端电压 U 上升至2.7V时应切断电源，停止充电，否则将会造成“过充电”。长时间过充电易加速极板活性物质的脱落，使极板过早损坏，因此必须避免。

在实际使用中，为保证将蓄电池充足电，往往在出现“沸腾”之后，再继续充电2～3h。充电停止后端电压迅速回落，极板孔隙内电解液和容器中的电解液密度趋于平衡，因而蓄电池端电压又降至2.11V左右。

可见，蓄电池在充电终止时（充足电）有如下特征：

（1）蓄电池内产生大量气泡，即出现“沸腾”现象。

（2）端电压和电解液密度上升至最大值，且2～3h内不再增加。

四、蓄电池容量及其影响因素

1. 蓄电池的容量

蓄电池的容量是指在规定的放电条件下，完全充足电的蓄电池所能提供的电量，用*C*表示。蓄电池的容量是衡量蓄电池对外放电能力、质量优劣以及选用蓄电池的最重要指标。

蓄电池的容量等于放电电流与持续放电时间的乘积，用下式表示：

$$C=I_f t_f$$

式中：*C*为蓄电池容量，A·h；
I_f为放电电流，A；
T_f为放电持续时间，h。

蓄电池的容量与放电电流、放电持续时间及电解液温度有关。因此，蓄电池出厂时规定的额定容量是在一定的放电电流、一定的终止电压和一定的电解液温度下取得的。蓄电池容量分为20h放电率额定容量、启动容量及储备容量等。这里只介绍常用的20h放电率额定容量：

完全充电的蓄电池，在电解液温度为25℃时，以20h放电率放电到单体电压降到1.75V时所输出的电量称为额定容量，用C_{20}表示。

2. 影响蓄电池容量的因素

蓄电池的容量与很多因素有关，有结构因素和使用因素。而蓄电池在使用过程中，不同的使用条件对蓄电池容量的影响尤为重要。

◆使用条件对蓄电池容量的影响

1）放电电流的影响

放电电流越大，蓄电池容量越小。因为大电流放电时，单位时间内所消耗的硫酸越多，极板表面活性物质的孔隙会很快被生成的硫酸铅所堵塞，使极板内层的活性物质不能参加化学反应，因此放电电流增大，蓄电池的容量减小。

2）电解液温度的影响

温度降低则容量减小，这是由于温度降低时，电解液的黏度增加，渗入极板内部困难，造成容量减小；同时，温度越低，电解液的溶解与电离度也降低，加剧了容量的下降。温度每下降1℃，容量下降约1%（小电流放电）或2%（大电流放电）。因此，适当提高蓄电池温度（＜40℃），将有利于提高蓄电池的容量及启动性能。

3）电解液密度的影响

适当增加电解液的相对密度，可以提高电解液的渗透速度和蓄电池的电动势，并减小内阻，使蓄电池的容量增大。但相对密度超过某一数值时，由于电解液黏度增大使渗透速度减低，内阻和极板硫化增加，又会使蓄电池的容量减小。当电解液相对密度为1.26～1.29g/cm^{3}时蓄电池的容量最大。

◆产品结构因素

与生产工艺及产品结构有关的因素有：

（1）极板上活性物质的数量；（2）极板的厚度；（3）活性物质的孔率；（4）活性物质的真实表面积；（5）极板中心距。

五、蓄电池的充电

1. 充电种类

充电种类有：初充电、补充充电和去硫化充电法等。

（1）初充电

新蓄电池或修复后的蓄电池（更换极板）在使用之前的首次充电为初充电。具体操作步骤如下：

1）检查蓄电池外壳有无破裂，拧下加液口盖的螺塞，检查通气孔是否畅通。

2）根据不同季节和气温选择电解液密度，将适当密度的温度低于30℃的电解液从加液孔处缓缓加入蓄电池内，液面要高出极板上沿10～15mm。

3）蓄电池加入电解液后，要静置3～6h，让电解液充分浸渍极板。电解液充分渗透到极板内部后电解液有所减少，液面下降，应再加入电解液将液面调整到规定值。待蓄电池内温度低于30℃时，将充电机与蓄电池相连，准备充电。

4）新蓄电池在储存中可能有一部分极板硫化，充电时容易过热，所以初充电一般选用较小的电流，充电分两个阶段进行。

第一阶段　充电电流约为蓄电池额定容量的1/15，充电至电解液中有气泡析出，蓄电池单格端电压达到2.4V。

第二阶段　充电电流约为蓄电池额定容量的1/30。

充电过程中，应经常测量电解液的密度和温度。充电初期密度会有降低情况，不需要调整它，当液面高度低于规定值时，用相同密度的电解液调至规定值。如果充电时电解液的温度上升到40℃时，则应停止充或将充电电流减半。如果温度继续上升到45℃时，则应停止充电，采用水冷或风冷的办法实行人工降温，待冷至35℃以下时再继续充电。整个初充电大约需60h，初充电过程中，如减少充电电流则应适当延长充电时间。

1）初充电接近终了时，如果电解液密度不符合规定，应用蒸馏水或密度为1.40g/cm³的稀硫酸进行调整，再充电2h，直至蓄电池单格端电压上升到最大值，并在2～3h内不再增加。电解液密度上升到最大值，也在2～3h不再增加，并产生大量气泡，电解液呈“沸腾”状态。这时蓄电池已充满电，应切断电源，以免过充电。

2）新蓄电池充满电后，应以20h放电率放电，如3-Q-90型蓄电池以4.5A电流连续放电至单格电压1.75V，再按补充充电的电流值充足，又以20h放电率放电，如果第二次放电时蓄电池容量不小于额定容量的90%，应再进行一次充放电循环，直到容量达到额定容量的90%以上，便可送出使用。

(2)补充充电

蓄电池在使用中，如果发现启动机运转无力，灯光比平时暗淡，冬季放电超过25%、夏季放电超过50%，储存不用已近一个月的普通蓄电池，都必须进行补充充电。另外由于汽车上使用的蓄电池进行的是定电压充电，不可能使蓄电池充电充足，为了有效防止硫化，最好2～3个月进行一次补充充电。补充充电具体步骤如下：

1）从汽车上拆下蓄电池，清除蓄电池盖上的脏污，疏通加液孔盖上的通气小孔，清除极桩和导线接头上的氧化物。

2）旋下加液孔盖，检查电解液的液面高度，如果高度不符合规定要求，应添加蒸馏水，但如果确定是电解液逸出导致液面下降，则应用密度为1.40g/cm^3的稀硫酸调配，电解液液面高出极板上缘10～15mm。

3）用高率放电计检查各单格电压的放电情况，要求蓄电池的各个单格电压读数（电压值）基本一致。

4）将蓄电池与充电机相连。补充充电也分两个阶段：第一阶段的充电电流约为蓄电池额定容量的1/10，充至单格电压为2.3～2.4V。第二个阶段的充电电流约为容量的1/20，充至单格电压为2.5～2.7V，电解液密度达到规定值，并且在2～3h内基本不变，蓄电池内产生大量气泡，电解液呈“沸腾”状态，此时表示电池电已充足，时间约为15h。

5）将加液口盖拧紧，擦净蓄电地表面，便可使用。

放电的方法如下：

使充足电的蓄电池休息1～2h，放电时的连接线路图，如图2-12所示，调整可变电阻（或水阻）以蓄电池额定容量的1/20连续放电。直至单格电压降至1.75V时停止放电。另外也可以用车用灯泡做负载进行放电。

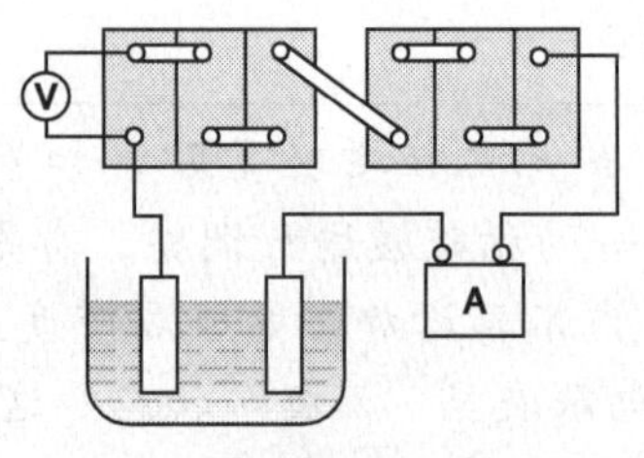

图2-12 蓄电池的放电

(3) 去硫化充电法

蓄电池发生极板轻度硫化的可以用去硫化充电法加以消除。具体操作如下：

1）首先倒出原有的电解液，并用蒸馏水清洗两次，然后再加入足够的蒸馏水。

2）接通充电电路，将电流调到初充电的第二阶段电流值进行充电，当密度上升到1.15g/cm³时倒出电解液，换加蒸馏水再进行充电，直到电解液密度不再增加为止。

3）以10h放电率放电，当单格电压下降到1.7V时，再以补充充电的电流进行充电、再放电，再充电，直到容量达到额定值80%以上，即可上车使用。

2. 充电方法

蓄电池的充电方法有常规充电和快速充电法两种。常规充电方法有定电压充电和定电流充电两种。

(1) 定电流充电

在充电过程中，使充电电流（一般蓄电池容量的0.1倍以下，如60A·h蓄电池不大于6A）保持恒定的充电方法称为定电流充电法，简称定流充电。

定流充电时，被充电的蓄电池不论是6V或12V，均可串联在一起进行充电，其连接方法如图2-13所示。所串联的蓄电池的容量应尽可能相同，如不相同，充电电流应用小容量的蓄电池来计算。当小容量的蓄电池充足电后，应随之去除，再继续给大容量的蓄电池充电。

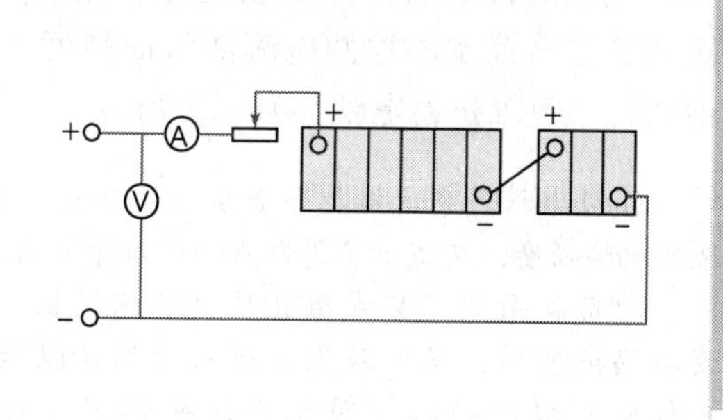

图2-13 定流充电时蓄电池的连接

(2) 定电压充电

在充电过程中，充电电压始终保持不变的充电方法称为定电压充电法，简称定压充电。定压充电蓄电池的连接方式如图2-14所示。采取此方式时，要求各支路蓄电池的额定电压必须相同，容量也要一样。

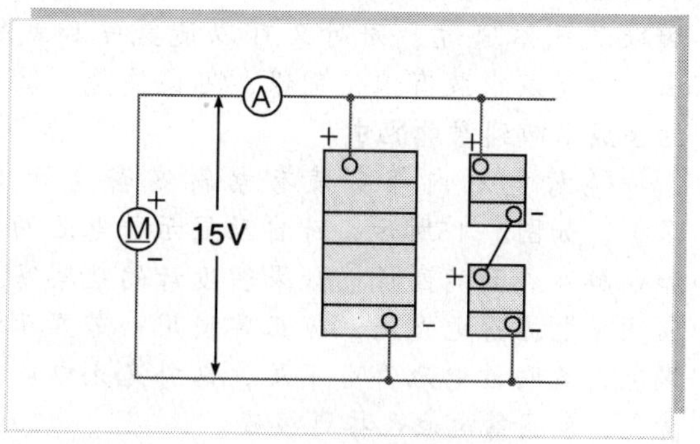

图2-14 定压充电时蓄电池的连接

定压充电的充电电压一般按单体电

池电压的2.5倍选用，即6V蓄电池的充电电压为7.5V，12V蓄电池的充电电压为15V。

(3) 脉冲快速充电法

充电初期采用大电流，使电池在较短的时间内达到额定容量的60%左右，当单格电压上升到2.4V，电解液开始分解冒出气泡时，由于控制电路作用，停止大电流充电。

脉冲期，先停充24～40ms，接着再放电或反充，使电流反向通过一个较大的脉冲电流，以消除浓差极化和极板孔隙形成的气泡，然后停放25ms。最后按脉冲期循环充电直到充足。

六、新型蓄电池

目前，除了铅蓄电池以外，汽车上经常采用的蓄电池有免维护蓄电池、碱性蓄电池等。

1. 免维护蓄电池

免维护蓄电池又称MF蓄电池。免维护是指在汽车合理使用期间，不需要对蓄电池进行加注蒸馏水、检测电解液液面高度、检测电解液密度等维护作业。与其他铅蓄电池相比，免维护蓄电池具有以下特点：

①栅架材料采用铅钙合金或低锑合金。既提高了栅架的机械强度，又减少了蓄电池的耗水量和自放电。

②隔板采用了袋式微孔聚氯乙烯隔板。将正极板装在隔板袋内，既可避免正极板上的活性物质脱落，又能防止极板短路。因此壳体底部不需要凸起的肋条，降低了极板组的高度，增大了极板上方的容积，使电解液储存量增多。

③采用了新型安全通气装置和气体收集器。在蓄电池盖内部设置了一个氧化铝过滤器，可阻止水蒸气和硫酸气体通过，同时又可以使氢气和氧气顺利逸出。通气塞中装有催化剂银，可促使氢、氧离子重新结合成水回到蓄电池中。

④蓄电池内部安装有电解液密度计（俗称电眼），如图2-15所示，可自动显示蓄电池的存电状态和电解液液面的高低。如果密度计的观察窗呈绿色，表明蓄电池存电充足，可正常使用；若显示深绿色或黑色，表明蓄电池存电不足，需补充充电；若显示浅黄色，表明蓄电池已接近报废。

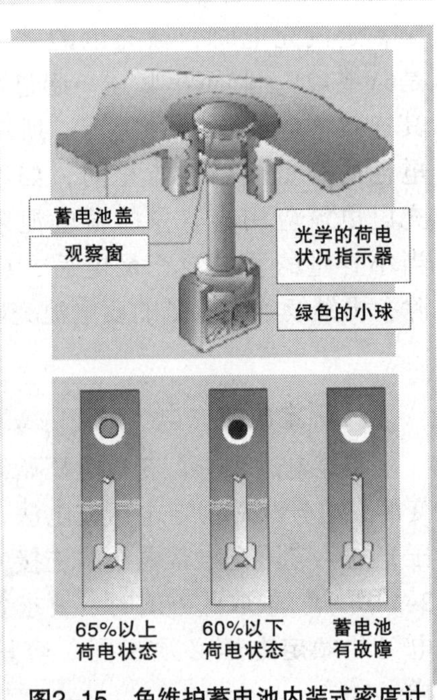

图2-15 免维护蓄电池内装式密度计

2. 碱性蓄电池

碱性蓄电池具有质量轻、使用寿命长、自放电少等优点，而且没有铅酸蓄电池因过充电和过放电而造成活性物质钝化的现象。但是，碱性蓄电池活性物质的导电性差、内阻大，而且价格较高。

碱性蓄电池以氢氧化钾（KOH）的水溶液或氢氧化钠（NaOH）的水溶液为电解液，其中以氢氧化钾的水溶液作为电解液的应用最为广泛。

碱性蓄电池的典型代表有铁镍蓄电池、镉镍蓄电池、银锌蓄电池等。下面就对铁镍蓄电池作介绍。

1）铁镍蓄电池的种类

①有极板盒式铁镍蓄电池。由正极组、负极组和隔板交错排列，组成板群，装入外壳，封底组成。

②烧结式铁镍蓄电池。由正极组和负极组交错排列，经包膜装入外壳封盖子而成。正极板和负极板分别由烧结式极板经浸渍而成。

2）铁镍蓄电池的工作原理

铁镍蓄电池电解液是KOH水溶液。KOH水溶液只传导电流，其浓度基本不变，因而不能根据电解液密度大小来判断电池充放电程度。充电状态时，正极板上的活性物质为氢氧化镍$Ni(OH)_3$，负极板为金属铁Fe。放电终止时，正极板活性物质转化为氢氧化亚镍$Ni(OH)_2$，负极板活性物质转化为氢氧化亚铁$Fe(OH)_2$。铁镍蓄电池充放电的化学反应式为：

$$Fe+2Ni(OH)_3 \underset{充电}{\overset{放电}{\rightleftharpoons}} Fe(OH)_2+2Ni(OH)_2$$

3. 电动汽车用蓄电池

电动汽车可以减少废气与噪声污染，是一种理想的交通运输工具。电动汽车上使用的蓄电池应当符合以下要求：使用寿命长、比容量高、使用持续里程长、质量小、充放电性能好。

目前正在研制的新型高能电池很多，如钠硫电池、燃料电池、锌—空气电池、锂合金电池、氢镍电池等。下面仅介绍钠硫电池。

钠电池的结构原理如图2-16所示。

钠硫电池是一种新型高能电池，其理论比容量可高达760W·h/kg，目前实际上已达到300W·h/kg，而且充电持续里程长，循环寿命长。

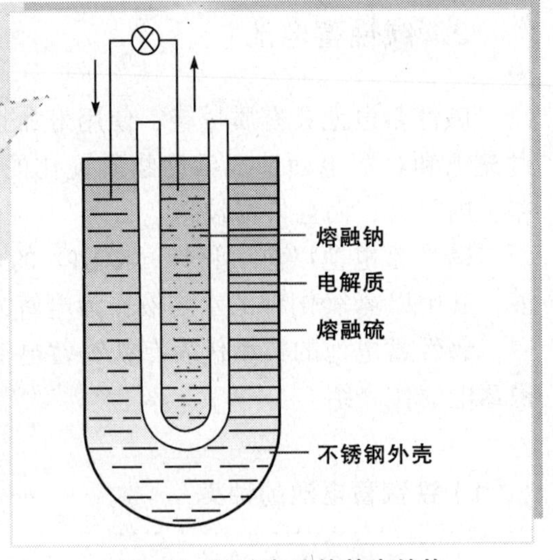

图2-16 钠硫电池的基本结构

负极的反应物质是熔融的钠在负极腔内，正极的反应物是熔融的硫在正极腔内。正极与负极之间用α-Al_2O_3电绝缘体密封。正极腔与负极腔之间有β-氧化铝钒土陶瓷管电解质。电解质是只能自由传导的离子（Na^+），而对电子是绝缘体。

当外电路接通时，负极不断产生钠离子并放出电子，即：

$$Na \rightleftharpoons Na^+ + e$$

电子通过外电路移向正极，而钠离于Na^+通过β-氧化铝钒土电解质和正极的反应物质硫起作用，生成钠的硫化物，即：

$$2Na + xS \rightarrow Na_2S_x$$

Na_2S_x可以是Na_2S_2、Na_2S_4或Na_2S_5。

七、蓄电池的检查与维护

1. 蓄电池的正确使用

（1）大电流放电时间不宜过长，使用启动机，每次的时间不超过5s，相邻两次启动之间应间隔15s。

（2）充电电压不能过高，当充电电压增高10%~12%时，蓄电池的寿命将会缩短2/3左右。

（3）尽量避免蓄电池过放电和长期处于亏充电状态下工作，放完电的蓄电池应在24h内充电。

（4）冬季使用蓄电池，要特别注意保持充足电状态，以免电解液密度降低而结冰。在不结冰的前提下，尽可能采用密度偏低的电解液，如液面过低，需加添蒸馏水时只能在充电前进行，尽可能地使水和电解液混合。冷车启动前，注意发动机和蓄电池的预热。

2. 蓄电池的维护

为了使蓄电池经常处于完好的技术状态，对使用中的蓄电池，应做好以下维护工作：

（1）要保持蓄电池外部的清洁，经常清除蓄电池上的灰尘、泥土和极桩、电线头上的氧化物，擦去电池上部和外表面的电解液和污物。图2-17所示为用端头清洁器清洁卡子和电极柱。

（2）经常检查蓄电池在车上安装是否牢靠，极桩是否松动，接线是否紧固。

（3）定期检查并疏通加液孔盖上的通气孔，检查和调整各单格电池内电解液的液面高度。

（4）及时根据当时的季节，调整电解液密度。

（5）经常检查蓄电池的放电程度。如低于规定标准，要立即进行补充充电。

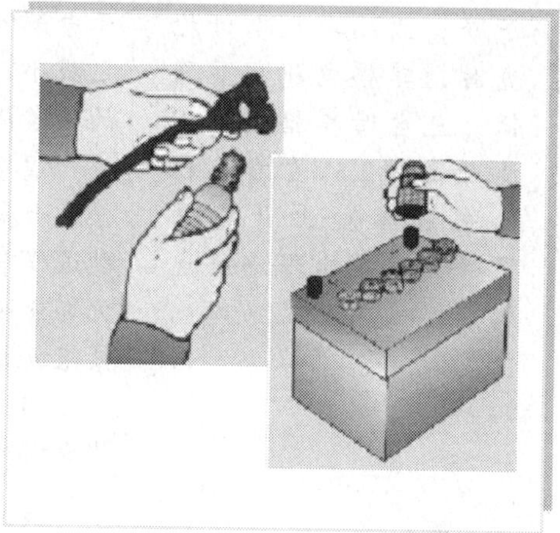

图2-17　用端头清洁器清洁卡子和电极桩

3. 常见故障及排除方法

蓄电池在使用过程中所出现的故障，除材料和制造工艺方面的原因外，还有很多情况是由于维护和使用不当而造成的。蓄电池常见故障可分内部故障和外部故障。内部故障有极板硫化、活性物质脱落、极极短路、自行放电等；蓄电池的外部故障有壳体或盖子出现裂纹、封口胶干裂、极桩松动或腐蚀等。

下面就主要介绍蓄电池常见的内部故障及排除方法：

（1）极板硫化

蓄电池长期处于放电状态或者充电不足状态下，会在极板上逐渐生成一层白色的粗晶粒的硫酸铅，正常充电时，不能转化为二氧化铅和铅，称为硫酸铅硬化，简称硫化。

这种粗晶粒的硫酸铅，堵塞极板孔隙，使电解液渗入困难，容量降低，且硫化层导电性差，内阻显著增大，启动性能和充电性能下降。

蓄电池硫化主要表现在:

极板上有白色的霜状物；蓄电池容量明显下降；用高率放电计检查时，单格电压明显降低；充电时单格电压迅速升高到2.5V左右，但电解液密度上升不明显，且过早出现沸腾现象。

硫化的主要原因是:

①充电不足的蓄电池长期放置时，当温度升高时，极板上一部分硫酸铅溶于电解液中；在温度下降时，溶解度随之减小，部分硫酸铅再结晶成粗大颗粒的硫酸铅附在极板上，使之硫化。

②电池内液面过低，极板上部与空气接触而氧化（主要是负极板）。在汽车行驶过程中，由于电解液上下波动与极板氧化部分接触，也会生成粗晶粒的硫酸铅，使极板上部硫化。

③电解液密度过大或不纯，气温变化大都能使极板硫化。

补救办法:

当硫化不严重时，可采用去硫充电法进行充电。当硫化严重时，应予以报废。实践证明，用快速充电机充电，对于消除硫化有显著效果。

(2)自行放电

充足电的蓄电池，放置不用，会逐渐失去电量，这种现象，称为自行放电。对于充足电的蓄电池，如果每昼夜容量下降不大于2%，就是正常的自放电，超过2%就是有故障了。

自行放电的原因主要有:

①电解液不纯，杂质与极板之间以及沉附于极板上的不同杂质之间形成电位差，通过电解液产生局部放电。

②电池溢出的电解液堆积在盖板上，使正负极桩形成通路。

③极板活性物质脱落，下部沉淀物过多使极板短路。

④蓄电池长期放置不用，硫酸下沉，下部密度比上部大，极板上下部发生电位差引起自行放电等。

补救办法:

自行放电不严重的蓄电池，可将蓄电池完全放电或过放电，使极板上的杂质进入电解液中，然后倒掉原电解液。再用蒸馏水倒入各单格电池内，反复清洗几次，最后加入新的电解液进行充电。自行放电严重的蓄电池，应倒出电解液，取出极板组，抽出隔板，再用蒸馏水冲洗极板和隔板，然后重新组装，加入新的电解液重新充电。

(3)极板短路

极板短路的主要原因有:

隔板损坏、极板拱曲变形或活性物质大量脱落堆积使极板直接接触造成的。

极板短路的外部特征是充电过程中，电解液温度迅速上升；密度上升很慢；充电末期气泡很少；放电时，蓄电池容量明显下降；而且用高率放电计测试时，单格电池电压很低或者为零。

补救办法:

对于短路的蓄电池必须拆开，查明原因并进行故障排除。

（4）极板活性物质脱落

活性物质脱落，主要是指正极板上的二氧化铅脱落，这是蓄电池过早损坏的原因之一。他使蓄电池容量下降，严重时导致极板短路，在充电时电解液中会有褐色物质从电池底部浮起。

极板活性物质脱落的主要原因：

充电电流过大或过充电；充电时温度过高；放电电流过大，使极板拱曲也会造成活性物质脱落。

补救办法：

活性物质脱落不严重的蓄电池，可清洗更换电解液后继续使用，严重时应更换极板或报废。

八、蓄电池故障检修实训指导与实操工单

详见附录十。

启动时启动机运转不正常故障的检修

××××××汽车维修有限公司

维修委托书

工单号 No: 200903115

客户名称：张三　车牌号：×××0088　购车日期：2005 年 3 月 6 日　联系电话：×××××××××××

联系人：张三　车　型：丰田威驰　Vin No.: L T V B A 4 2 3 X 5 0 0 9 4 0 7 5

送修日期：2009 年 3 月 2 日　交付日期：2009 年 3 月 5 日　行驶里程：1 0 6 0 0 0

报修故障症状描述	启动时起动机运转的转速低，且时转时不转动	交接物品	无
提车要求	付款方式：☑现金　☐刷卡　☐支票　其他：	其他	洗车 是☑ 否☐　带走旧件 是☑ 否☐

序号	报修项目
1	更换启动机
2	
3	
4	
5	
6	
	小计：2100元

	维修检查及施工情况详细见《维修检查·施工单》				
备注	旧件检查	空罐		旧件	油量 E 1/4 1/2 3/4 F

第一联：客户（取车凭证，请注意保管）

全车外观检查

车身如有变形、油漆划痕、玻璃、灯具裂痕等损伤，请在示意图中的方格内标注"√"。

维修委托书细则

甲方：（客户）

乙方：××××××汽车维修有限公司

维修细则：

1. 甲方已确认无包括现金在内的贵重物品遗留在车上。
2. 甲方已阅读并理解了本委托书及对应的《维修检查·施工单》上的所有内容，同意按乙方所列的维修项目和价格进行维修，甲方愿意支付相关的维修服务费及零件费。
3. 乙方同意甲方对维修车辆进行维修试车，包括场地试验或路试。
4. 如果甲方同意不带走旧件，乙方可以在甲方提车后对旧件进行处理。
5. 甲方确认并理解乙方已经充分告知的关于车辆检测或维修的相关情况，同时乙方有权采取必要的措施（包括但不限于拆解车辆的机械、电路及发动机等）进行检测或维修。同意乙方在对车辆进行进一步检测或维修时不再另行通知甲方。
6. 如因乙方过失致使维修车辆或部件损坏，乙方赔偿的范围仅限于维修或更换损坏车辆的部件，甲方同意不再提出其他赔偿要求。
7. 甲方应事先备份维修车辆上安装的所有软件或可存储数据信息。无论如何，维修车辆上安装的所有软件或可存储数据信息的损坏或丢失，乙方不作赔偿。
8. 甲方应在乙方通知提取车辆之日起壹个月内提取车辆，逾期不取，乙方有权按政府公布的停车费价格收取保管费用。

本人确认已经清楚理解并接受以上维修细则。

甲方(客户)签名
张三
日期：2009年3月2日

公司地址：××××××

救援热线：×××××××××××　**服务热线：**020-×××××××××　**传真：**020-××××××××

开户行：××××××××　**账号：**××××××××××××××　**乙方代表(接待员)：**王先生

客户陈述在启动时启动机运转的转速低，且时转时不转动，要求给予维修。

要完成这个工作任务，首先我们得知道汽车启动机的组成及工作原理、启动机的检测与调整方法、启动机运转不正常故障的诊断与排除方法。下面就分步来完成本学习情境的学习任务。

任务一 启动机的认识

汽车发动机没有自启动能力，需由外力带动曲轴旋转才能进入正常工作状态。常用的启动方式有人力启动和电力启动两种。而电力启动机启动具有操作简单、体积小、质量轻、安全可靠、启动迅速并可重复启动等优点，所以在现代汽车上广泛采用。

一、启动系的组成

启动系是由蓄电池、启动机、启动继电器、点火开关等组成，如图3-1所示。启动机在点火开关和启动继电器的控制下，将蓄电池的电能转化为机械能，带动发动机飞轮齿圈使曲轴转动，完成发动机的启动。

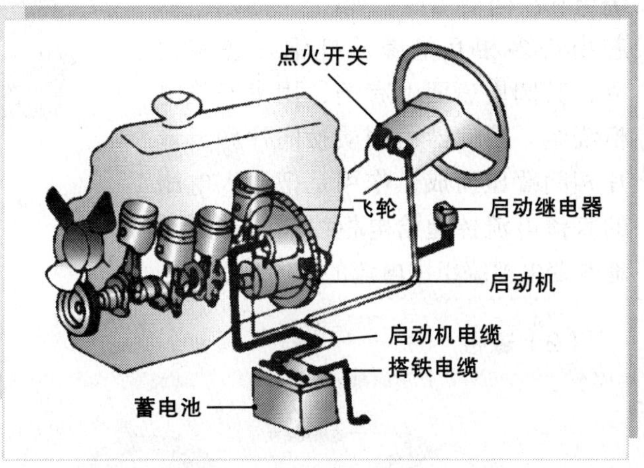

图3-1 启动系的组成

二、启动机的组成

启动机一般由三个部分组成：直流串励式电动机、传动机构、控制装置，如图3-2所示。

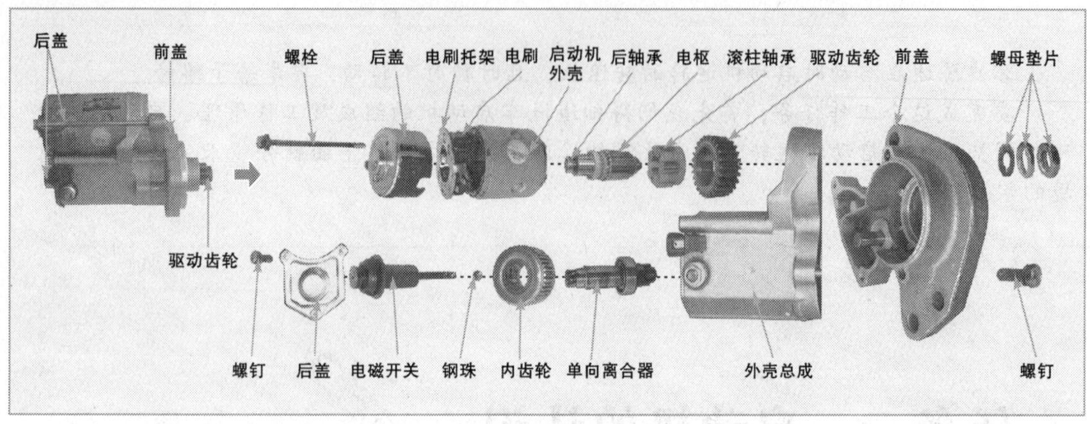

图3-2　启动机的组成

1. 直流串励式电动机

直流串励式电动机由电枢、磁极、电刷、机壳等组成。

（1）电枢

电枢是产生电磁转矩的核心部件，主要由电枢轴、电枢铁芯、电枢绕组和换向器组成，如图3-3所示。铁芯由许多相互绝缘的硅钢片叠装而成，其圆周表面上有槽，用来安放电枢绕组。换向器由铜质换向片和云母片相间叠压而成，作用是把通入电刷的直流电流传递给电枢线圈，并适时地改变电枢绕组中电流的方向。

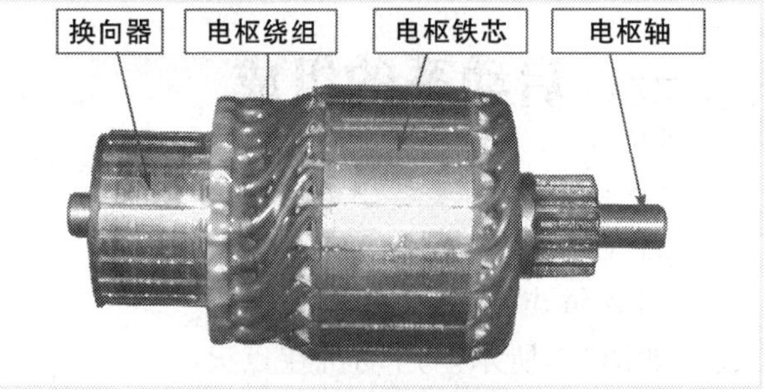

换向器　电枢绕组　电枢铁芯　电枢轴

图3-3　电枢总成

（2）磁极

磁极的作用是产生磁场，由铁芯和磁场绕组组成。铁芯用螺钉固定在壳体的内壁上，其上套有磁场绕组。磁极的数目一般为四个（两对），励磁绕组的连接方法有两种，如图3-4所示。一种是四个相互串联，如图3-4a）所示，另一种是两串两并，即先将两个串联后再并联，如图3-4b）所示。

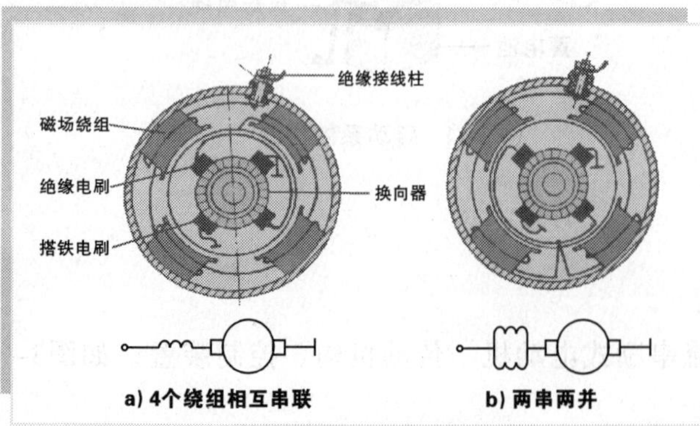

图3-4　励磁绕组的连接方式

（3）电刷与电刷架

电刷与电刷架的作用是将电流引入电动机，如图3-5所示。电刷装在电刷架中，借弹簧压力将它压紧在换向器上，电刷弹簧的压力一般为11.7~14.7N。

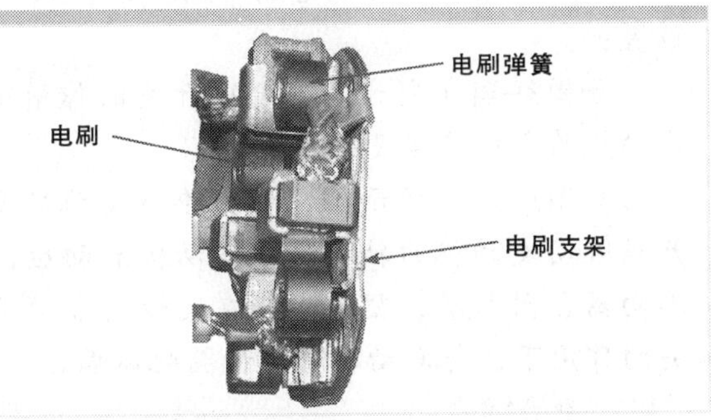

图3-5　电刷与电刷架

（4）端盖、机壳

端盖与机壳实物如图3-6所示，端盖分为前、后两个。后端盖一般用钢板压制而成，其上装有4个电刷架，前端盖用铸铁浇铸而成。它们分别装在机壳的两端，靠两个长螺栓与启动机壳紧固在一起。

机壳用钢管制成，一端开有窗口，作为观察电刷和换向器之用，平时用防尘箍盖住。机壳上只有一个电流输入接线柱（与外壳绝缘），并在内部与磁场绕组的一端相接。

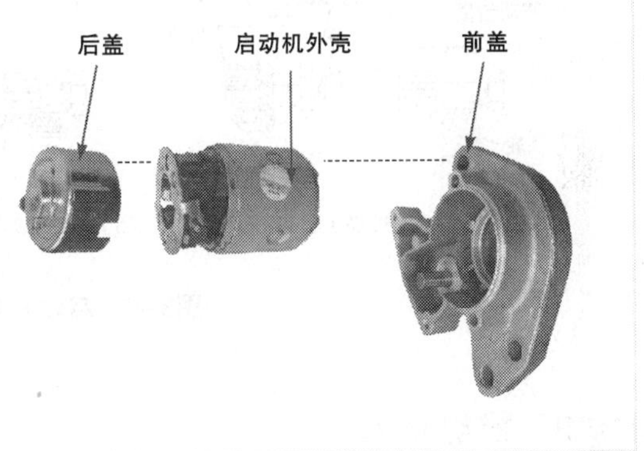

图3-6　端盖与机壳

2. 传动机构

传动机构的作用

传动机构的作用是当启动发动机时，将电动机的驱动转矩传给发动机曲轴；当发动机启动后，切断电动机与发动机之间的动力联系。

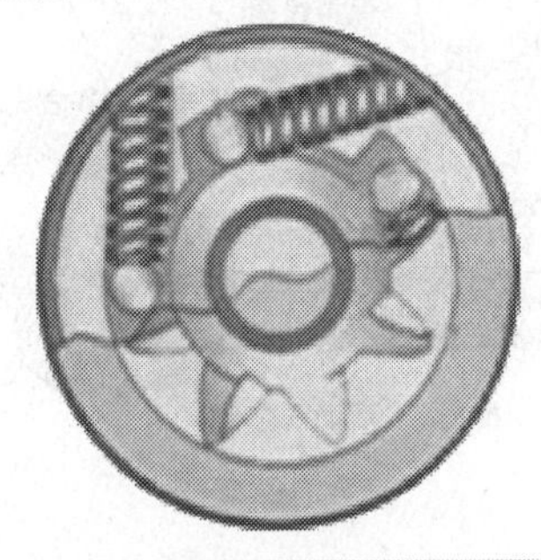

图3-7 单向离合器内部结构图

启动机传动机构中的关键部件是单向离合器，其内部结构如图3-7所示。其作用是在启动时将电枢产生的电磁转矩传递给发动机飞轮；而当发动机启动后，单向离合器立刻打滑，防止发动机飞轮带动电枢高速旋转，造成电枢绕组“飞散”的事故。

传动机构的工作示意图如图3-8所示，如图3-8a）所示为启动机不工作时所处的位置；

如图3-8b）所示为在电磁开关的作用下，驱动齿轮与飞轮齿圈正在啮合，此时启动机的主电路还没有接通；

如图3-8c）所示为驱动齿轮与发动机飞轮齿圈完全啮合，主电路接通，电枢轴开始带动发动机曲轴旋转。发动机启动后，驱动齿轮与飞轮齿圈仍处于啮合状态，单向离合器打滑，驱动齿轮在飞轮的带动下空转。启动结束后，驱动齿轮在电磁开关的作用下，与发动机飞轮齿圈脱离啮合。

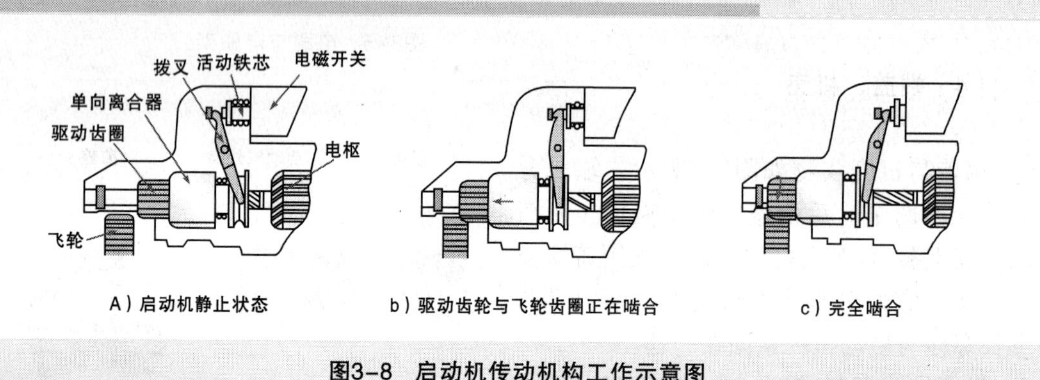

图3-8 启动机传动机构工作示意图

3. 操纵机构

操纵机构的作用

操纵机构的作用是通过控制启动电磁开关及杠杆机构（或其他某种装置），来实现启动机传动机构与飞轮齿圈的啮合与分离，并接通和断开电动机与蓄电池之间的电路，同时还能接入和切断点火线圈的附加电阻（传统点火装置）。

如图3-9所示为电磁开关结构图。

电磁开关主要由吸拉线圈、保持线圈、活动铁芯、接触盘等组成。其中吸拉线圈与电动机串联，保持线圈与电动机并联，直接搭铁。活动铁芯一端通过接触盘控制主电路的导通；另一端通过拨叉控制驱动齿轮的啮合。在启动机电磁开关上有三个接线柱：主接线柱（接蓄电池的启动电缆线）、启动接线柱（接点火开关启动挡ST或启动继电器）、点火线圈附加电阻短路接线柱（接点火线圈）。

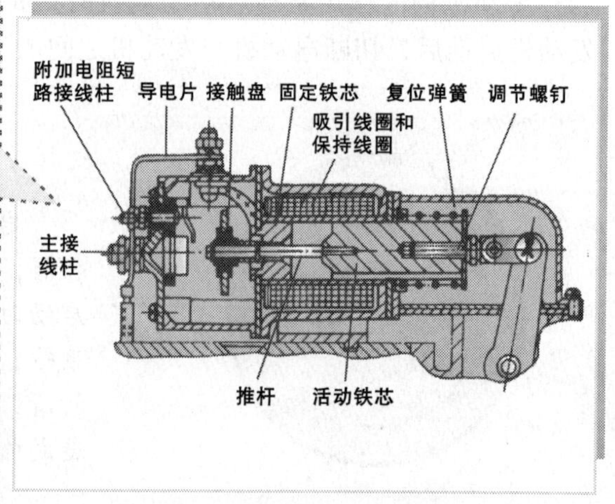

图3-9 电磁开关结构图

三、启动机的分类

启动机的种类很多，按启动机的三个组成部分的不同来分有以下几种。

1. 按电动机部分分类

按电动机部分的不同来分，有：电动励磁式和永磁式两种（如图3-10所示），但一般没有本质的差别。

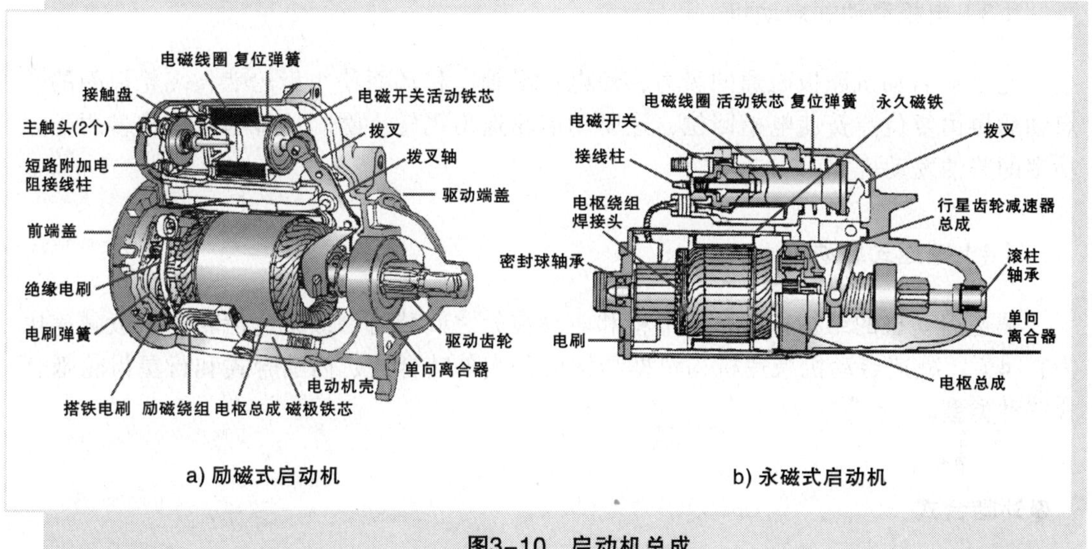

图3-10 启动机总成

2. 按操纵机构分类

（1）直接操纵式启动机

它是由脚踏或手拉杠杆联动机构直接控制启动机的主电路开关来接通或切断主电路，也称机械式启动机。这种方式虽然结构简单，但操作不便，目前基本被淘汰。

（2）电磁操纵式启动机

它是由按钮或点火开关控制继电器，再由继电器控制启动机的主开关来接通或切断主电路，也称电磁控制式启动机。这种方式可实现远距离控制，操作方便，目前广泛采用。

3. 按传动机构的啮合方式分类

(1)惯性啮合式启动机

启动机旋转时，其啮合小齿轮靠惯性力自动啮入飞轮齿圈。启动后，小齿轮又借惯性力自动与飞轮齿圈脱离。这种啮合机构结构简单，但不能传递较大的转矩，而且可靠性较差，所以目前已很少采用。

(2)强制啮合式启动机

它是靠人力或电磁力拉动杠杆强制小齿轮啮入飞轮齿圈的。这种啮合机构结构简单、动作可靠、操作方便，目前普遍采用这种结构。

(3)电枢移动式启动机

它是靠启动机磁极磁通的吸力，使电枢沿轴向移动而使小齿轮啮入飞轮齿圈的，启动后再由复位弹簧使电枢回位，让驱动齿轮退出飞轮齿圈。这种啮合机构多用于大功率的柴油发动机上。

(4)减速式启动机

减速启动机的结构特点是在电枢和驱动齿轮之间装有一级减速齿轮（一般减速比为3～4）。减速启动机减速机构根据结构可分为外啮合式、内啮合式和行星齿轮啮合式三种类型。

● 外啮合式

该启动机的传动中心距离为30mm左右，在电枢轴与驱动齿轮之间，利用惰轮作中间传动，且电磁开关铁芯与驱动齿轮同轴心，电磁开关直接推动驱动齿轮与飞轮齿圈啮合，无需拨叉，启动机的减速传动效率高，成本适中，广泛应用于小功率的启动机上。如图3-11所示为丰田汽车采用的外啮合式减速启动机分解图。

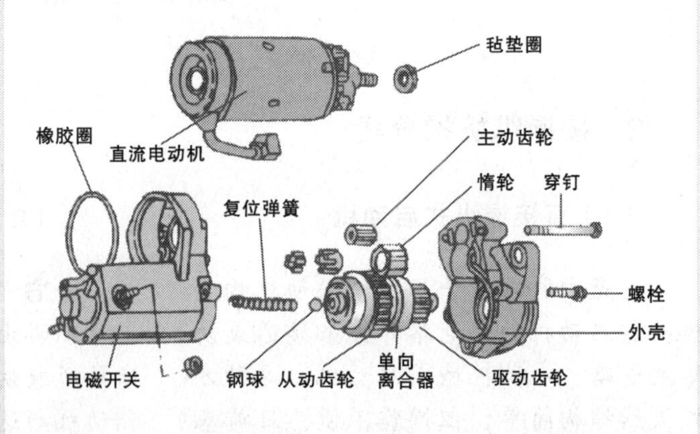

图3-11 丰田汽车采用的外啮合式减速启动机分解图

●内啮合式

内啮合式减速机构传动中心距小，可有较大的减速比，故适用于较大功率的启动机。

●行星齿轮式减速启动机

行星齿轮式减速启动机具有结构紧凑、传动比大、效率高等优点。由于输出轴与电枢轴同心、同旋向，电枢轴无径向荷载，可使整机尺寸减小。此外，由于行星齿轮啮合式减速启动机的轴向位置结构与普通启动机相同，因此配件可通用。行星齿轮总成由太阳轮、三个行星齿轮、内齿圈组成，如图3-12所示。

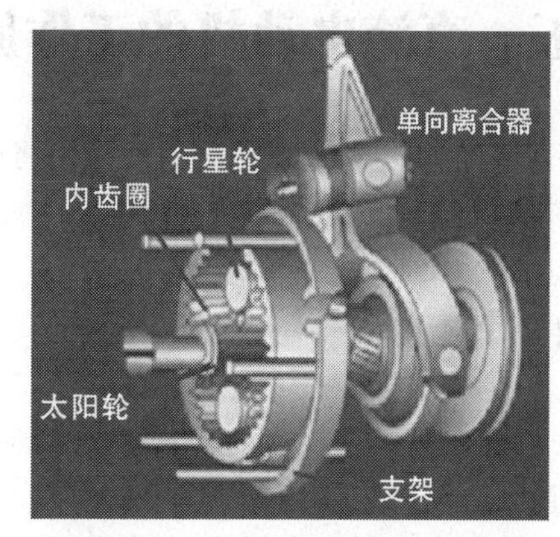

图3-12　行星齿轮式总成结构图

四、启动机的型号

根据《汽车电气设备产品型号编制方法》（QC/T73—93）的规定，启动机的型号由以下五部分组成：

1	2	3	4	5

第1部分为产品代号：QD表示启动机；QDJ表示减速启动机；QDY表示永磁启动机（包括永磁减速启动机），J、Y分别表示“减”、“永”。

第2部分为电压等级代号：1-12 V；2-24 V；3-6 V。

第3部分为功率等级代号：含义见表3-1。

第4部分为设计序号。

第5部分为变形代号。

启动机的等级代号　表3-1

功率等级代号	1	2	3	4	5	6	7	8	9
功率（kW）	~1	>1~2	>2~3	>3~4	>4~5	>5~6	>6~7	>7~8	>8

如启动机型号为：

QD124：表示额定电压为12V、功率为（1~2）kW、第四次设计的启动机。

五、直流电动机的工作原理

直流电动机利用磁场的相互作用将电能转化成机械能，在磁场内通电导线受到磁场力的作用而产生移动的倾向。

1. 工作原理

直流电动机的原理如图3-13所示，在磁场中放置一个线圈，线圈的两点分别与两片换向片连接，两只电刷分别与两片换向片接触，并与蓄电池的正极或负极接通。**电流方向为：蓄电池正极→励磁绕组→正电刷→换向片→电枢绕组→负电刷→蓄电池负极。**

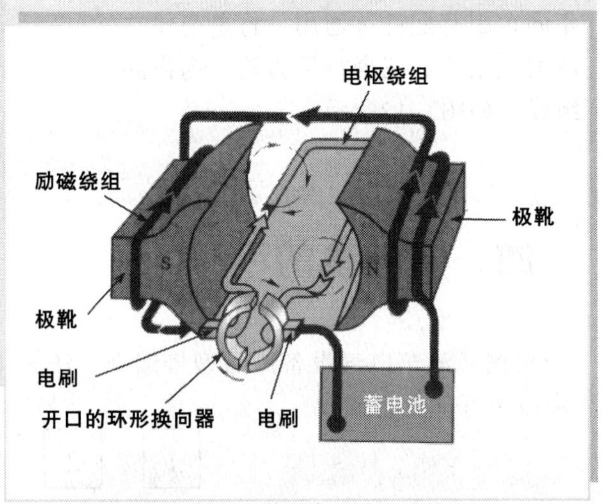

图3-13　直流电动机原理图

按照电枢绕组中的电流方向，由左手定则可以确定电枢左边受向上的作用力，右边受向下的作用力，整个电枢线圈受到顺时针方向的转矩作用而转动。当电枢转过半周后，换向片与正负电刷接触位置正好换位，电枢绕组因受转矩作用仍按顺时针方向转动。这样在电源连续对电动机供电时，其线圈就不停地按同一方向转动。

实际电动机的电枢采用多匝线圈，换向片的数量也随绕组匝数的增多而增多。

电动机的电磁转矩M取决于磁通Φ和电枢电流I_s的乘积，可用下式表示：

$$M=C_m \cdot \Phi \cdot I_s$$

式中，C_m是电机结构常数。

2. 直流电动机转矩自动调节原理

直流电动机的电枢在电磁力矩M作用下产生转动的同时，由于绕组在转动时切割磁力线而产生感应电动势，且其方向与电枢电流I_s的方向相反，故称反电动势E_f。反电动势E_f与磁极的磁通量Φ和电枢的转速n成正比，即

$$E_f = C_e \Phi n$$

式中，C_e为电动机的电机常数。由此可推出电枢回路的电压平衡方程式，即

$$U = E_f + I_s R_s + I_s R_j$$

式中，U为加在启动机上的电压；R_s为电枢回路电阻，其中包括电枢绕组的电阻和电刷与换向器的接触电阻；R_j为励磁绕组等效电阻。

在直流电动机刚接通电源的瞬间，电枢转速n为零，电枢反电动势也为零。此时，电枢绕组中的电流达到最大值，即$I_{max} = U/(R_s+R_j)$，将相应产生最大电磁转矩M_{max}，若此时的电磁转矩大于电动机的阻力矩M_s，电枢开始加速转动。随着电枢转速的上升，E_f增大，I_s下降，电磁转矩M也就随之下降。当M下降至与M_s相平衡（$M=M_s$）时，电枢就以此转速运转。如果直流电动机在工作过程中负载发生变化，就会出现如下的变化。

工作负载增大时，$M < M_s \rightarrow n\downarrow \rightarrow E_f\downarrow \rightarrow I_s\uparrow \rightarrow M\uparrow \rightarrow M = M_s$，达到新的平衡；

工作负载减小时，$M > M_s \rightarrow n\uparrow \rightarrow E_f\uparrow \rightarrow I_s\downarrow \rightarrow M\downarrow \rightarrow M = M_s$，达到新的平衡。

可见，当负载变化时，电动机能通过转速、电流和转矩的自动变化来满足负载的需要，使之能在新的转速下稳定工作。因此直流电动机具有自动调节转矩功能。

六、直流电动机的启动、调速与反转

1. 直流电动机的启动

电动机接到规定电源后，转速从0上升到稳态转速的过程称为启动过程。合闸瞬间的启动电流很大为（10~20）I_N。这样大的启动电流会引起电动机换向困难，并使供电线路产生很大的压降。因此必须采取适当的措施限制启动电流。

（1）直流电动机的启动方法

电枢回路串电阻启动。

为了在限定的电流获得较大的启动转矩，应该使磁通尽可能大些，因此启动时串联在励磁回路的电阻应全部切除。有了一定的转速后，电势不再为0，电流会逐步减小，转矩也会逐步减小。为了在启动过程中始终保持足够大的启动转矩，一般将启动器设计为多级，随着转速的增大，串在电枢回路的启动电阻逐级切除，进入稳态后全部切除。启动电阻一般设计为短时运行方式，不容许长时间通过较大的电流。

对启动的要求：

- 启动电流要小；
- 启动转矩要大；
- 启动设备要简单可靠。

（2）他励电动机降压启动

对于他励直流电动机，可以采用专门设备降低电枢回路的电压以减小启动电流。

总结：

串励与复励电动机启动方法基本上与并励电动机相同，即采用电枢回路串电阻的方法减小启动电流。串励电动机绝对不允许空载启动。串电阻启动设备简单，投资小，但启动电阻上要消耗能量；电枢降压启动设备投资较大，但启动过程节能。

2. 他励直流电动机调速方法

拖动一定的负载运行，其转速由工作点决定。如果调节某些参数，则可以改变转速。

直流电动机的调速有三种：

- 改变电枢电压
- 改变励磁电流即改变磁通
- 电枢回路串入调节电阻

三种调速方法实质上都是改变了电动机的机械特性，使之与负载机械特性的交点改变，达到调速的目的。

（1）改变电枢电压调速

降低电枢电压时，电动机机械特性平行下移。负载不变时，交点也下移，速度也随之改变。

优点：调速后，转速稳定性不变、无级、平滑、损耗小。

缺点：只能下调，且专门设备，成本大（一般采用可控硅调压调速系统）。

（2）改变励磁电流调速（调节励磁电阻）

减少励磁电流时，磁通Φ减少，电动机机械特性n_0点和斜率增大。负载不变时，交点也下移，速度也随之改变。

优点：励磁回路电流小（1~3）%I_N，损耗小，连续调速，易控制。

缺点：只能上调。

（3）电枢回路串入调节电阻调速

调节电阻增大时，电动机机械特性的斜率增大，与负载机械特性的交点也会改变，达到调速目的。

优点：设备简单、操作简单。

缺点：只能降速，低转速时变化率较大，电枢电流较大，不易连续调速，有损耗。

3. 改变电动机转向的方法

要改变电动机转向，就必须改变电磁转矩的方向。单独改变磁通方法（通过改变励磁连接）或者单独改变电枢电流的方向，均可以改变电磁转矩的方向。

具体方法如下：

（1）对于并励电动机，单独将励磁绕组引出端对调。或者单独将电枢绕组引出端对调。

（2）对于复励电动机，应将电枢引出端对调或者同时将并励绕组和串励绕组引出段分别对调（维持其复励状态）。

提示：在直流电动机中，励磁绕组的连接方式可分为：串励式、并励式和复励式三种。如图3-14所示。汽车启动机所用的电动机为串励式直流电动机。

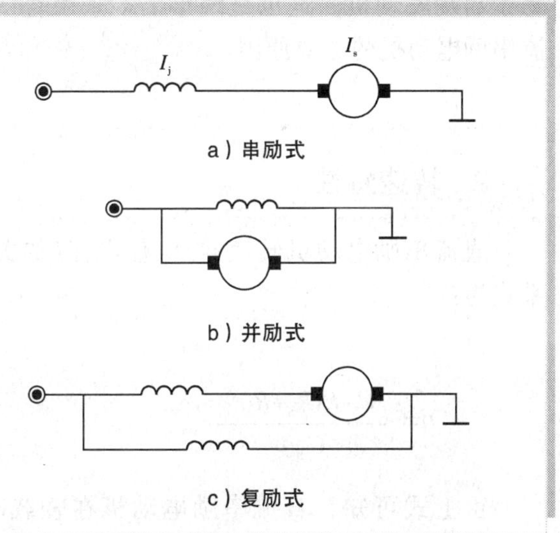

图3-14　直流电动机的励磁方法

七、启动机的工作特性

启动机的工作特性有转矩特性、转速特性和功率特性。其转矩、转速、功率与电流的关系曲线称为启动机的特性曲线。

1. 转矩特性

对于直流串励电动机，其磁场电流I_j与电枢电流I_s相等，并且磁路未饱和时，磁通Φ与电枢电流成正比，即$\Phi = C_1 I_s$。所以，串励直流电动机的转矩可表示为：

$$M = C_m I_s \Phi = C_m C_1 I_s^2$$

可见，在磁路未饱和的情况下，直流串励电动机的电磁转矩M与电枢电流I_s的平方成正比，如图3-15所示。在启动发动机的瞬间，由于发动机的阻力矩很大，启动机处于完全制动状态下，转速为零，反电动势也为零。此时电枢电流将达到最大值，电动机产生最大转矩，从而使启动机易于启动发动机。这也是汽车上多采用直流串励电动机的主要原因。

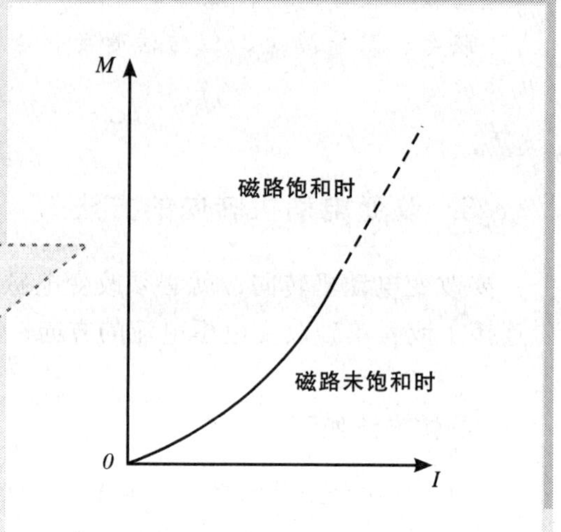

图3-15 直流串励电动机转速特性

2. 转速特性

直流串励电动机转速n与电枢电流I_s的关系式为：

$$n = \frac{U - I_S(R_S + R_J)}{C_m \Phi}$$

由上式可知，直流串励电动机在轻载时I_S小，转速高；重载时I_S大，转速低。转速特性曲线如图3-16所示。

串励式直流电动机在重载时转速低而转矩大的特性，可以保证启动安全可靠。但是在轻载和空载时转速很高，容易造成电枢绕组“飞散”事故。因此，串励式直流电动机不可在轻载或空载下运行。

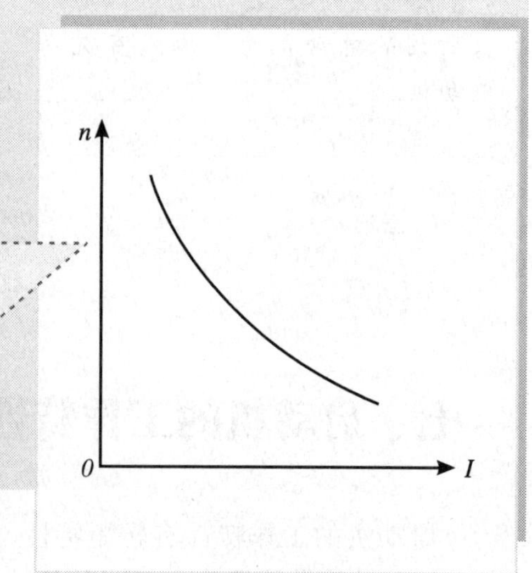

图3-16 直流串励电动机转速特性

3. 功率特性

启动机的输出功率由电动机电枢转矩M和电枢的转速n来确定，即：

$$P=\frac{Mn}{9550}$$

由此可以得出启动机的功率特性曲线，如图3-17所示。

从特性曲线可以看出，在完全制动状态（$n=0$）和空载（$M=0$）时，启动机的功率等于零；电枢电流接近制动电流的一半时，电动机输出功率最大。由于启动机启动时间很短，启动机可以最大功率运转，因此将其最大功率作为额定功率。

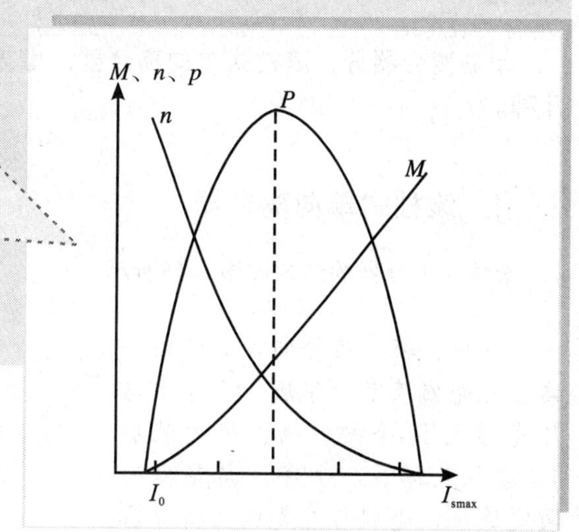

图3-17 直流串励电动机功率特性

4. 影响启动机功率的因素

在实际应用中，影响启动机功率的因素较多，主要有：

（1）接触电阻和导线电阻

电刷与换向器接触不良、电刷弹簧弹力减弱以及导线与蓄电池接线柱连接不牢，都会使电阻增加；导线过长以及导线截面积过小所造成较大的电压降。由于启动机工作时电流特别大，这些都会使启动机功率减小。因此必须保证电刷与换向器接触良好，导线接头牢固，并尽可能缩短蓄电池到启动机的导线、蓄电池搭铁线的长度，并选用截面积足够大的导线，以保证启动机的正常工作。

（2）蓄电池容量

蓄电池容量越小，其内阻越大，内阻消耗的电压降也越大，从而供给启动机的电压降低，也会使启动机功率减小。因此，在使用蓄电池时，需经常保持蓄电池电量充足。

（3）温度

当温度降低时，蓄电池内阻增加，加上蓄电池容量和端电压也会因温度低而下降，启动机功率将会显著降低。

八、传动机构工作原理

传动机构是启动机的主要组成部件，由单向离合器和减速机构组成（有的启动机不具有减速机构）。

单向离合器分：滚柱式单向离合器、摩擦片式单向离合器、弹簧式单向离合器等几种。

1. 滚柱式单向离合器

滚柱式离合器的结构如图3-18所示。

其中，驱动齿轮与外壳连成一体。外壳内装有十字块，十字块与外壳形成了4个楔形槽，槽内装有4套滚柱及弹簧。十字块与花键套固定连接，壳底与外壳相互折合密封。花键套筒的外面装有缓冲弹簧、拨环及卡环。单向离合器总成利用花键套与启动机轴的花键形成动配合，可以做轴向移动和随轴转动。

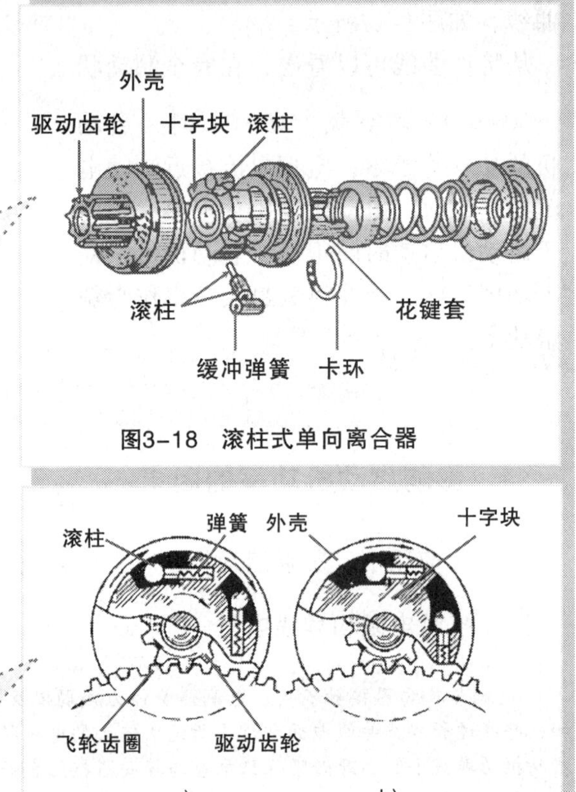

图3-18 滚柱式单向离合器

图3-19 滚柱式单向离合器工作原理图

滚柱式单向离合器的工作原理如图3-19所示，发动机启动时，经拨叉将单向离合器沿电枢花键轴推出，驱动齿轮啮入发动机飞轮齿圈。由于十字块处于主动状态，随电动机电枢一起旋转，促使4个滚柱进入楔形糟的窄端，将十字块与外壳卡紧，于是电动机电枢的转矩就可由十字块经滚柱、外壳传给驱动齿轮，从而达到驱动发动机飞轮齿圈旋转、启动发动机运转的目的，如图3-19a）所示。

当发动机启动后，飞轮齿圈的转速高于驱动齿轮，十字块处于被动状态，外壳与滚柱的摩擦力使滚柱进入楔形槽的宽端而自由滚动，只有驱动齿轮及外壳随飞轮齿圈作高速旋转，而启动机空转（启动电路并未及时断开），如图3-19b）所示。这种单向离合器的打滑功能，防止了电枢超速飞散的危险。启动完毕，由于拨叉复位弹簧的作用，经拨环使单向离合器退回，驱动齿轮完全脱离飞轮齿圈。

滚柱式离合器具有结构简单、体积小、质量轻、工作可靠等优点，是目前国内外汽车启动机中使用最多的一种。但因传递转矩的能力有限，故不能用于大功率启动机上，主要用于中、小功率的启动机。

2. 摩擦片式单向离合器

摩擦片式单向离合器的驱动齿轮与外接合鼓做成一个整体，其结构如图3-20所示。在外接合鼓的内壁有4道轴向槽沟，装有钢质从动摩擦片。在花键套筒的一端表面亦有3条螺旋花键，与内接合鼓内的3条螺旋花键配合。内接合鼓的表面也有4条轴向槽沟，装有钢或青铜制造的主动摩擦片。主动摩擦片和从动摩擦片彼此相间地排列组装。内接合鼓的外面装有缓冲弹簧，端部固装着拨环。

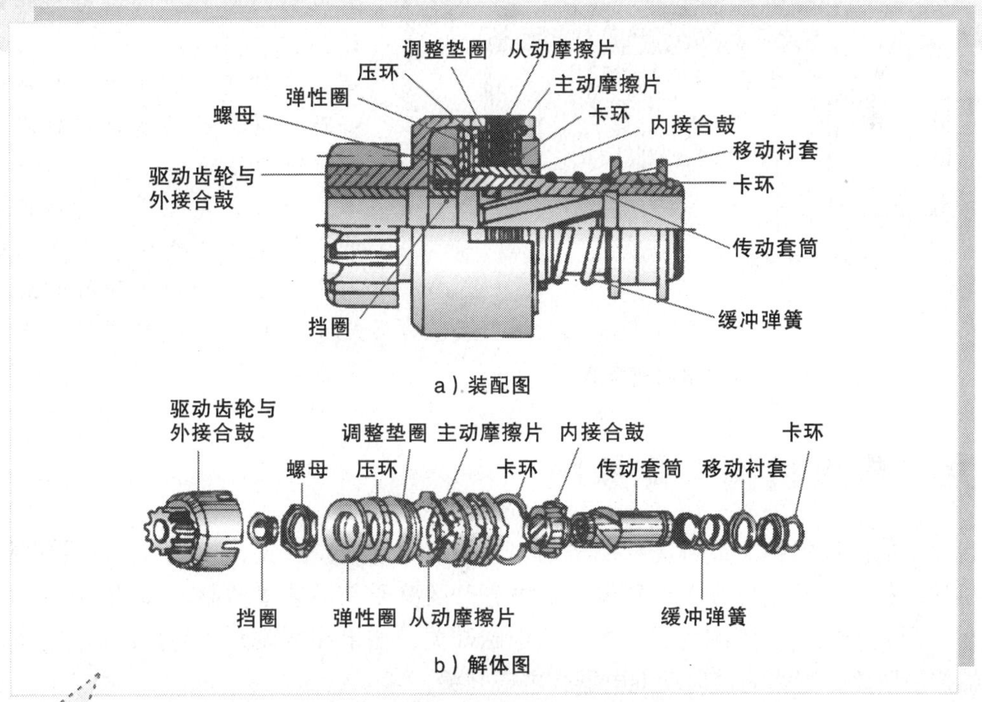

图3-20 摩擦片式单向离合器构造

发动机启动时，拨叉推动拨环使内接合鼓沿3条螺旋花键向外移动，由于螺旋花键的作用，主动和从动摩擦片被相互压紧，具有了摩擦力。当驱动齿轮啮入飞轮齿圈后，电动机的转矩使主、从动片压得更紧，摩擦力更大，启动机的转矩通过摩擦传给飞轮齿圈，驱动曲轴旋转。发动机启动后，驱动齿轮被飞轮齿圈带动高速旋转，从动摩擦片到主动摩擦片的摩擦力带动内花键毂转动，使内花键毂与螺旋花键旋松，于是主动和被动摩擦片之间的摩擦力消失而打滑，防止了电枢超速飞散的危险。

摩擦片式离合器具有传递大转矩，防止超载损坏启动机的优点，多用在大功率启动机上。但由于摩擦片容易磨损而影响启动性能，需要经常检查、调整或更换。

3. 弹簧式单向离合器

弹簧式单向离合器的结构如图3-21所示，传动套套装在电枢轴的花键上，驱动齿轮套装在电枢轴前端的光滑部分，在驱动齿轮与传动套外圆上装有扭力弹簧，扭力弹簧的内径略大于两套筒的外径。

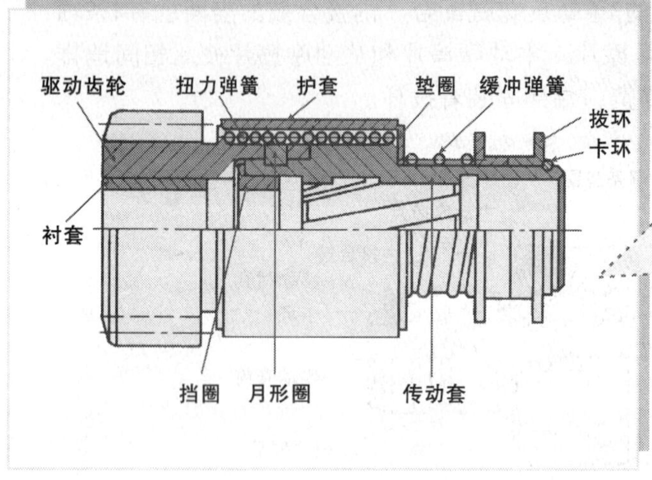

图3-21 弹簧式单向离合器

启动发动机时，传动叉拨动拨环，并压缩缓冲弹簧，推动单向离合器移向飞轮齿圈一端，使小齿轮啮入飞轮齿圈。电枢旋转时带动传动套筒旋转，在摩擦力的作用下，扭力弹簧被扭紧，将两个套筒抱死，启动机转矩便经扭力弹簧传给驱动齿轮再传给飞轮。启动机启动后，驱动齿轮飞轮齿圈拖动，同时驱动齿轮与传动套的主、从动关系也发生改变，这种变化使扭力弹簧被旋松而打滑，从而使电枢轴避免了超速运转的危险。

弹簧式离合器具有结构简单、制造工艺简化、成本低等优点，但由于扭力弹簧的轴向尺寸较长，一般只应用在大功率启动机上。

九、操纵机构工作原理

启动机的操纵机构（或称为控制机构）主要由启动电磁开关、拨叉、拨环等组成。启动机的工作主要受电磁开关的控制，而电磁开关又受其他装置控制。如果电磁开关直接受点火开关的控制，则称为直接控制式电磁开关；如果在电磁开关的控制回路中加入继电器控制回路，则称为带启动继电器式电磁开关。

1. 启动机控制端子的识别

以丰田车系启动机为例，其启动机控制端子如图3-22所示。

其中50号端子接点火开关；30号端子接蓄电池；端子C是启动机励磁绕组接线柱。

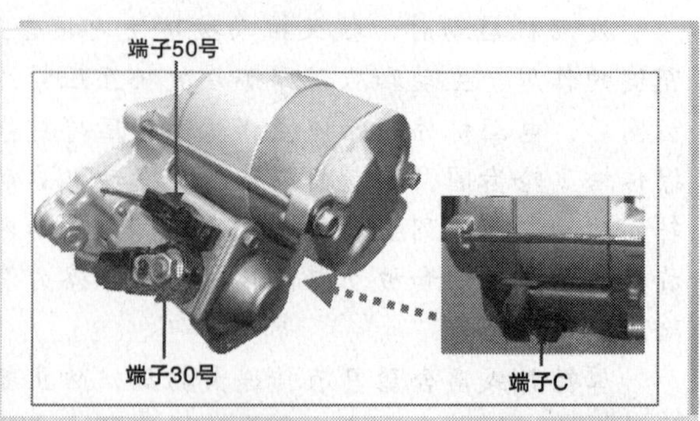

图3-22 威驰轿车启动机控制端子说明图

2. 直接控制式电磁开关

直接控制式电磁开关的控制电路如图3-23所示，其工作过程如下：

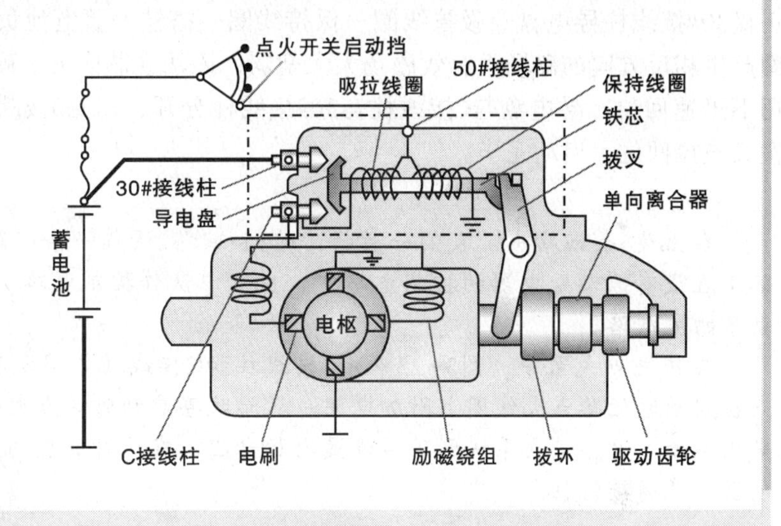

图3-23　直接控制式电磁开关控制电路

（1）启动时，将点火开关打到启动挡，在点火开关打到启动挡的一瞬间，接通了两条回路，实现了两个动作。

▷ 回路1：

蓄电池正极→点火开关→50接线柱→吸拉线圈→C接线柱→启动机励磁绕组→电枢→搭铁→蓄电池负极。

▷ 动作1：

流经励磁与电枢绕组中的小电流，启动机缓慢转动，保证驱动齿轮被强制啮入时与飞轮齿圈的顺利啮入。

▷ 回路2：

蓄电池正极→点火开关→50接线柱→保持线圈→搭铁→蓄电池负极。

▷ 动作2：

磁场铁芯在吸拉线圈与保持线圈所产生的磁场共同作用下，向左移动，并同时通过拨叉推动启动机驱动齿轮向右移动，与飞轮齿圈啮合。

磁场铁芯向左移动，致使导电盘接通电磁开关上的30#接线柱与C接线柱，此时短路了回路1（吸拉线圈的两端均被加上蓄电池的端电压而被短路不工作，磁场铁芯依靠回路2保持线圈所产生磁场，继续保持导电盘将30接线柱与C接线柱接通）、接通了新的回路3，产生了新的动作3。即回路3：蓄电池正极→30#接线柱→导电盘→C接线柱→启动机励磁绕组→电枢→搭铁→蓄电池负极构成回路3；动作3：回路3中流经励磁与电枢绕组中的大电流使启动机产生大转矩，经启动机的传动机构驱动飞轮齿圈使曲轴旋转，用来启动发动机。

（2）发动机启动后，松开点火开关，50#接线柱断电，由于机械惯性，在松开点火开关的瞬间内，导电盘仍将30#接线柱与C接线柱接通，瞬间构成一个新的回路：蓄电池正极30#接线柱导电盘→吸拉线圈→保持线圈→搭铁→蓄电池负极，吸拉线圈与保持线圈产生相反方向的磁场而有效磁场大大削弱，磁场铁芯因失去磁场力而在复位弹簧的作用下迅速回位，导电盘与C接线柱与30#接线柱分开，回路3被断开，同时驱动齿轮通过拨叉被拉回位，启动完毕。

在上述3条回路中，我们一般将回路1和回路2认作一条回路，即启动系的开关电路（在设有启动继电器的控制电路中，也可以认作控制电路）；而回路3则被称为启动系的主电路。

在传统点火系中，图3-23中30#接线柱和C接线柱之间还有一旁通接线柱，是用来在启动时短路点火线圈上附加电阻。从而改善启动时的点火性能。目前，汽车较多采用电子点火，点火系统已不再设置附加电阻，在这种类型的车上，启动机电磁开关也没有旁通接线柱。

3. 启动继电器控制的电磁开关

如图3-24所示，是带有启动继电器控制电磁开关的启动系控制电路。与图3-23的控制电路相比，多了一条点火开关控制启动继电器磁场线圈的控制回路。

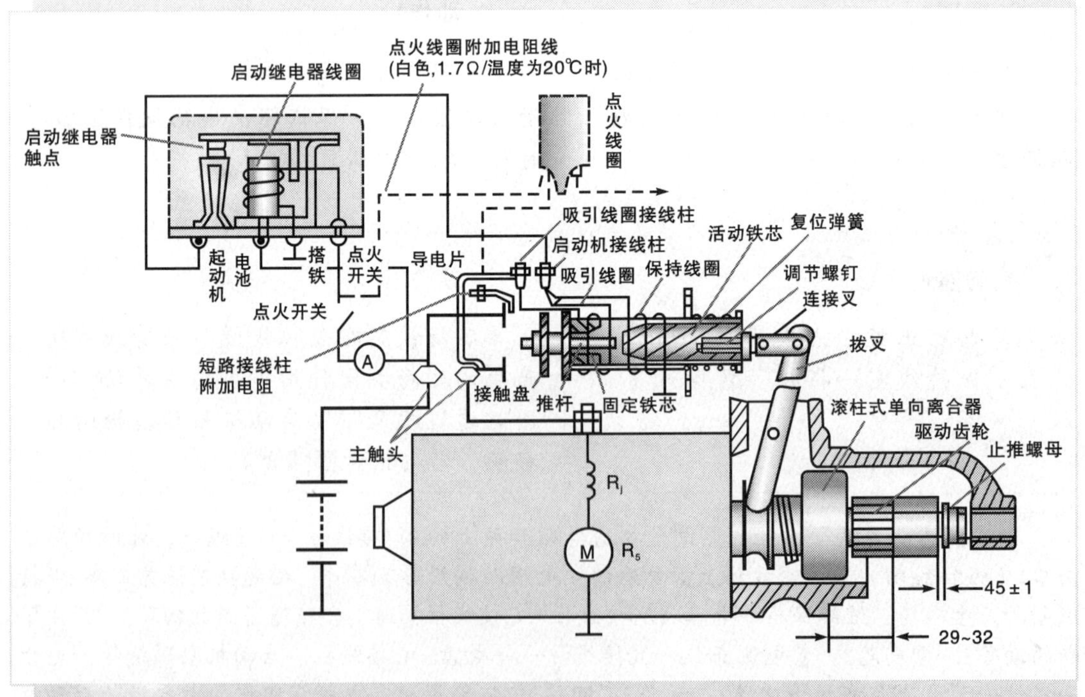

图3-24　带有启动继电器控制电磁开关的启动系控制电路

控制回路：蓄电池正极→主触头→电流表→点火开关→启动继电器线圈→搭铁→蓄电池负极；

（电磁）开关回路：蓄电池正极→主触头→继电器磁轭→继电器触点→启动机接线柱后分两路：一路经保持线圈→搭铁→蓄电池负极；另一路经吸引线圈→吸引线圈接柱→导电片→主触头→励磁绕组→电枢→搭铁→蓄电池负极。

主回路：蓄电池正极→主触头→接触盘→主触头→励磁绕组→电枢→搭铁→蓄电池负极。

这三条回路的控制关系是：控制回路控制着开关回路，开关回路又控制着主回路。

发动机启动时，将点火开关旋至启动挡位，启动继电器通电后，吸下衔铁使触点闭合，接通了电磁开关回路，启动机投入工作。发动机启动后，松开点火开关，点火开关自动转回到点火工作挡位，启动继电器线圈断电而触点被断开，电磁开关回路也随即断开，启动机停止工作。

利用启动继电器来控制电磁开关回路，能减小通过点火开关启动触点的电流，避免了点火开关的烧蚀，延长了点火开关的使用寿命。

十、启动机正确使用与维护的安全注意事项

1. 启动机的安全使用

（1）启动前应将变速器挂上空挡，自动变速器的汽车应将变速杆置于P位或N位，启动同时踩下离合器踏板。

（2）每次接通启动机的时间不得超过5s，两次之间应间歇15s以上。

（3）当发动机启动后应立刻松开点火开关，切断ST挡，使启动机停止工作。

（4）经过三次启动，发动机仍没有启动着火，则停止启动，进行简单的检查，如蓄电池的容量、极柱的连接、油电路等，否则蓄电池的容量将严重下降，启动发动机变得更困难。

2. 启动机的维护与调整

（1）启动机的维修注意事项

●在车上进行启动检测之前，一定要将变速器挂上空挡，并拉紧驻车制动。

●在拆卸启动机之前，应先拆下蓄电池的搭铁电缆线。

●有些启动机在启动机与法兰盘之间使用了多块薄垫片，在装配时应按原样装回。

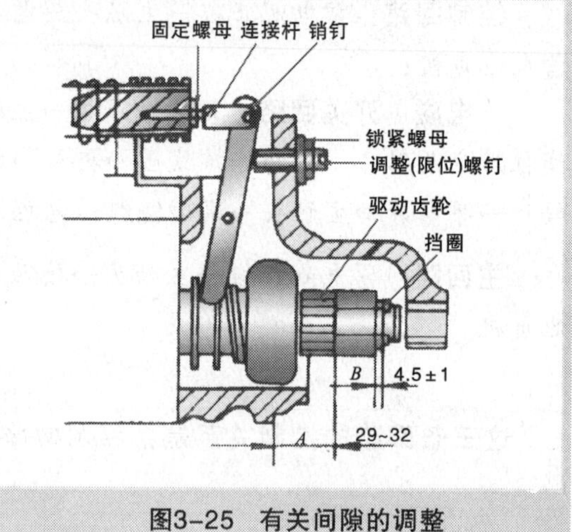

图3-25 有关间隙的调整

（2）启动机的调整

●**驱动齿轮前端面与端盖凸缘间距离的调整**

驱动齿轮前端面与端盖凸缘间距离A的调整如图3-25所示；如果不符合规定，可利用锁紧螺母和调整（限位）螺钉进行调整。

●**驱动齿轮与止推垫圈间的间隙调整**

检查驱动齿轮与止推垫圈之间的间隙，一般为1.5~2.5 mm。检查接线方法如图3-26所示，用导线分别将蓄电池的正极与启动机的启动接线柱连接、蓄电池的负极与启动机的外壳连接起来。这样使驱动齿轮到达啮合位置，然后可检测驱动齿轮与止推垫圈之间的间隙。若不符合规定，利用固定螺母和连接杆进行调整，直至符合要求为止。

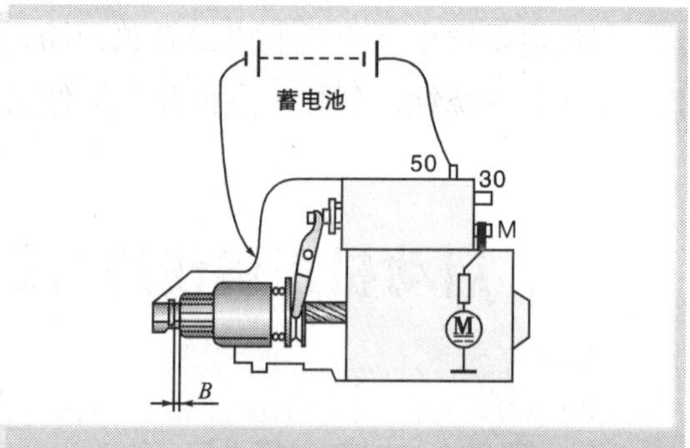

图3-26 检查驱动齿轮与止推垫圈间间隙的接线图

十一、启动机的静态检测与修复

1. 定子的检修

（1）励磁绕组断路的检修

用万用表测量励磁绕组两端的导通情况，若不通，则说明磁场绕组有断路现象，如图3-27所示。

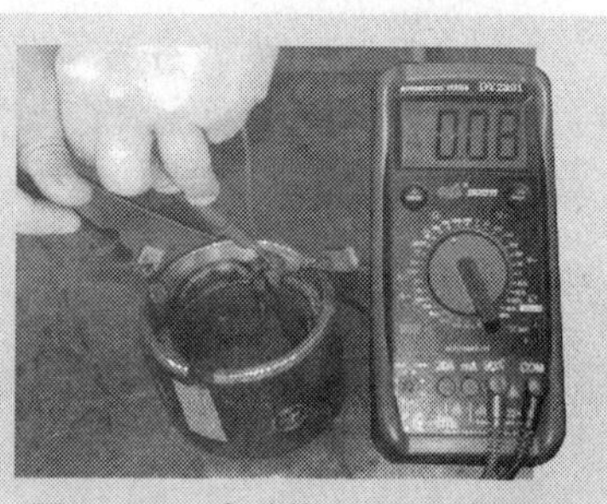
图3-27 励磁绕组断路的检查

（2）磁场绕组搭铁的检查

如图3-28所示，用万用检查电刷与启动机外壳之间的导通情况。若导通，说明励磁绕组有搭铁故障。

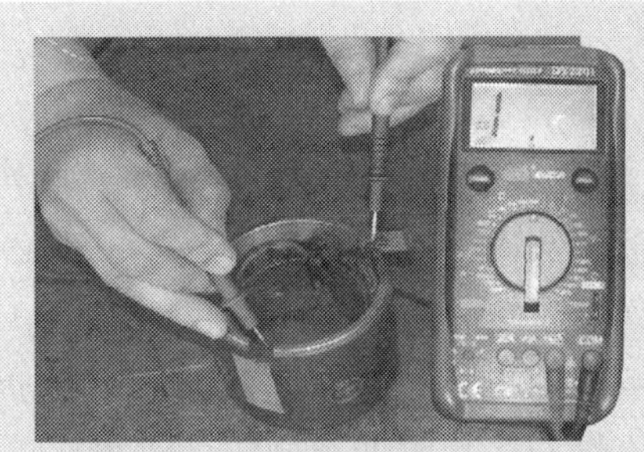
图3-28　励磁绕组搭铁的检查

（3）励磁绕组短路的检修

如图3-29所示，在励磁绕组的两端加2V的直流电，用一铁钉或螺钉旋具在四个磁极片上分别感受磁吸引力的大小，若某一磁极吸力太小，则表明该磁极上的励磁绕组短路。

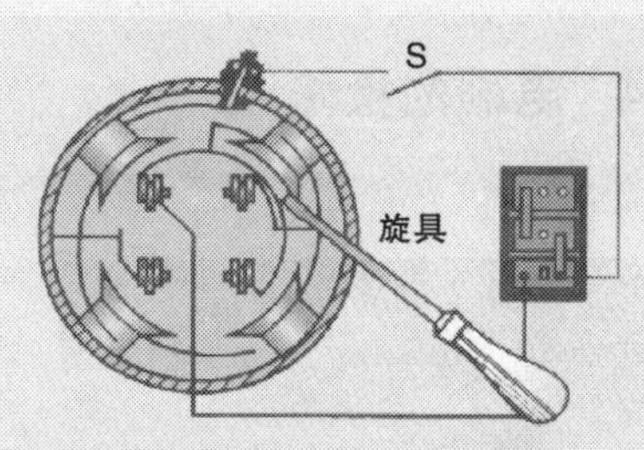

图3-29　励磁绕组短路的检查

2. 转子的检修

（1）使用万用表对电枢绕组搭铁的检查

用电阻R×10 k挡检测，如图3-30所示，用一根表笔接触铁芯（或电枢轴），另一根表笔依次接触换向器铜片，万用表指针不应摆动即电阻为无穷大，否则说明电枢绕组与电枢轴之间绝缘不良，有搭铁之处。

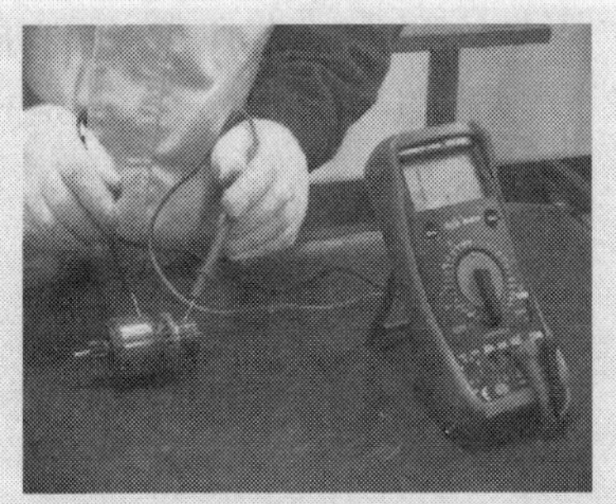
图3-30　换向器与转子铁芯间的检查

（2）使用万用表对电枢绕组断路的检查

用电阻挡，将两个表笔分别接触换向器相邻的铜片，如图3-31所示，测量每相邻两换向片间是否相通，如万用表指针指示“0”，说明电枢绕组无断路故障，若万用表指针在某处不摆动，即电阻值为无穷大，说明此处有断路故障，应更换电枢。

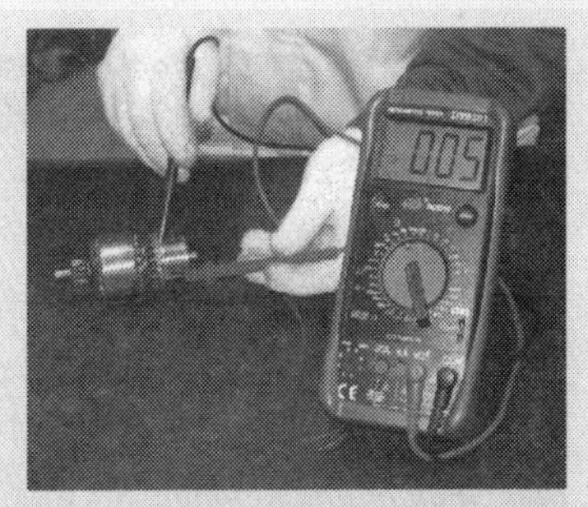
图3-31　检查电枢绕组是否断路

（3）使用短路测试仪对电枢绕组短路的检查

说明：转动电枢，当铁片在某一部位产生振动时，表明该处电枢绕组短路，如图3-32所示。

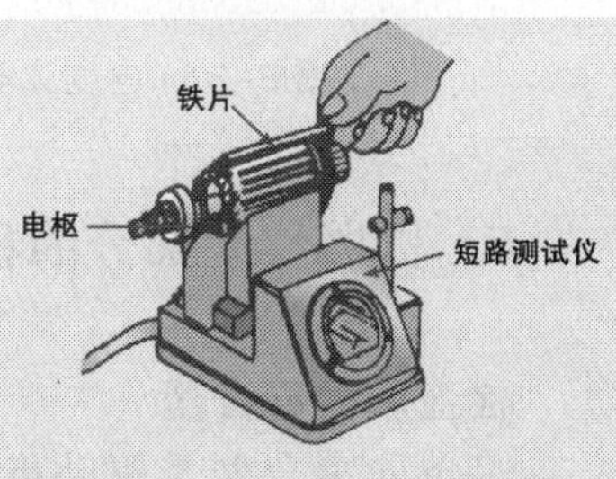

图3-32　电枢绕组短路的检查

3. 换向器的检修

换向器故障多为表面烧蚀、脏污、云母片突出等。轻微烧蚀用细砂纸打磨即可，严重烧蚀或失圆（径向圆跳动>0.05 mm）时应进行机加工，但加工后换向器铜片厚度不得少于2 mm。云母片如果高于钢片也应车削加工，然后将云母片割低，一般进口汽车用启动机云母片低于钢片，检修时，若换向器铜片间槽的深度小于0.2 mm，就需用锯片将云母片割低至规定的深度。

4. 电刷的检修

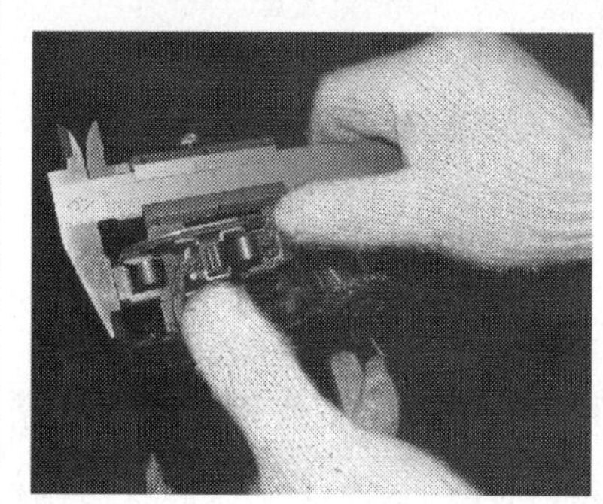

检查电刷：
测量电刷长度，检查电刷是否磨损。如果低于极限值，更换电刷。

图3-33 电刷长度的检查

检查电刷的高度（如图3-33所示），一般不应低于标准的2/3，电刷的接触面积不应少于75%，并且要求电刷在电刷架内无卡滞现象，否则应进行修磨或更换。

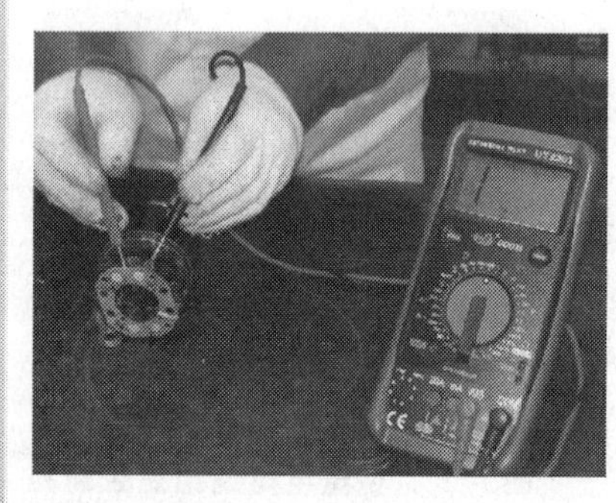

用万用表导通挡测量，正常情况下R为∞

图3-34 电刷弹簧的绝缘检查

用万用表的高阻值挡检测电刷架的绝缘性。最后用弹簧秤测量电刷弹簧的弹力，若不符合要求应予以更换，如图3-34所示。

5. 机械传动部分的检修

检查单向离合器

将单向离合器及驱动齿轮总成装到电枢轴上，握住电枢，当转动单向离合器外座圈时，驱动齿轮总成应能沿电枢自由滑动。如图3-35所示，握住外座圈，转动驱动齿轮，应能自由转动；反转时不应转动，否则就有故障，应更换单向离合器。

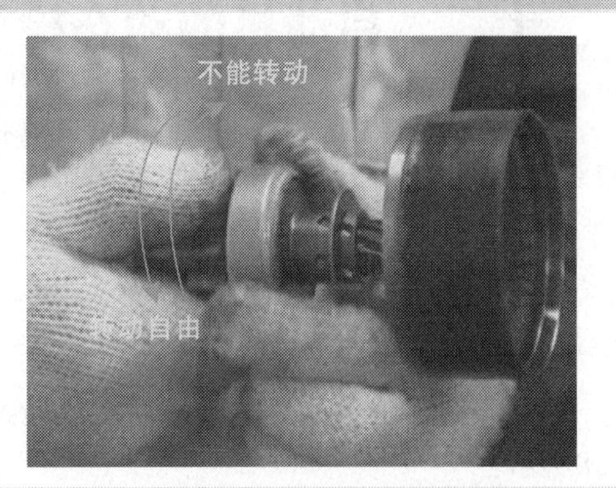

图3-35　单向离合器的检测

6. 电磁开关的检修

（1）接触盘表面和触点表面的检修

轻微烧蚀可用砂布打光，严重烧蚀应予更换（针对某些启动机而言）。

（2）吸引线圈和保持线圈的检修

用万用表电阻挡检查吸拉线圈和保持线圈的电阻值，若线圈已断路或有严重短路时，应更换。

① 吸拉线圈检测

如图3-36所示，从励磁绕组接线柱上拆下励磁绕组正极端，检查电磁开关与励磁绕组接线柱之间的导通情况。如果不导通，线圈开路，应更换。

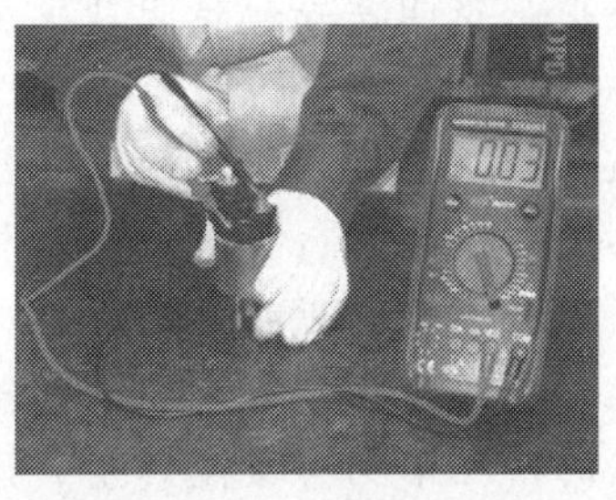

图3-36　吸拉线圈的检测

② 保持线圈检测

如图3-37所示，检查电磁开关接线柱与电磁开关壳体之间的导通情况。如果不导通，线圈开路，应更换。

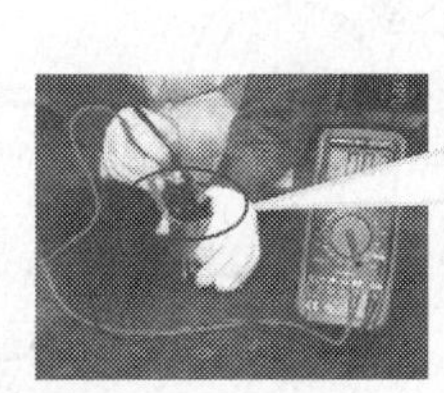

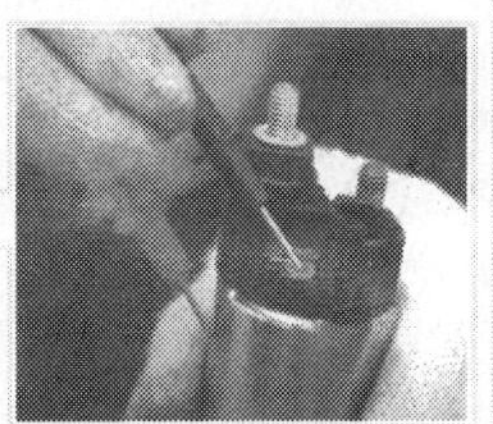

图3-37　保持线圈的检测

十二、启动机的动态检测与修复

启动机修复后，必须进行空载实验和全制动试验，如不符合要求，应重新检查和修理。

1. 启动机的空载试验

空载试验的目的是通过测量空载转速和空载电流来判断启动机有无故障，如图3-38所示。

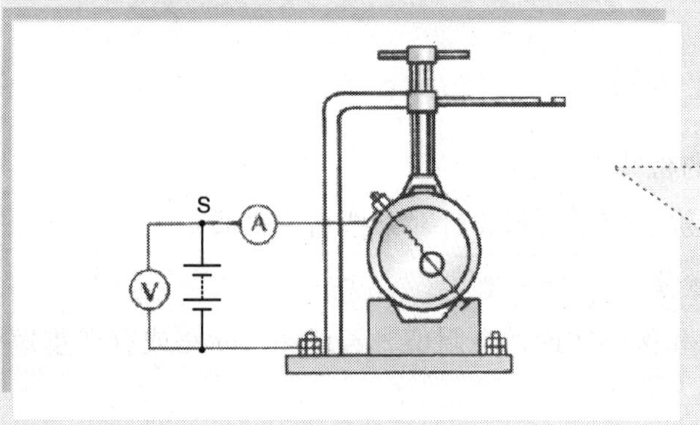

图3-38 空载试验

在试验过程中，启动机应运转平稳，换向器不应有火花。如测量的电流和转速符合标准，说明启动机技术状况完好；如果电流大于标准值、转速小于标准值，则可能是启动机装配过紧，电枢绕组或磁场绕组有短路或搭铁故障；如果电流和转速都小于标准值，说明内部有接触不良之处。每次试验不能超过1min，以免启动机过热。

2. 全制动试验

全制动试验的目的是通过测量全制动时的电流和转矩来判断启动机有无故障。

如果测得的电流和转矩符合标准值，说明启动机技术状况完好；如果电流大于标准值转矩小于标准值，说明电枢绕组或磁场绕组有短路或搭铁故障；如果电流和转矩都小于标准值，说明启动机内部有接触不良的故障；如果驱动齿轮在锁定的情况下仍有缓慢转动，说明单向离合器有打滑现象。每次试验不能超过5s，以免烧坏启动机，如图3-39所示。

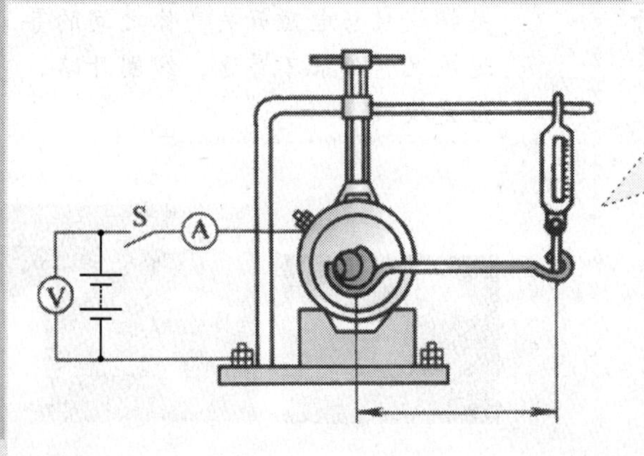

图3-39 全制动试验

十三、汽车启动故障的检修

1. 故障现象与故障分析

(1) 故障现象

将点火开关旋至启动挡时，启动机运转的转速低，且时转时不转动。

(2) 故障原因

①蓄电池储电不足或有短路故障致使供电能力降低；

②启动机主回路接触电阻增大使启动机工作电流减小，接触电阻增大的原因包括：蓄电池正、负极柱上的电缆紧固不良；启动机电磁开关触点与导电盘烧蚀；电刷与换向器接触不良或换向器烧蚀等；

③启动机磁场绕组或电枢绕组匝间短路使启动机输出功率降低；

④启动机装配过紧或有“扫膛”现象；

⑤发动机转动阻力矩过大。

2. 故障诊断与排除工艺步骤

1）检查蓄电池容量（用高率放电计检查），若容量不足，可用容量充足的蓄电池辅助供电的方法加以排除；

2）检查蓄电池桩头接线柱及启动电磁开关主触头接线柱的松动情况，若松动，加以紧固。

3）若怀疑是启动机内部故障，可用同型号无故障的启动机替换加以排除。确认是启动机内部故障时，应进一步拆检启动机。

3. 汽车启动故障检修实训指导与实操工单

详见附录十一。

十四、启动机检修实训指导与实操工单

详见附录十二。

有一客户送修一辆威驰轿车，陈述启动时启动机毫无反应，根本不转动，但在车上短接电磁开关端子30和端子C时，启动机运转正常，要求给予维修。

要完成这个工作任务，我们须能识读汽车启动控制电路，掌握启动时启动机无任何反应故障的诊断流程与故障排除方法。下面就分步来完成本情境的学习。

任务二 汽车启动控制电路的检修

一、汽车启动控制电路的识读与分析

一般汽车启动的控制都是由点火开关ST挡来控制的，但由于启动机的电磁开关工作电流较大，若直接由点火开关控制启动机的电磁开关，点火开关会经常因此烧坏。为此在一些汽车上的启动控制电路中加装了启动继电器，保护点火开关。此外，有的启动机控制电路还具有启动保护功能，可保证发动机启动后，启动机立刻自动停止工作，避免驱动齿轮随飞轮高速空转而增加磨损，而且启动系还具有防止误操作的功能，即在发动机工作时，点火开关打到ST挡，启动机不能工作，以免打坏齿轮和飞轮齿圈。

由此可知，汽车启动控制电路有三种形式，即：不带启动附加继电器的启动控制电路；带启动附加继电器的启动控制电路；带启动保护的启动控制电路。

无论何种形式的启动电路，我们在识读汽车启动控制电路时，都可将启动电路分为两个部分。一部分是主电路，另一部分为控制电路。

1. 不带启动继电器的汽车启动控制电路的识读与分析

如图3-40所示，为不带启动继电器的启动电路。

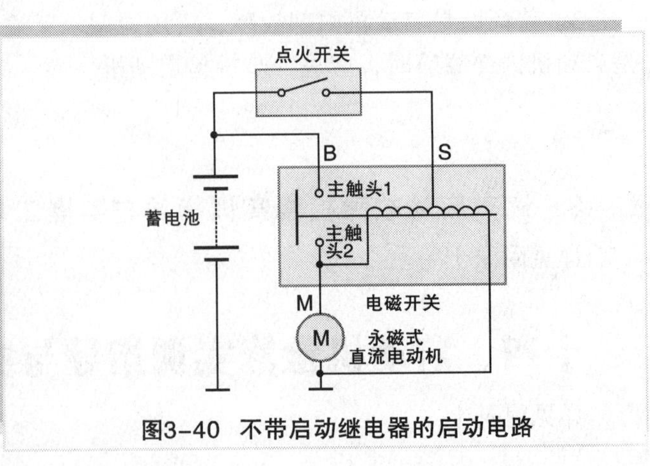

图3-40 不带启动继电器的启动电路

控制电路：蓄电池正极→点火开关后分两路：一路经电磁开关内部的保持线圈→搭铁→蓄电池负极；另一路经电磁开关内部的吸拉线圈→启动机励磁绕组→电枢绕组→启动机外壳→搭铁→蓄电池负极。此时电磁开关动作，一方面使启动机主电路接通，另一方面使启动机小齿轮与飞轮接合，达到使启动机带动发动机飞轮齿圈转动的目的。

主电路：在启动机工作时为启动机励磁线圈和电枢绕组提供电能（流）的电路。其电路连接路线是：蓄电池正极→主触头1→启动机电磁开关内部的接触盘→主触头2→启动机励磁绕组→电枢绕组→启动机外壳→搭铁→蓄电池负极。

不带启动继电器的启动控制电路是通过点火开关直接控制启动机电磁开关工作，由于启动机电磁开关在工作时电流较大，容易使点火开关损坏，所以现在的汽车已很少采用。

2. 有启动继电器的汽车启动控制电路的识读与分析

如图3-41所示为带启动继电器的启动电路。该电路在主电路上与不带启动继电器的启动电路相同，不同之处在控制电路上。我们把控制电路分两级进行分析。

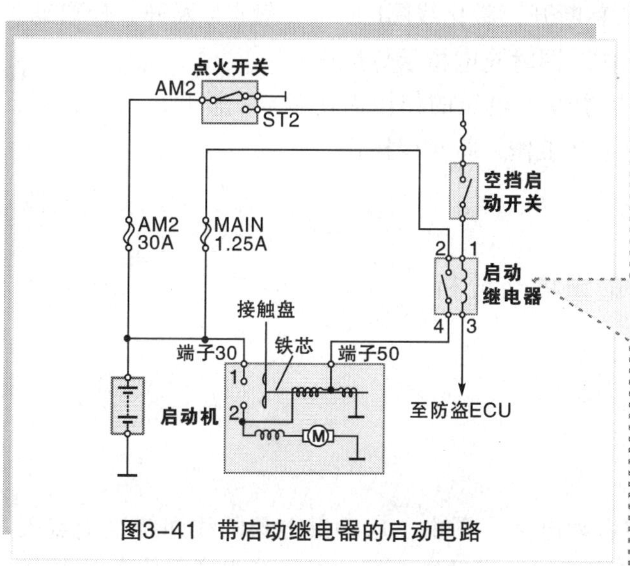

图3-41 带启动继电器的启动电路

第一级控制电路：当点火开关置于ST挡且空挡启动开关置于P/N挡时，蓄电池正极→AM2熔断丝→点火开关→空挡启动开关→启动继电器1端→启动继电器3端→防盗ECU。防盗验证通过后，从防盗ECU输出搭铁信号，启动继电器线圈得电，此时启动继电器的2端与4端导通。

第二级控制：蓄电池正极→MAIN熔断丝→启动继电器的2端→启动继电器的4端→启动机50端子后接通启动机电磁开关电路，从而接通主电路，使启动机工作。

3. 带启动保护的汽车启动控制电路的识读与分析

如图3-42所示为解放CA1091汽车启动机控制电路，该电路带启动保护装置。启动继电器的触点K_1常开，充电指示灯继电器的触点K_2常闭。其工作原理如下：

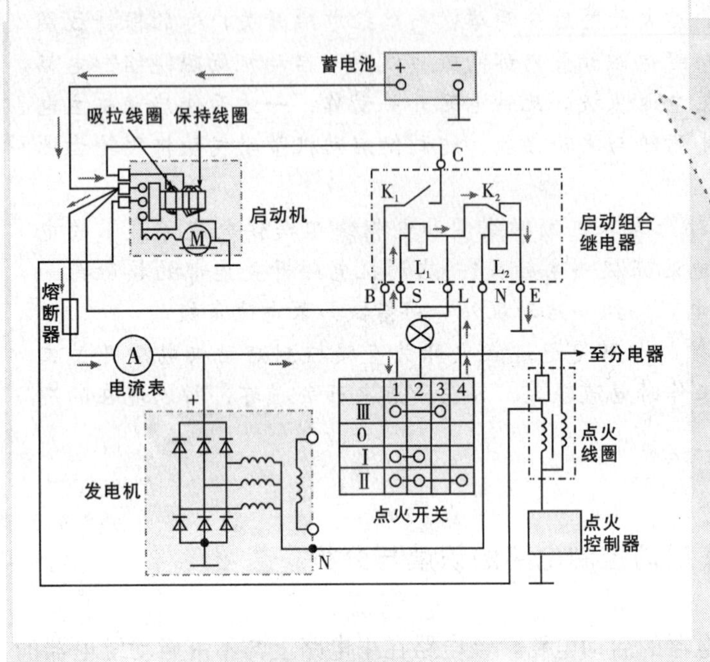

图3-42 解放CA1091汽车启动机控制电路

（1）启动时，点火开关打到Ⅱ挡，复合继电器中的启动继电器磁化线圈L_1通电，其电路如下：

蓄电池正极→启动机主接线柱→熔断器→电流表→点火开关→启动组合继电器S接线柱→磁化线圈L_1→触点K_2→搭铁，如图3-42所示。

由于磁化线圈L_1通电，则K_1闭合，接通启动机电磁开关电路，启动机正常工作。

（2）发动机启动后，发电机开始发电，发电机中性点接线柱N使线圈L_2有电流通过，K_2断开，磁化线圈L_1断电，触点K_1断开，使启动机电磁开关断电，启动机自动停止工作，同时充电指示灯熄灭。

（3）发动机工作时，由于发电机中性点电压的作用而使触点K_2常开，这时，即使将点火开关误打到ST挡，启动机也不会工作，防止误操作。

4. 典型汽车启动控制电路的识读与分析

（1）丰田汽车的启动控制电路

1）威驰汽车的启动控制电路

如图3-43，为丰田威驰汽车的启动电路。图中，启动继电器的线圈绕组受点火开关ST2的控制，如果配置的是自动变速器，启动继电器的线圈绕组还受停车/空挡继电器的控制，也就是说，只有自动变速器的挡位处于停车/空挡时，才有可能启动发动机。此外，当点火开关旋到启动位置时，从点火开关的ST2端子还给发动机ECU及组合仪表提供一个信号，用作与启动有关的其他控制或指示。

下面就以手动变速器（M/T）车为例作分析：

当点火开关置于ST挡时，接通控制电路。

第一级控制电路：蓄电池正极→60A MAIN熔断丝→15A AM2熔断丝→点火开关

→点火开关4脚→ST继电器线圈→IE搭铁。此时ST继电器线圈得电，ST继电器5脚与3脚导通。

第二级控制电路： 蓄电池正极→60A MAIN熔断丝→30A ST熔断丝→ST继电器5脚→ST继电器3脚→接通启动机电磁开关电路。

主电路： 蓄电池正极→启动机电磁开关→启动机→搭铁→蓄电池负极。此时启动机工作。

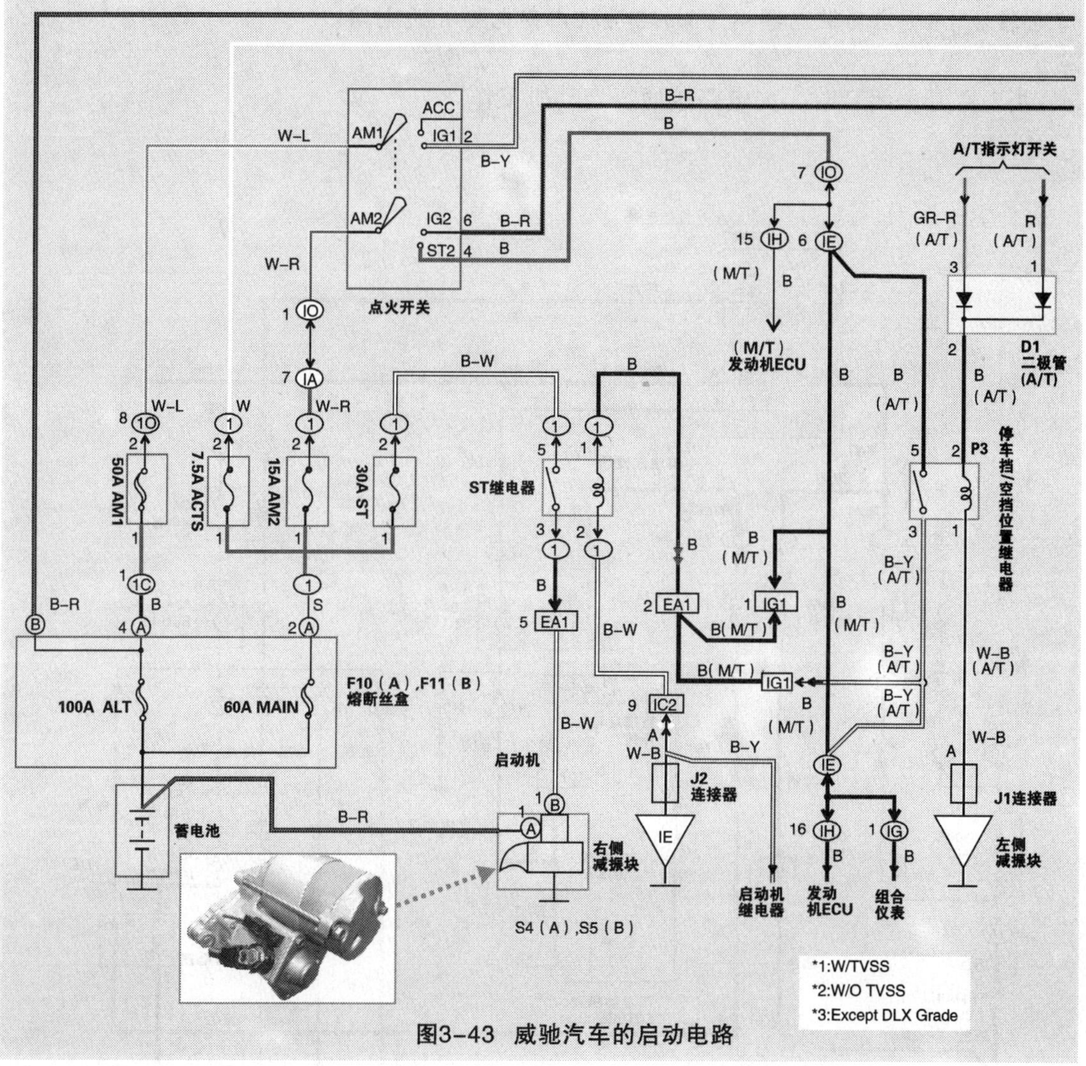

图3-43 威驰汽车的启动电路

2）花冠汽车的启动控制电路

丰田花冠汽车的启动电路如图3-44所示。该电路的主电路与丰田威驰汽车的主电路相同，不同之处主要在控制电路上，花冠小轿车的启动控制电路上多了一个防盗继电器，具体电路分析如下：

第一级控制电路：当点火开关置于ST挡且空挡启动开关置于P或N挡时，蓄电池正极→FL MAIN熔断丝→30A AM2熔断丝→点火开关5→点火开关4→7.5A St熔断丝→空挡启动开关→启动继电器线圈→防盗继电器的常闭触点2→防盗继电器的常闭触点4→IG搭铁→蓄电池负极。此时，启动继电器线圈得电，其端子5与3导通。

第二级控制电路：蓄电池正极→FL MAIN熔断丝→30A Am2熔断丝→启动继电器端子5→启动继电器端子3→启动机内部电磁开关电路。

当电磁开关闭合时，主电路接通，启动机工作。

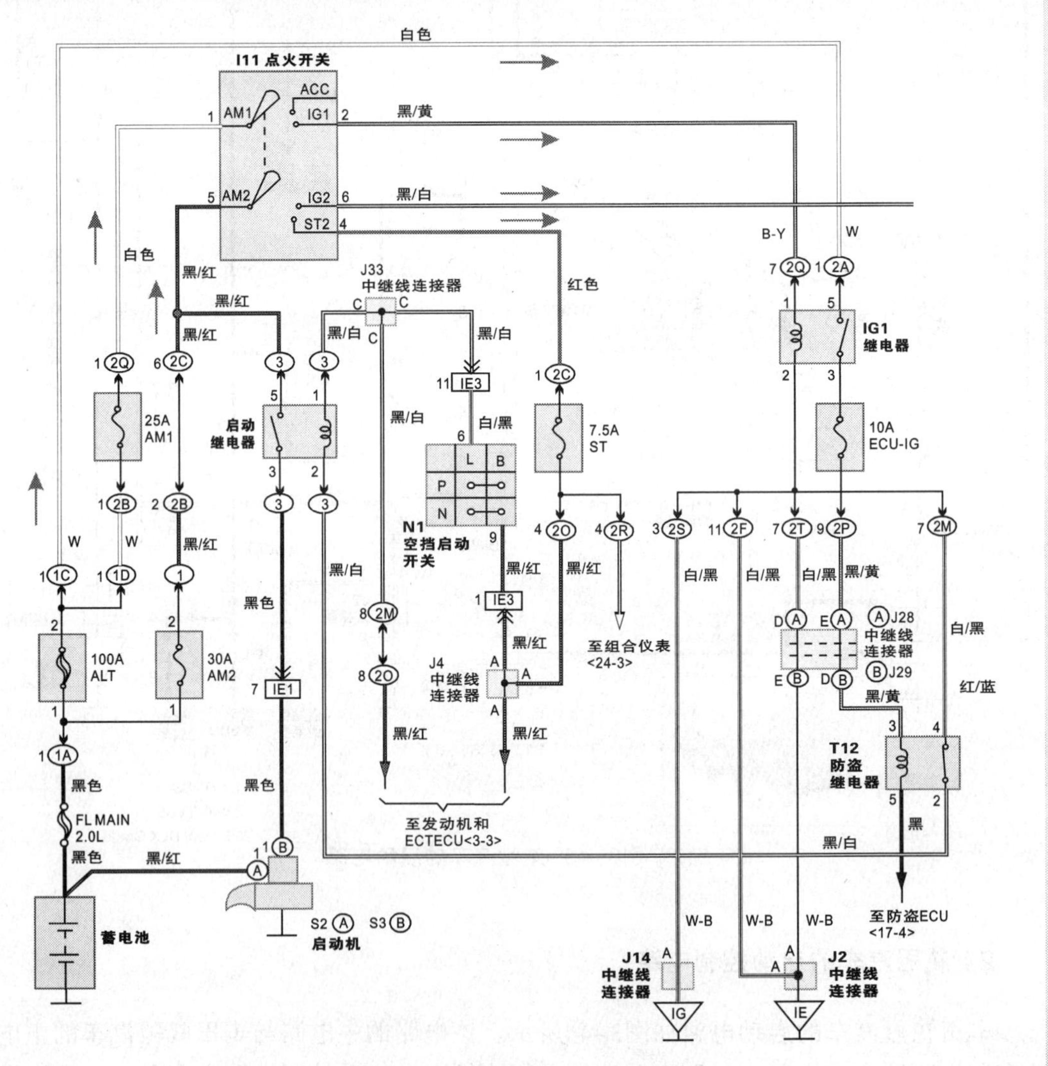

图3-44 花冠汽车的启动电路

(2) 大众汽车的启动控制电路

如图3-45所示，为上海大众桑塔纳3000启动系统电路。启动机用B表示，线路编号5、6的细实线表示自身内部搭铁，B/50接通过两插接器与启动锁止继电器J226的8号脚相连。当自动变速器处于P/N挡且点火开关打到启动位置时，锁止继电器闭合，与30线相通的D/50线通过继电器触点与启动机50接点连接，组成启动机电磁开关的控制电路，50端子得电启动机便工作，启动机的30接点用粗线直接与蓄电池正极相连。

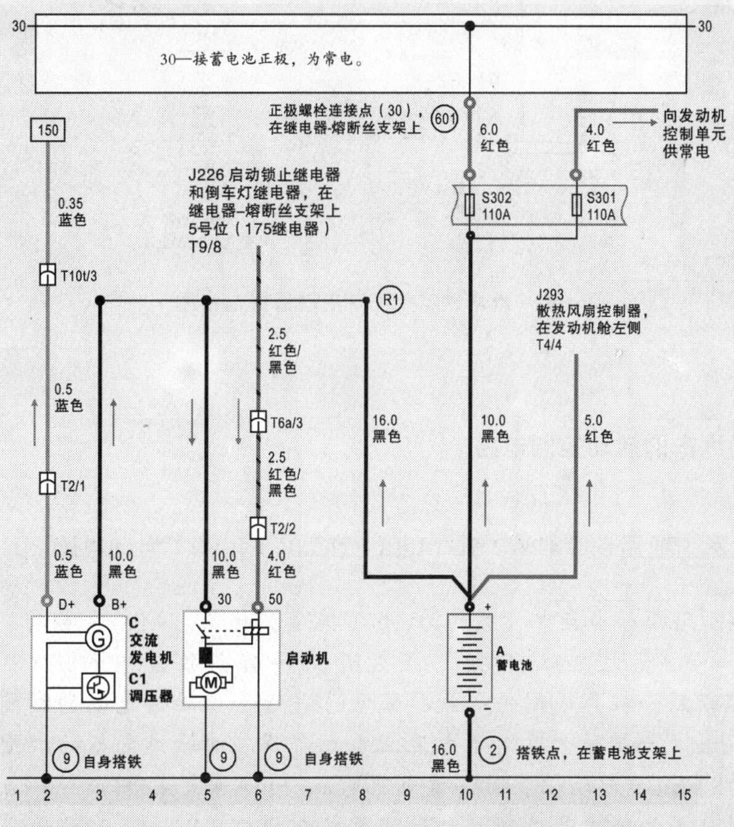

图3-45　上海桑塔纳3000启动系统电路图

桑塔纳2000GSi启动系统的控制原理与3000一样，如图3-46所示。启动机受启动锁止继电器J226的控制，而手动挡除外。自动变速器换挡杆处于P或N挡时，打开点火开关到“启动”位置时，30火线供电经D50接点经J226触点到接点B50，再到启动机的电磁开关，电磁开关通电工作，吸引线圈及保持线圈共同吸合启动机电盘，启动机励磁线圈通电运转，同时吸引线圈被短接失去激磁作用，而保持线圈继续通电工作，直至发动机正常启动，发动机启动后，继电器J226线圈停止对触点的吸合，启动机的电磁开关供电被切断，启动机停止运转。

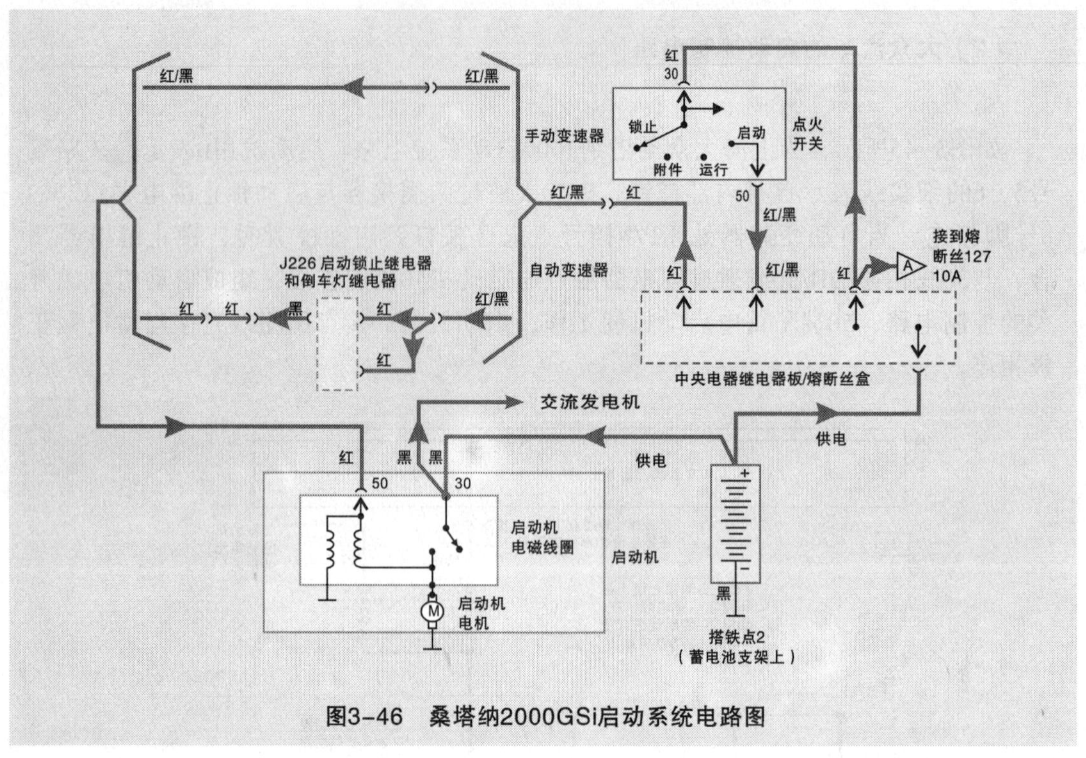

图3-46 桑塔纳2000GSi启动系统电路图

（3）通用汽车的启动控制电路

图3-47所示为通用别克君威2.5L（LB8）和3.0L（LW9）启动电路。

第一级控制电路：当点火开关转为ON（接通）或者START（启动）位置时：蓄电池电压→40A点火主1熔断丝→点火开关→熔断丝盒内的10A PCM BCM U/H继电器熔断丝→机罩下附件导线接线盒C2端子→曲轴继电器的线圈→动力系控制模块（PCM）76端子。此时蓄电池正电压作用在曲轴继电器的线圈。同时当点火开关转为START起动位置时，蓄电池电压→40A点火主1熔断丝→点火开关→熔断丝盒内的10A 曲轴信号熔断丝→动力系控制模块（PCM）23端子。此时启动信号输入到动力系统控制模块PCM。当驻车/空挡位置（PNP）开关处于驻车PARK或者空挡位置并且防盗系统允许发动机启动时，动力系统控制模块使曲轴继电器电路搭铁，曲轴继电器线圈得电，其触点闭合。

第二级控制电路：常电源→40A 曲轴信号熔断丝→曲轴继电器触点→驻车/空挡位置开关→启动机电磁线圈S端子后分两路：一路经保持线圈搭铁；另一路经吸拉线圈→启动机电动机→搭铁。当两个电磁线圈均接通，两个绕组通过磁力一同工作以拉进和保持冲杆。冲杆移动换挡杆，由于启动机驱动总成与发动机飞轮齿圈啮合，该运动导致启动机驱动总成转动。同时，冲杆闭合启动机电磁线圈的电

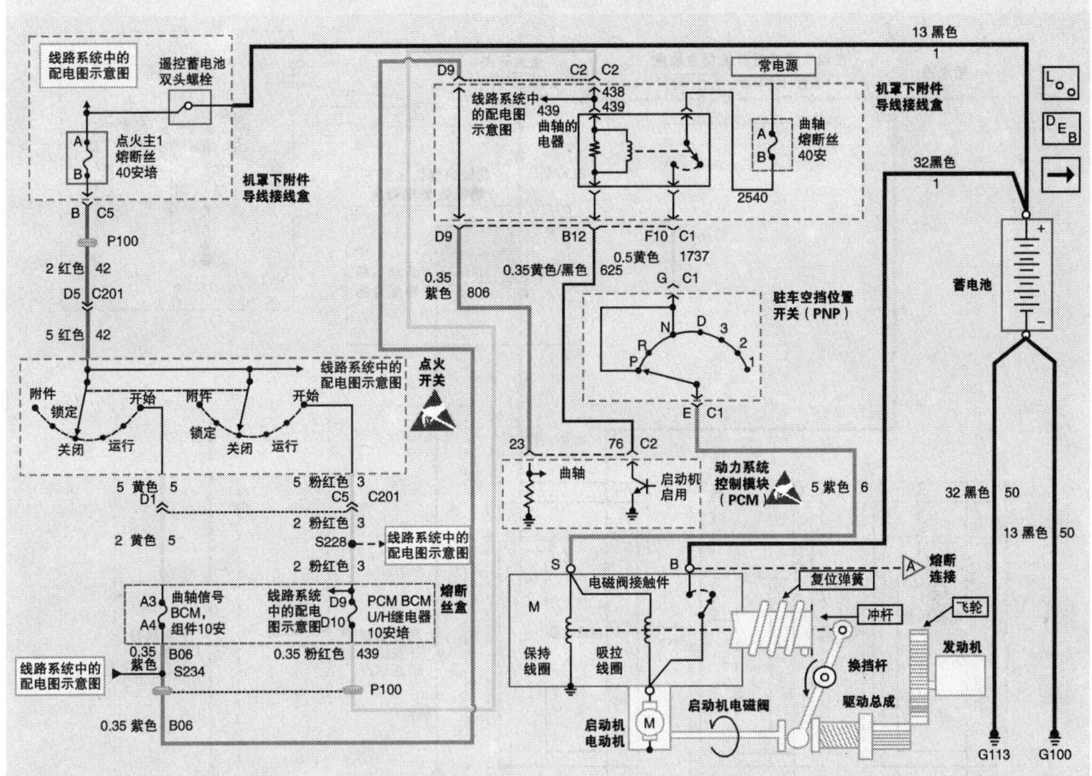

图3-47 别克君威2.5L（LB8）和3.0L（LW9）启动电路

磁开关触点。

主电路：蓄电池电压→电磁线圈的电磁开关触点B端子→电磁开关→启动机电动机→接地。此时蓄电池的全部电压就直接地作用于启动机电动机，启动机电动机启动发动机。当电磁线圈开关触点闭合时电压不再通过吸拉线圈作用，保持线圈仍然保持啮合，其磁场足够大以保持住冲杆、换挡杆、启动机总成，并且使电磁线圈开关触点处于继续闭合的位置。

当点火开关从START位置松开，曲轴继电器线圈失电，蓄电池电压从电磁线圈S端子清除。在回位弹簧的协助下，启动机驱动总成断开并使电磁线圈开关触点打开，启动机电动机停止运转。

（4）本田汽车的启动控制电路

广州本田雅阁汽车的启动系统电路如图3-48所示。

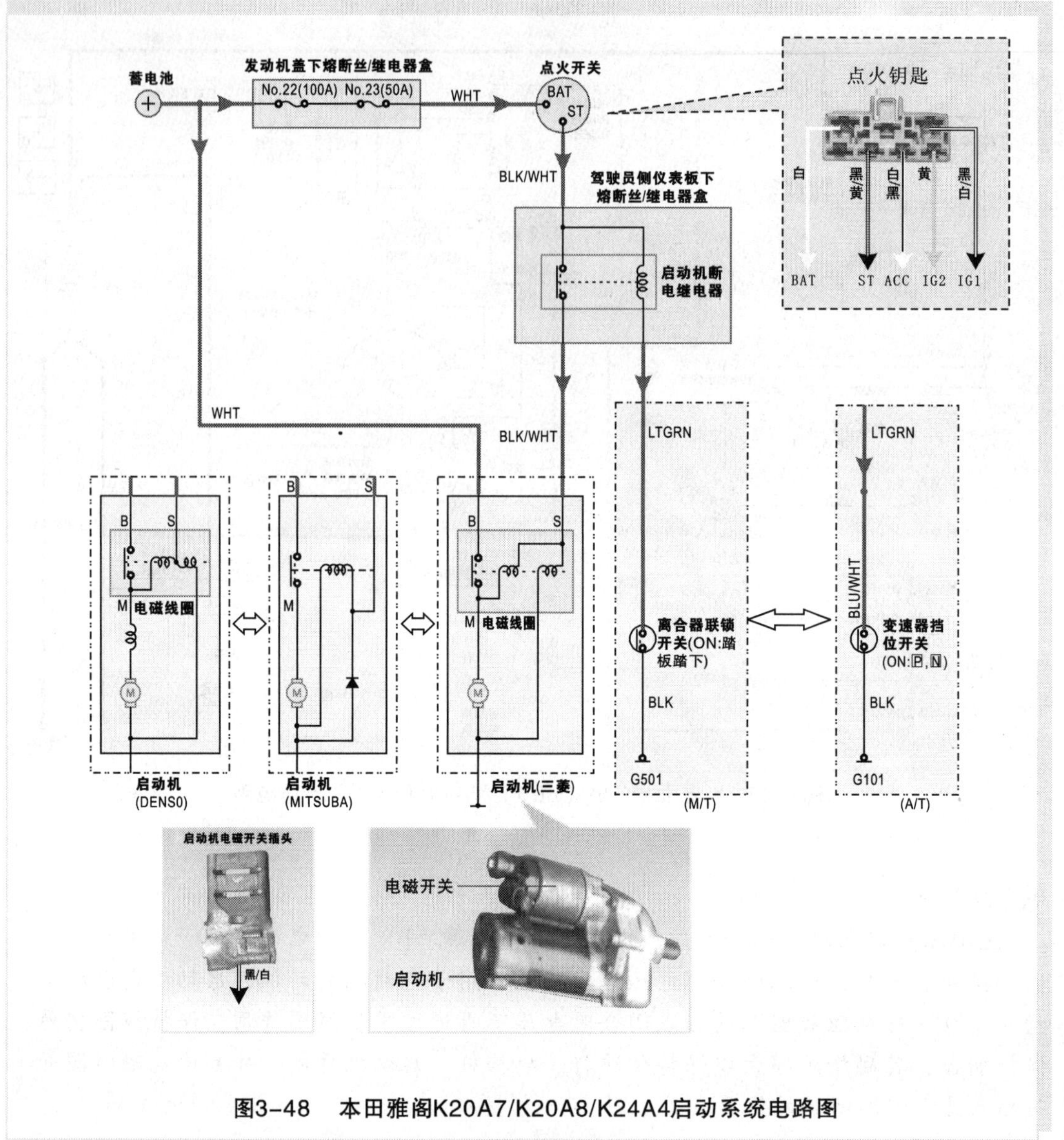

图3-48 本田雅阁K20A7/K20A8/K24A4启动系统电路图

1）装有自动变速器（A/T）的本田雅阁汽车

①启动机第一控制电路 当点火开关转到启动挡（ST）且A/T挡位开关（自动变速器）置空挡位置时，电路中电流由蓄电池正极→发动机盖下熔断丝/继电器盒中的熔断丝22（100A）→熔断丝23（50A）→点火开关→启动机断电器线圈→自动变速器A/T挡位开关→G101搭铁→蓄电池负极。此时启动机断电继电器磁场线圈得电。

②启动机第二控制电路 启动机断电继电器磁场线圈通电而产生磁场，使其触点闭合，电路中的电流为：蓄电池正极→发动机盖下熔断丝/继电器盒中的熔断丝22（100A）→熔断丝23（50A）→点火开关→启动机断电继电器触点→启动机接线柱S→电磁线圈→搭铁→蓄电池负极。此时启动机电磁阀触点通电而吸合。

③启动机主电路 启动机电路中的电流为：蓄电池正极→启动机电磁接线柱B→开关触点→电磁接线柱M→启动机→搭铁→蓄电池负极。启动机进入工作状态带动发动机飞轮转动。

2）装有手动变速器（MT）的本田雅阁汽车

当点火开关转到启动挡（ST）且踏板踩下时，电路中电流由蓄电池正极→发动机盖下熔断丝/继电器盒中的熔断丝22（100A）→熔断丝23（50A）→点火开关→启动机断电器线圈→离合器联锁开关（踏板踩下时接通）→G101搭铁→蓄电池负极。

余下工作情况与装有自动变速器的轿车启动情况相同。

二、汽车启动控制电路的检修

启动系统常见故障主要有：启动机不转、启动机运转无力及其他故障几种。

在诊断与排除启动系的故障时，要根据控制电路的不同情况来具体分析。现以带启动继电器的控制电路为例来说明启动系故障的诊断与排除方法。

1. 故障现象与故障分析

（1）故障现象：将点火开关旋到启动位置，启动机无任何反应。

（2）故障原因：该故障可以归纳为三类，即电源及线路部分、启动继电器、启动机三类故障。

1）电源及线路部分的故障有：

①蓄电池严重亏电；
②蓄电池正、负极柱上的电缆接头松动或接触不良；
③控制线路断路。

2）启动继电器的故障有：

①继电器线圈绕组烧毁可断路；
②继电器触点严重烧蚀或触点不能闭合。

3）启动机的故障有：

①启动机电磁开关触点严重烧蚀或两触点高度调整不当，而导致触点表面不在同一平面内，使触盘不能将两个触点接通；

②换向器严重烧蚀而导致电刷与换向器接触不良；

③电刷弹簧压力过小或电刷卡死在电刷架中；

④电刷与励磁绕组断路或正电刷搭铁；

⑤磁场绕组或电枢绕组有断路、短路或搭铁故障；

⑥电枢轴的铜衬套磨损过多，使电枢轴偏心或电枢轴弯曲，导致电枢铁芯“扫膛”（即电枢铁心与磁极发生摩擦或碰撞）。

2. 故障诊断与排除工艺步骤

根据故障排除从易到难的一般原则，首先应检查蓄电池储电情况和蓄电池搭铁线、火线的连接是否有松动，然后再做进一步的检查。故障诊断与排除程序如下：

（1）打开前照灯开关或按下喇叭按钮，若灯光较亮或喇叭声音洪亮，说明蓄电池存电较足，故障不在蓄电池；若灯光很暗或喇叭声音很小，说明蓄电池容量严重不足；若灯不亮或喇叭不响，说明蓄电池或电源线路有故障，应检查蓄电池火线及搭铁电缆的连接有无松动以及蓄电池储电是否充足。

（2）若灯亮或喇叭响，说明故障发生在启动机、电磁开关或控制电路。可用螺丝刀将电磁开关的30#接线柱与C#接线柱接通。若启动机不转，则启动机有故障；若启动机空转正常，说明电磁开关或控制电路有故障。

（3）诊断启动机故障时，可用螺丝刀短接30#接线柱与C#接线柱时产生火花的强弱来辨别。若短接时无火花，说明磁场绕组、电枢绕组或电刷引线等有断路故障；若短接时有强烈火花而启动机不转，说明启动机内部有短路或搭铁故障，须拆下启动机进一步检修。

（4）诊断电磁开关或控制电路故障时，可用导线将蓄电池正极与电磁开关50#接线柱接通（时间不超过3～5s），如接通时启动机不转，说明电磁开关故障，应拆下检修或更换电磁开关；如接通时启动机转动，说明开关回路或控制回路有断路故障。

（5）排除是开关回路还是控制回路故障时，可以根据是否有启动继电器吸合的响声来判断。若有继电器吸合的响声，说明是开关回路有断路故障；若无继电器吸合的响声，说明是控制回路有断路故障。

（6）排除线路的断路故障，可用万用表或试灯逐段检查排除。

3. 启动时启动机无任何反应故障检修实训指导与实操工单

详见附录十三。

三、启动系其他故障的检修（启动机异响故障的诊断与排除）

启动机异响故障主要原因是单向离合器、电磁开关、驱动齿轮与飞轮齿圈啮合、转子与定子摩擦发出异响。

1. 单向离合器异响的故障诊断与排除

（1）故障现象与故障分析

1）故障现象

启动发动机时，启动机运转且转速很高，响声较大而发动机不运转。

2）故障原因

单向离合器打滑，不能传递驱动转矩。

（2）故障诊断与排除工艺步骤

对于单向离合器异响故障，一般可根据声音判断，声音“轻、尖且连续”的是单向离合器打滑，可检查单向离合器锁止力矩，并予以修理调整。

（3）单向离合器异响故障检修实训指导与实操工单

详见附录十四。

2. 电磁开关异响的故障诊断与排除

（1）故障现象与故障分析

1）现象：启动发动机时，电磁开关发出“打机枪”似的“哒、哒、哒”声。

2）故障原因：①电磁开关保持线圈断路或搭铁不良；②蓄电池严重亏电或内部短路；③启动继电器触点断开电压过高。

（2）故障诊断与排除工艺步骤

1）诊断方法：

①首先检查蓄电池是否亏电（按喇叭，开大灯观察喇叭音响和灯光明亮程度是否正常），若蓄电池存电良好，则为电磁开关工作不良；

②用万用表检查电磁开关的保持线圈和吸拉线圈是否短路、断路或接触不良。

2）排除方法

启动发动机时，用万用表检测蓄电池电压不得低于9.6V。如电压过低，说明严重亏电或内部短路，应予更换。若蓄电池没有问题，启动时电磁开关时仍有“打机枪”似的“哒、哒、哒”声，应拆检电磁开关的保位线圈是否断路或搭铁不良；对于个别车型，还有可能是启动继电器断开电压过高，故应检查其断开电压。

（3）电磁开关异响故障检修实训指导与实操工单

详见附录十五。

3. 其他异响故障的检修

其他异响故障主要有轴承异响和转子与定子摩擦异响。

（1）轴承异响的检修

1）现象

启动发动机时，驱动齿轮不能顺利啮入飞轮齿圈，有齿轮撞击声。

2）故障原因

①驱动齿轮轮齿或飞轮齿圈轮齿磨损过甚或个别齿损坏；

②启动机调整不当，驱动齿轮端面与端盖凸缘间的距离过小。当驱动齿轮与飞轮齿圈尚未啮合或刚刚啮合时，启动机主电路就已接通，于是驱动齿轮高速旋转着与静止的飞轮齿圈啮合而发生的撞击声。

3）排除方法

重新转动曲轴可将车挂上挡，前后移动一下车辆，使启动机的驱动齿轮与发动机的飞轮齿圈重新啮合。如果能启动发动机，说明飞轮齿圈的齿轮啮合面部分损伤，飞轮齿圈损伤轻微的可将飞轮齿圈翻转过来，重新使用，飞轮齿圈损伤严重的应更换飞轮齿圈。

（2）转子与定子摩擦异响故障的检修

启动时启动机有“扫膛”现象，故障为转子轴向间隙过大，一般为铜套磨损或损坏（解体启动机更换铜套）。

启动时有较大的响声并且转子转动无力，一般是装配过紧或转子轴弯曲等机械故障导致。此时必须解体启动机进行检查并按规定装配。

（3）其他异响故障实训指导与实操工单

详见附录十六。

附录

《汽车电源与启动系统检修》实训指导与实操工单

附录一 汽车发电机故障检修实训指导与实操工单

发电机总成的更换（以捷达轿车为例）

1. 松开发电机的固定螺栓

2. 松开张紧轮的张紧度

3. 取下多楔带

4. 取下紧固螺栓

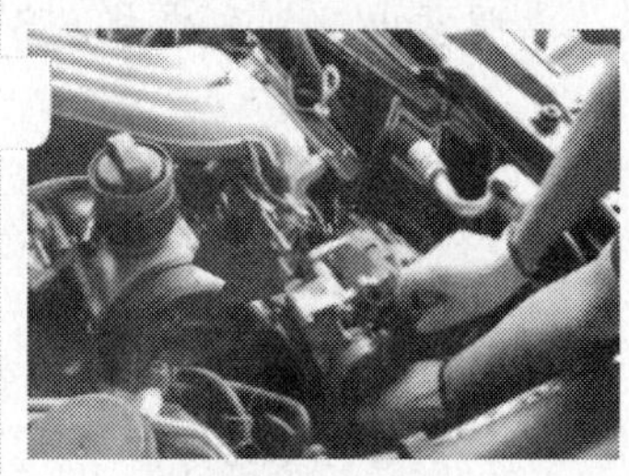

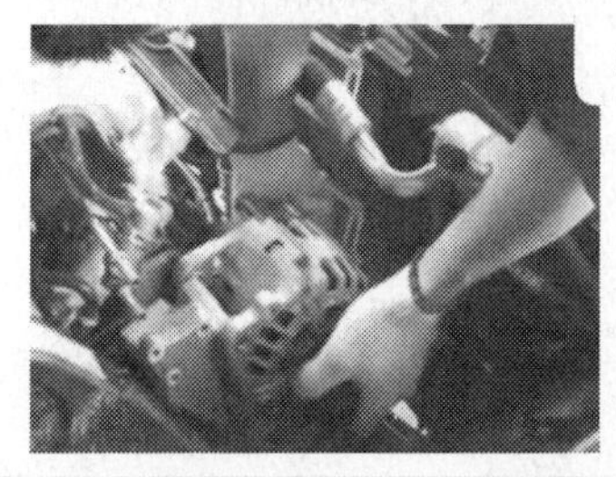

5. 将发电机摇松

6. 将发电机倒置，拧下发电机输出接线柱。

7. 按相反的顺序安装发电机总成。

8. 检查传动皮带是否偏斜、检查皮带松紧度。

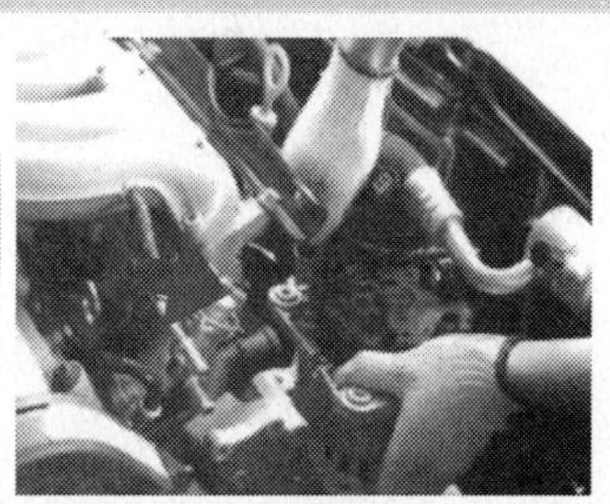

动手实操

（1）检查发电机皮带。用手指压下皮带的中部，检查发电机皮带是否过松，若压下量过大，说明发电机皮带过松，应调整。

（2）接通点火开关，用一字旋具靠近发电机后轴承盖，探测转子电磁吸力（如附图1所示），若有明显吸力，说明励磁回路正常，故障在充电回路。

沿虚线裁剪

（3）若无吸力或吸力微弱，则用试灯检查发电机励磁电路有无输入电压（如附图2所示），如无则检查电压调节器及励磁绕组有无损坏。

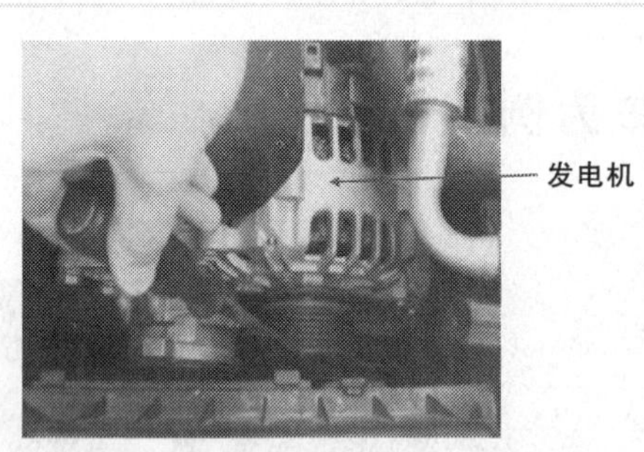

附图1　检查转子有无磁性（捷达轿车）

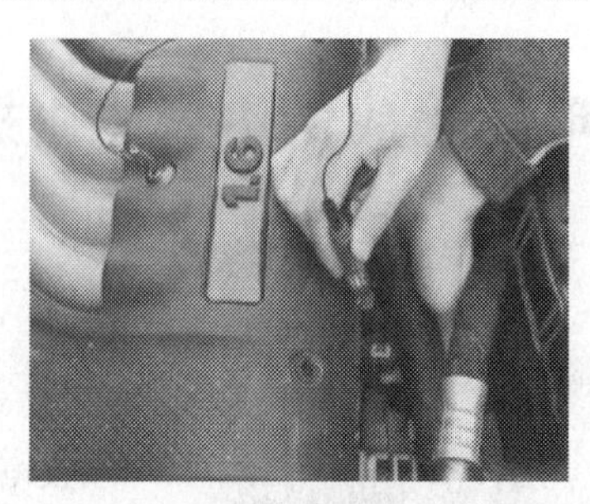

附图2　检查发电机励磁电路有无电压输入

（4）若充电回路有故障，可将试灯的一端搭铁，另一端接触发电机“B”接线柱。试灯亮，表时蓄电池到发电机电枢接线柱之间连接正常，故障在发电机；若灯不亮，表明蓄电池到发电机“B”之间断路。

附录二 汽车交流发电机检修实训指导与实操工单

动 手 实 操

1. 转子的检测

（1）转子绕组短路与断路的检查

数字万用表位于“Ω”挡，检测两滑环之间的电阻，应符合技术标准。若阻值为“∞”，则说明断路；若阻值过小，则说明短路。一般阻值约为3.5～6Ω，如附图3所示；

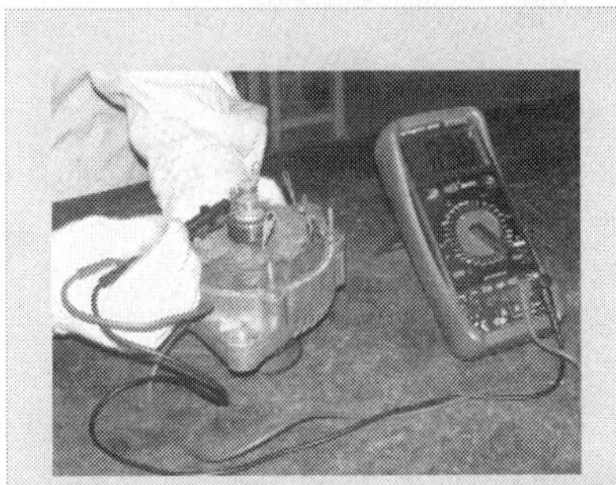
附图3 转子绕组短路、断路检查

（2）转子绕组搭铁检查

即检查转子绕组与铁芯（或转子轴）之间的绝缘情况。用万用表导通挡检测两滑环与铁芯（或转子轴）之间的导通情况。若阻值为零，说明有搭铁故障，正常应为“∞”，如附图4所示。

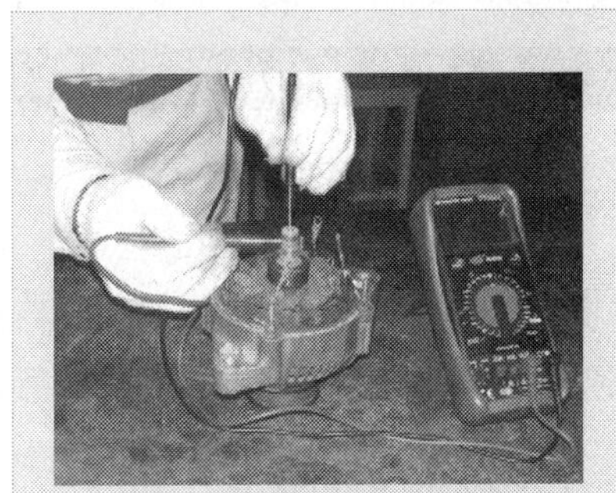
附图4 转子绕组的绝缘检查

（3）滑环的检查

滑环表面应平整光滑，无明显烧损，否则用细砂纸打磨。两滑环间隙处应无积物。滑环圆度误差不超过0.025mm，厚度不小于1.5mm；如附图5所示。

（4）转子轴检查

用百分表检查轴的弯曲，弯曲度不超过0.05mm（径向圆跳动公差不超过0.1mm），否则应予以校正。爪形磁极在转子轴上应固定牢靠，间距相等，如附图6所示。

在装复前，用细砂纸对发电机转子滑环接触面进行打磨，并将轴承外围及座上涂上适量润滑油

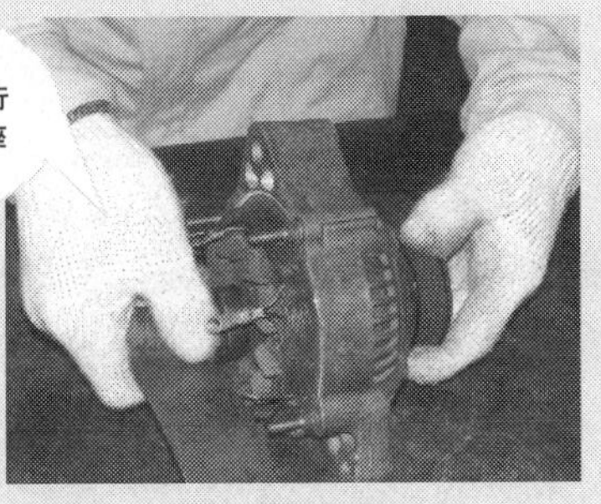
附图5 滑环的打磨

附图6 转子轴的检查

沿虚线裁剪

2. 定子的检测

定子绕组短路与断路的检查

数字万用表置于“Ω”挡，检测定子绕组三个接线端，两两相测。正常时阻值小于1Ω且相等。阻值为“∞”，说明断路；阻值为零，说明短路，如附图7所示。

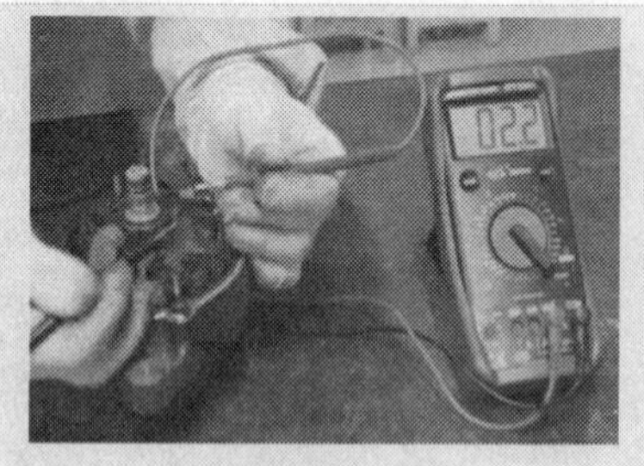

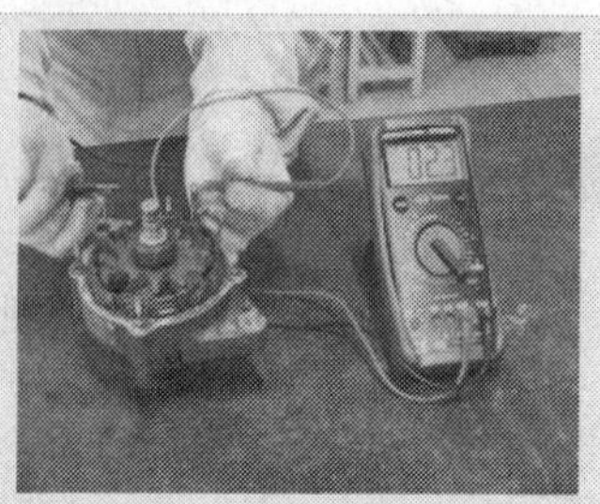

附图7 定子绕组短路、断路检查

定子绕组搭铁检查

即检查定子绕组与定子铁芯间绝缘情况。用数字万用表导通挡测定子绕组接线端与铁芯间的电阻，若电阻过小（表内发出响声），说明有绝缘不良故障。正常应指示“∞”，如附图8所示。

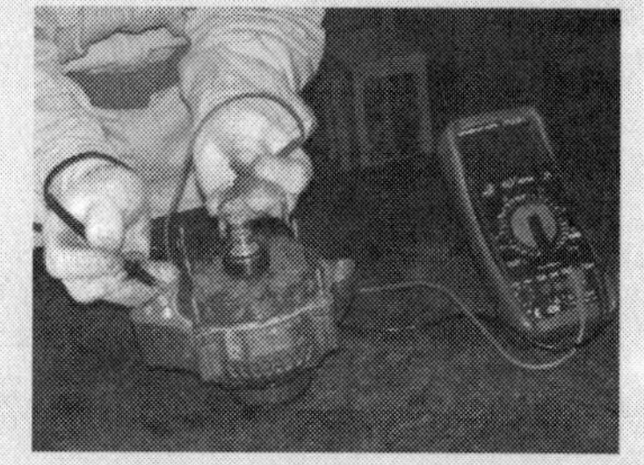

附图8 定子绕组绝缘检查

3. 整流器的检查（主要是整流二极管）

（1）检测正极管

用数字万用表的导通挡位，黑表笔接整流器输出端子，红表笔分别接整流器各接柱，万用表均应导通，否则说明该二极管断路，应更换整流器总成；调换两表笔进行测试，此时万用表均不导通，否则说明二极管短路，亦应更换整流器总成，如附图9a）所示。

（2）检测负极管

用数字万用表的导通挡位，红表笔接整流器负管的外壳，黑表笔分别接整流器各接柱，万用表均应导通，否则说明该二极管断路，应更换整流器总成；调换两表笔进行测试，此时万用表均不导通，否则说明二极管短路，亦应更换整流器总成，如附图9b）所示。

（3）电刷组件的检查

电刷表面不得有油污，且应在电刷架中活动自如，电刷磨损不得低于原高度的1/2（标准长度为10.5mm）；当电刷从电刷架中露出2mm时，电刷弹簧力一般为2～3N；电刷架应无烧损，破裂或变形。

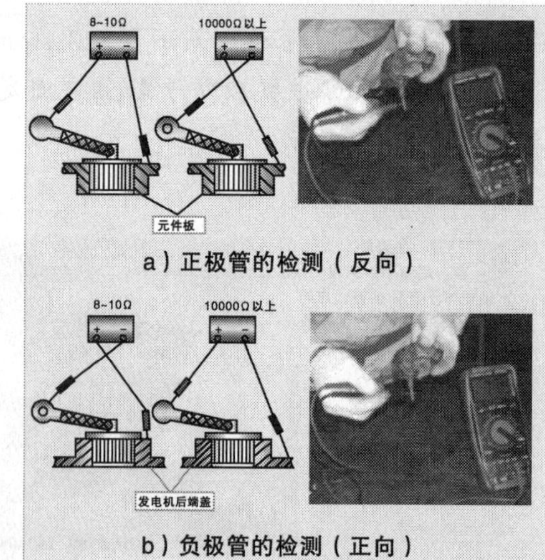

a）正极管的检测（反向）

b）负极管的检测（正向）

附图9 二极管的检测

附录三　汽车电压调节器故障检修实训指导与实操工单

动手实操

用万用表检测晶体管调节器

（1）测“+”与F间的电阻如附图10所示。

正向电阻$R\approx500\sim750\Omega$；反向电阻$R\approx5\sim7\mathrm{k}\Omega$。

（2）测“+”与“–”间的电阻如附图11所示。

正向电阻$R\approx1.6\sim1.8\Omega$；反向电阻$R\approx3\sim4\mathrm{k}\Omega$。

（3）测F与“–”间电阻如附图12所示。

正向电阻$R\approx550\sim600\Omega$；反向电阻$R\approx4\sim5\mathrm{k}\Omega$。

沿虚线裁剪

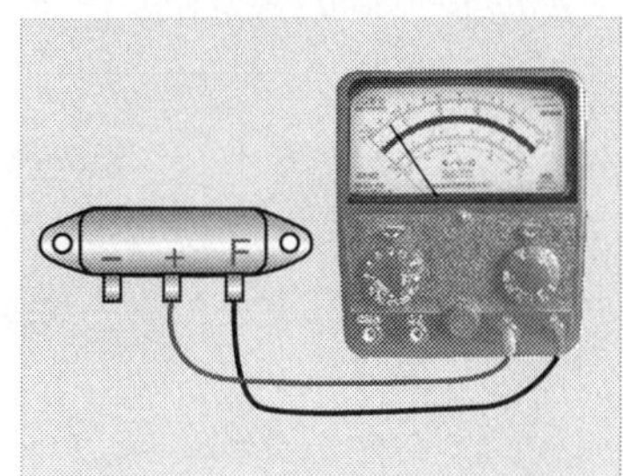

附图10　测“+”与F间的电阻

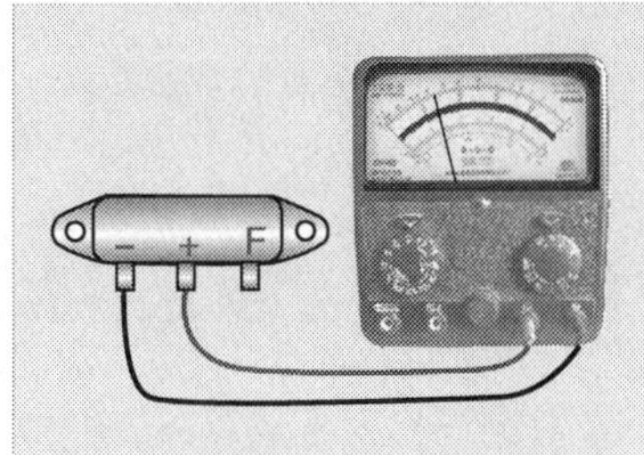

附图11　测“+”与“–”间的电阻

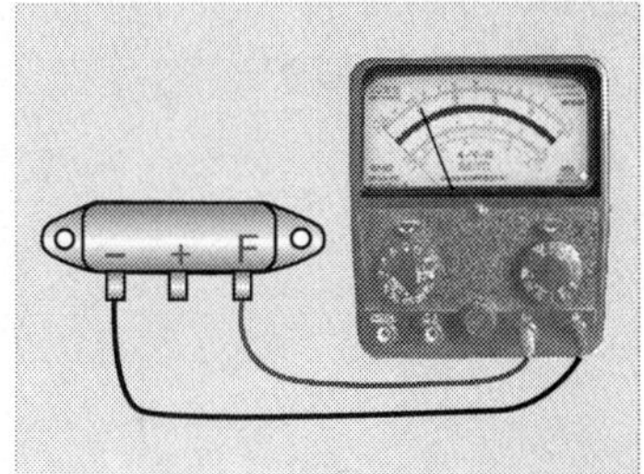

附图12　测F与“–”间的电阻

附录四 电压调节器检修与代换实训指导与实操工单

动 手 实 操

1. 晶体管调节器类型的判别

（1）将晶体管调节器的“+”“−”分别接可调直流电源的“正”“负”极。将电压预调至12V，如附图13所示。

（2）用试灯代替发电机磁场绕组，一端接调节器的“F”接线柱上，另一端先后去碰调节器的“+”和“−”接线柱：

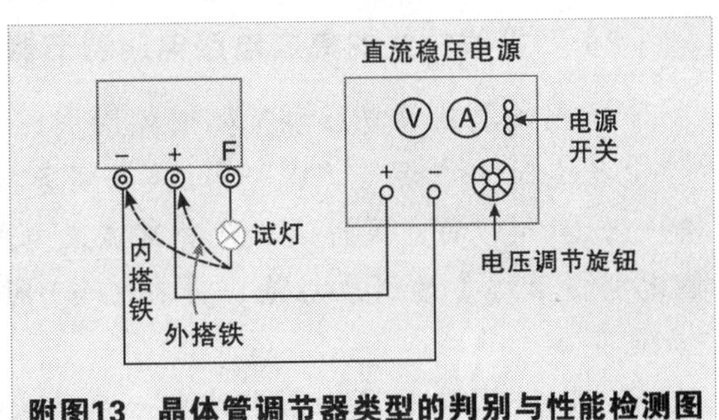

附图13 晶体管调节器类型的判别与性能检测图

①当试灯另一端碰接“+”接线柱时灯亮，而碰接“−”接线柱时灯不亮，则晶体管调节器为“外搭铁调节器”。

②当试灯另一端碰接“−”接线柱时灯亮，而碰接“+”接线柱时灯不亮，则为“内搭铁调节器”。

③若试灯另一端在碰接“+”“−”接线柱均不亮，则晶体管调节器内部断路损坏。

2. 晶体管调节器的性能及故障检测

按（1）、（2）步骤接好线路，逐渐调高直流电压，灯泡亮度会随之增强，当电压升到接近调压值时，灯泡会由亮转灭，再继续升高电压，灯泡也不亮；逐渐降低直流电压，当电压下降0.5V以内时，灯泡又亮起，说明调节器性能良好。若升高电压后指示灯常亮，表明调节器内部短路；若升高电压后指示灯始终不亮，表明调节器内部断路。

3. IC集成电路电压调节器的性能及故障检测

（1）三接线柱式的集成电路电压调节器的检测

①对电压调节器进行检测时按如附图14的方法将线路进行连接。

②在调节器B与E接线柱间接一只0～16V的可调直流电源，B与F接线柱间接一只12V 4W的直流灯泡（替代交流发电机磁场绕组），L与IG间接一只12V 4W的仪表灯泡（替代充电指示灯），并在IG与B间接一只开关K_1。当开关K_1闭合时，试灯1、2应点亮。

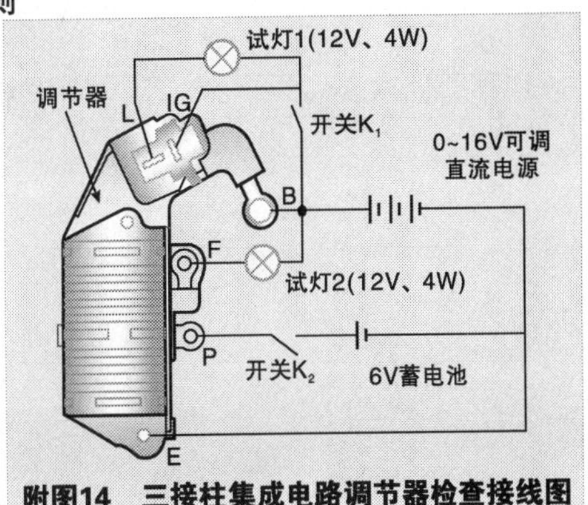

附图14 三接柱集成电路调节器检查接线图

③在P与E间接一只6V蓄电池（模拟交流发电

机发电时，相电压）和一只开关K_2，当开关K_2闭合时试灯1应熄灭，当开关K_2断开时试灯1应点亮。

④调节可调直流电源，当电压升高到15.0～15.5V以上时试灯2应熄灭，当电压下降到13.5V以下时试灯2应又点亮。

若结果不符合上述要求，表明集成电路电压调节器损坏。

（2）四接线柱式的集成电路电压调节器的检测

①检测四接线柱电压调节器时按附图15所示方法进行线路连接。

②检查时，在调节器B、S与E接点间各接一只0～16V的可调直流电源，B与F接点间接一只12V 4W的直流灯泡（代替交流发电机磁场绕组），L与IG间接一只12V 4W（代替充电指示灯）的仪表灯泡，并在IG与B间接一只开关K_1。当开关K_1闭合时，试灯1、2应点亮。

③在P与E间接一只6V蓄电池和一只开关K_2，当开关K_2闭合时试灯2应熄灭，当开关K_2断开时试灯2应点亮。

④调节可调直流电源1，当电压升高到15.0～15.5V以上时试灯2应熄灭，当电压下降到13.5V以下时试灯2应又点亮。

⑤调节可调直流电源2，当电压下降到13.5V以下时试灯1应又点亮。

若结果不符合上述要求，表明集成电路电压调节器损坏。

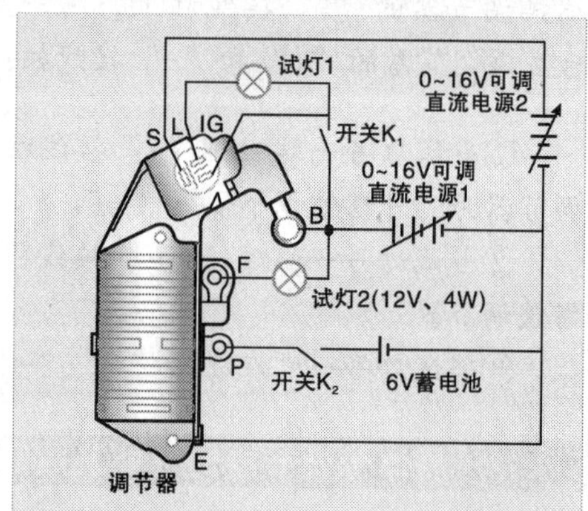

附图15 四接柱集成电路调节器检查接线图

附录五　充电指示灯故障检修实训指导与实操工单

动　手　实　操

1. 充电指示灯电路检测

威驰轿车充电指示灯电路检测流程如附图16所示，检测电路图如图17所示。打开点火开关，启动发动机后，用万用表电压挡测量附图17中所示各点的电压，正常时X1、X2各点的电压应上升为蓄电池电压。如电压不正常则检查相应段电路或检查发电机。

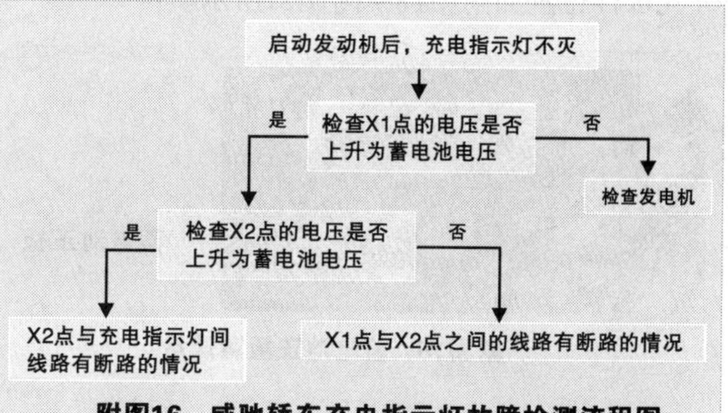

附图16　威驰轿车充电指示灯故障检测流程图

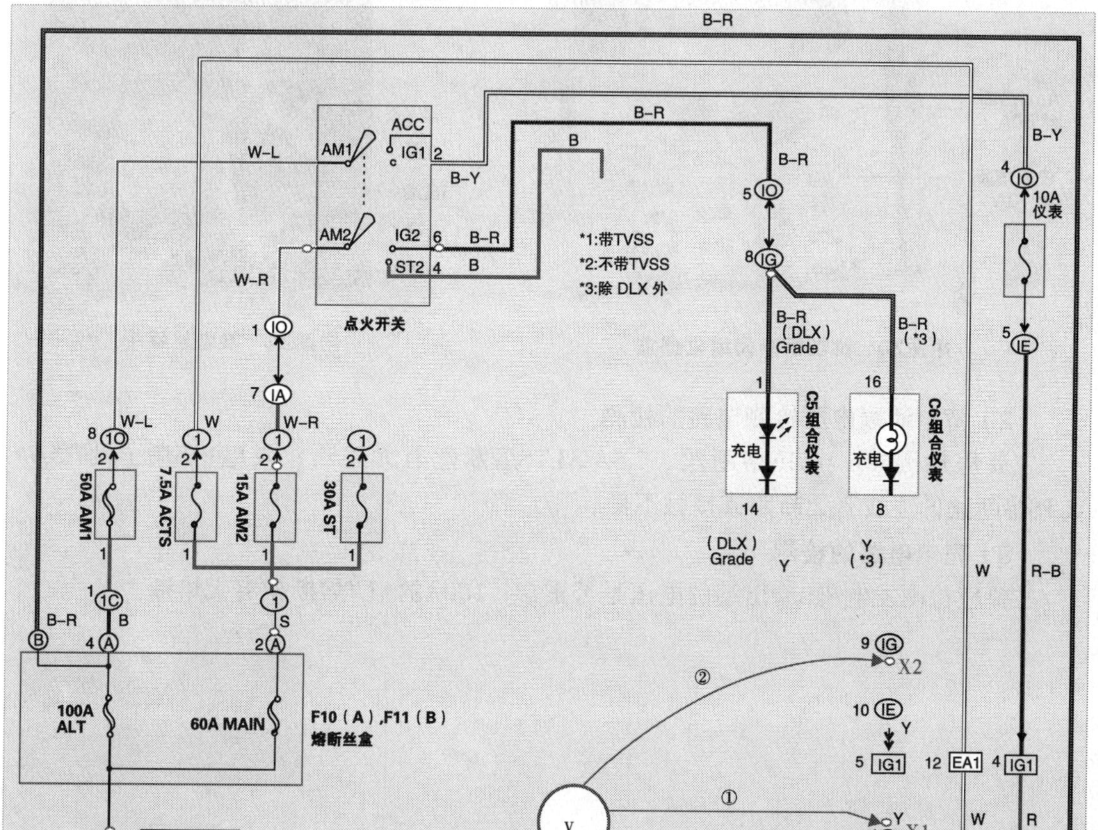

附图17　丰田威驰轿车充电指示灯故障检测电路图

2. 充电系控制电路的检测

（1）电压调节器供电电路的检测

主要应检测100A ALT熔断丝、50A Am1熔断丝、10A仪表的熔断丝有无熔断；发电机IG端子到10A仪表熔断丝的连线有无断路或接触不良；蓄电池电压是否正常。相关电气元部件位置如附图18～附图21所示。

附图18 蓄电池正极测试点

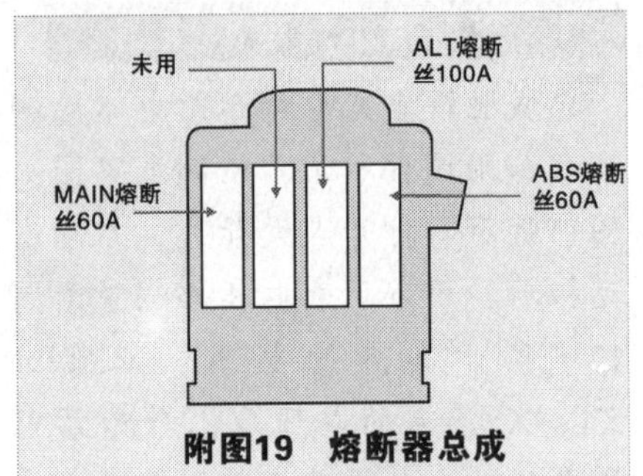

附图19 熔断器总成

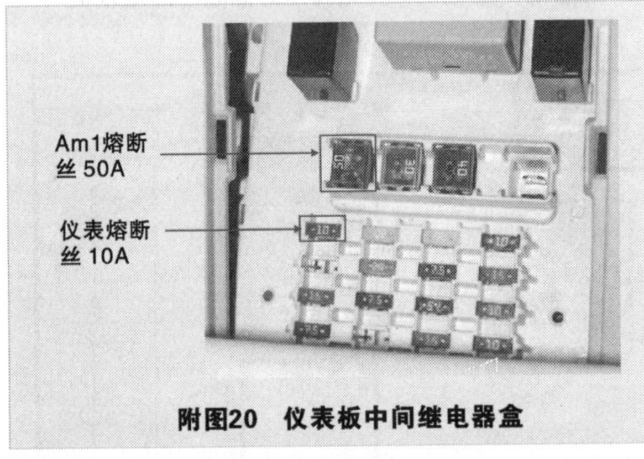

附图20 仪表板中间继电器盒

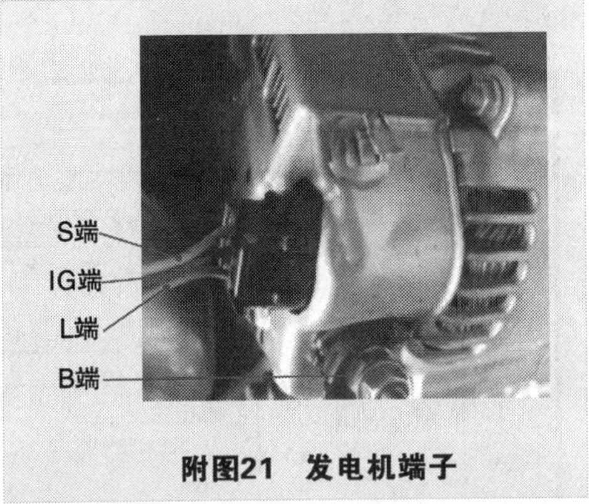

附图21 发电机端子

（2）蓄电池端电压检测电路的检测

主要应检测60A MAIN熔断丝、7.5A ALTS熔断丝有无熔断；发电机S端子到7.5A ALTS熔断丝的连线有无断路或接触不良。

（3）充电电路的检测

主要应检测发电机B输出端的电压是否正常；100A的ALT熔断丝有无熔断。

附录六 不充电故障检修实训指导与实操工单

动 手 实 操

不充电故障检修

（1）接通点火开关，观察充电指示灯是否亮（如附图22所示），不亮应检查指示灯电路、检查是否因电源没有进入电压调节器。

（2）启动发动机，观察充电指示灯是否熄灭，如不熄灭，则进一步检查；

（3）首先检查发电机皮带是否过松造成打滑，正常情况下，在大拇指的压力下发电机皮带应有10～15mm的挠度；

（4）用万用表测量发电机B+接线柱（位置如附图23所示）电压是否高于蓄电池电压，没有，则进行下一步检查；

（5）电压调节器的检查：

把可调电源输出电压调至12V，将其正极、负极分别与调节器的正、负接线柱相连，对于外搭铁调节器，在其正接线柱与磁场接线柱之间连一小灯泡，灯泡应亮，当电压从12V逐渐升高至14V时，灯泡应熄灭，否则说明调节器损坏；

对于内搭铁调节器，将灯泡连接在其磁场接线柱与负接线柱之间，也应有上述现象发生。

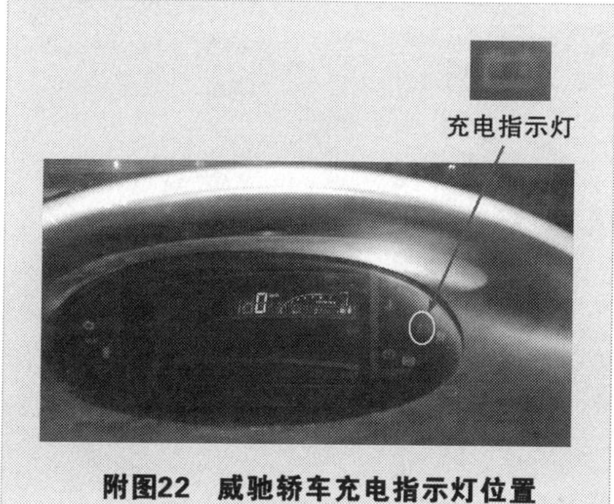

附图22 威驰轿车充电指示灯位置

附图23 发电机B+接线柱

（6）测量发电机磁场接线柱与搭铁（内搭铁发电机）或两磁场接线柱之间的电阻，应为3～5Ω，否则为发电机磁场电路故障。

（7）拆检发电机，检查发电机定子绕组，整流器是否损坏。

（8）确认并排除故障后，将发电机装回原位；

（9）再次启动发动机，观察充电指示灯工作应正常，发电机输出电压应正常。

附录七 充电电流过小故障检修实训指导与实操工单

动手实操

充电电流过小故障检修

（1）启动发动机，稍加油使发动机保持中速运转，观察充电指示灯是否熄灭，若不熄灭，则进行下一步检查；

（2）检查发电机皮带是否过松造成打滑，正常情况下，在大拇指的压力下，发电机皮带应有10～15mm的挠度；

（3）用万用表测量发电机B+接线柱的电压是否能达到中速下的电压值，达不到，则进行下一步检查；

（4）检查各个接线处是否有松动或接触不良；

（5）拆除发电机“F”接线柱或调节器“F”接线柱上的导线，对内搭铁发电机，用起子将发电机“B”接线柱与“F”接线柱短接，对外搭铁发电机，应将“F”搭铁，如果充电电流增大，说明故障在调节器；如充电电流仍然过小，则进行下一步检查；

（6）解体发电机，进行电枢绕组、定子绕组、碳刷及整流器的检查。

附录八 充电电流过大故障检修实训指导与实操工单

动手实操

充电电流过大故障检修

启动发动机，开大灯特别亮、常烧灯泡，点火线圈过热，蓄电池电解液消耗异常，用万用表检测发电机“B+”端子显示电压过高，证明充电电流过大。

（1）首先检查蓄电池是否有内部短路或亏电太多现象，若是蓄电池故障，则更换蓄电池；若蓄电池良好，则进行下一步检查；

（2）检查发电机“+”接线柱是否与调节器的“F”接线柱短路（拆下“F”接线柱上的导线，看是否仍有充电电流）；

（3）检查调节器是否正常调节：

把可调电源输出电压调至12V，将其正极、负极分别与调节器的正、负接线柱相连，对于外搭铁调节器，在其正与磁场接线柱之间连一小灯泡，灯泡发亮，当电压从12V逐渐升高至14V时，灯泡应熄灭，否则说明调节器不起调节作用；

对于内搭铁调节器，将灯泡连接在其磁场接线柱与负极之间，也应有上述现象发生。

沿虚线裁剪

附录九 充电电流不稳故障检修实训指导与实操工单

动 手 实 操

充电电流不稳故障检修

（1）检查发电机风扇皮带张紧度；

（2）拆下发电机“F”接线柱上的导线，试灯的两端分别接“B+”和“F”接线柱（对于外搭铁发电机还应将“E”端子搭铁），启动发动机，逐步提高转速，观察试灯的亮度：

①试灯亮度不随转速升高而增加或亮度增加不明显，说明发电机内部有故障，需检修或更换发电机；

②试灯亮度随转速升高而增强，说明发电机发电工作正常，故障在电压调节器，需检修或更换调节器。

沿虚线裁剪

附录十 蓄电池故障检修实训指导与实操工单

1. 蓄电池电解液液面高度的检测

(1)液面高度指示线法

对于塑料壳体的蓄电池，可以直接通过外壳上的液面线检查。壳体前侧面上标有两条平行的液面线，参见附图24。分别用“max”或“UPPER LEVEL”或“上液面线”和“min”或“LOWER LEVEL”或“下液面线”表示电解液液面的最高限和最低限，电解液液面应保持在高、低水平线之间，电解液不足应加注蒸馏水。

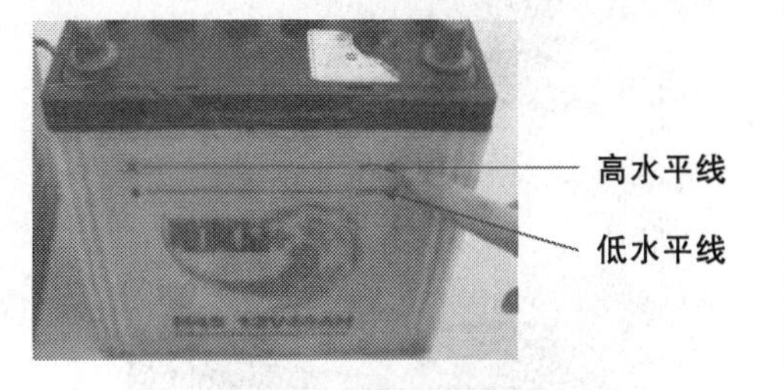

附图24 观察液面的高度

(2)玻璃管测量法

对于不能通过外壳上的液面线进行检测的蓄电池，可以用玻璃管测量液面高度。

检测方法是：（参见附图25）将玻璃管垂直插入蓄电池的加液孔中，直到与保护网或隔板上缘接触为止，然后用手指堵紧管口并将管取出，管内所吸取的电解液的高度即为液面高度，其值应为10～15mm。

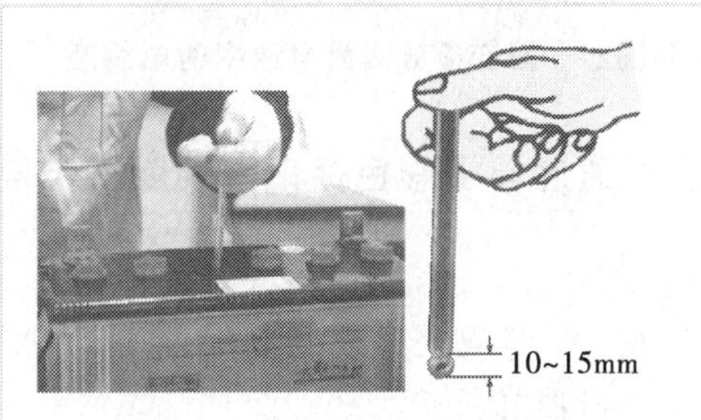

附图25 用玻璃管测量电解液液面高度

(3)加液孔观察判断法

部分进口汽车在电解液加液孔内侧的标准液面位置处开有方视孔，如附图26所示。检视液面高度，观察液面在方孔下面为液面过低；正好与方孔平齐时为标准；液面满过方孔而充满加液口底部以上为过多。

当发现电解液液面低于标准值时，应及时补充蒸馏水。除确知液面降低是由电解液溅出所致外，不允许补充硫酸溶液。这是因为电解液液面正常降低是由电解液中的蒸馏水电解和蒸发所致。要特别注意不能加注冷开水、自来水、河水及其他质地的水，这样会造成蓄电池自放电的故障。

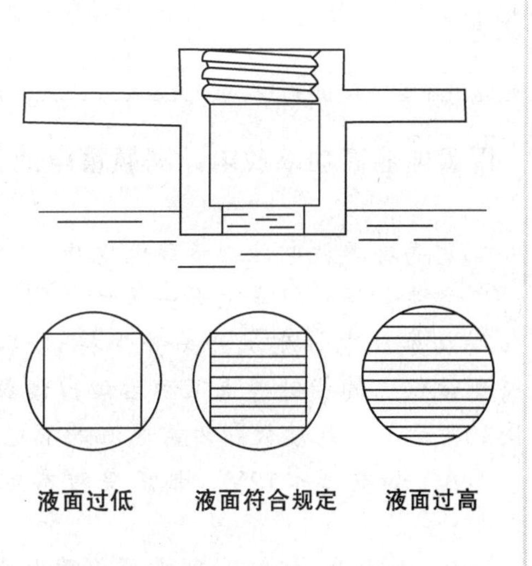

附图26 根据加液孔液位判定液面高度

沿虚线裁剪

2. 蓄电池放电程度的检测

用密度计测量电解液密度

用密度计测试电解液密度是最直接的一种测试方法。如附图27所示，吸取蓄电池中的电解液，直到浮子浮起，然后检查浮子高度和浮子刻线之间的关系，可读出高度的数值，如附图28所示。

附图27 用密度计吸蓄电池中的电解液

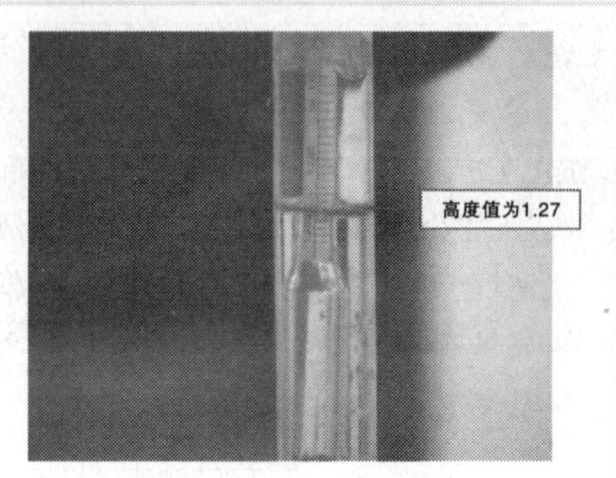

附图28 读取高度值

也可通过浮子彩色标记来判断蓄电池放电程度：

A. 电解液处于黄色区域，说明电量充足（如附图29所示）；

B. 电解液处于绿色区域，说明电量比较充足；

C. 电解液处于红色区域则蓄电池必须充电。

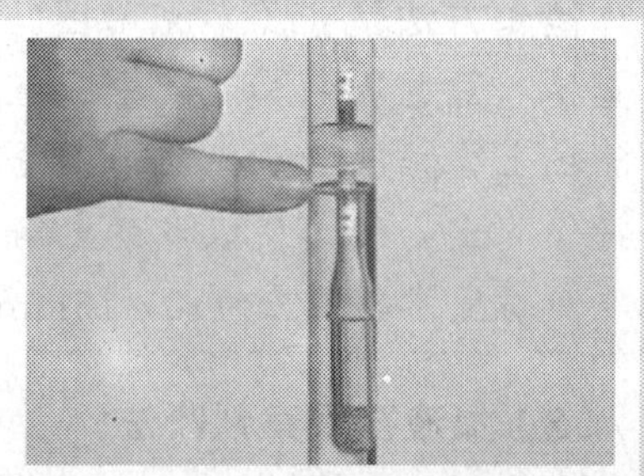

附图29 浮子彩色标记为黄色区域

用蓄电池高功率放电计测量蓄电池空载端电压

用高功率放电计测量放电电压。

方法如下：将点火开关置于关闭状态，按压高功率放电计测试开关并保持5秒后放开，待测试仪上的指针静止不动后读出读数（如附图30所示），此读数即为蓄电池的端电压：

A. 如电压 < 12V，则需要对蓄电池进行维护；

B. 如电压 < 11V，则需更换蓄电池。

附图30 用高功率放电计测量出的蓄电池空载端电压

动 手 实 操

1. 通过观察孔判断蓄电池技术状况

对于无加液孔的全密封型免维护蓄电池，由于不能采用传统的密度计来测量电解液密度以判断其技术状况，为此，通过顶端的检查孔观察其颜色可判断蓄电池的技术状况，如附图31所示。

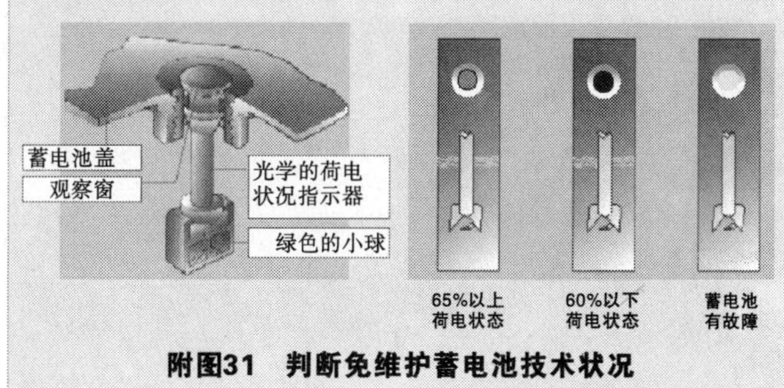

附图31 判断免维护蓄电池技术状况

2. 蓄电池电极桩的检测

为保证蓄电池在车上能给启动机提供大电流，除蓄电池本身的技术状况良好外，蓄电池极桩与电缆线的连接非常重要，极桩与电缆线的连接是否可靠可通过测量二者之间的压降来确定。如附图32所示，将电压表正表笔接到蓄电池的正极桩上，负表笔接到正极桩电缆线的线夹上，接通启动机，使启动机带动发动机工作，这时电压表的读数不得大于0.5V，否则说明极桩与线夹接触不良，将产生启动困难。当极桩与线夹接触不良时，若是极桩表面氧化，应清除氧化物；若是接触松动，应重新紧固线夹。负极桩与其电缆线的线夹的压降的测量，表笔与上述相反。

附图32 蓄电池电极桩检测的连接法

附录十一 汽车启动故障检修实训指导与实操工单

动 手 实 操

若将点火开关转到启动位置时，启动机能转动，但转速很低（转矩小的缘故），不能正常启动，故障多发生在蓄电池、起动机及其之间的电路上。例如：蓄电池亏电较多，导线接触不良，启动机内部的激磁绕组和电枢绕组有短路或接铁处、电刷与换向器之间接触不良、电磁开关的触头接触不良以及轴承与转轴过紧或过松等，检查步骤如下：

查蓄电池是否亏电较多的方法

（1）可按喇叭和开前照灯试验，若喇叭音量小，前照灯灯光暗淡，则可能是蓄电池存电不足、或连接线松动而接触不良；此时可用手触摸蓄电池各接线端子，若发热，为接线连接不良，应拆下导线，用砂纸打磨后重新装回（如附图33所示），并用螺栓紧固。若手摸蓄电池各接线端子的温度正常，为蓄电池故障，应予以维修或更换。

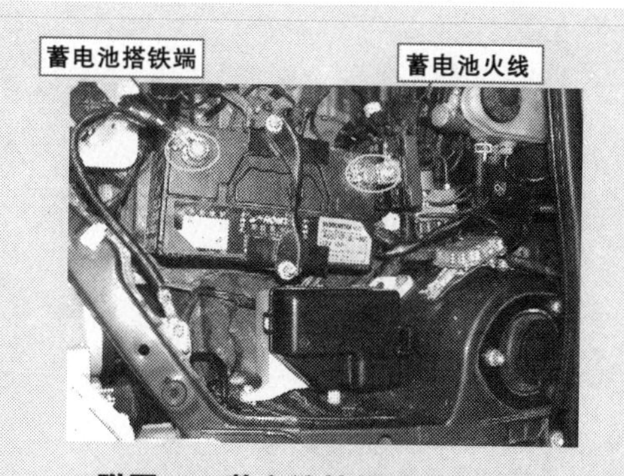

附图33 蓄电池接线端子位置图

（2）如果蓄电池正常时，再用螺丝刀短接启动机的电源主接线柱和电动机主接线柱（如附图34所示），观察短接处的火花强弱和启动机的运转情况：

①火花强（表示电流很大），启动机运转正常，证明蓄电池到启动机之间的线路和启动机良好，故障出在电磁开关上，例如：接触盘和触头烧蚀严重或脏污而造成接触不良等；

②火花强，启动无力。则可能是启动机内部绕组局部短路或有接铁处。也可能是转轴与轴承配合过紧（摩擦阻力大）或过松而使电枢与磁极碰擦（有摩擦声）；

③火花弱（表示电流小），启动无力，则可能是接线柱与接线头之间氧化、脏污或松脱，引起接触不良；也可能是电刷与换向器之间接触不良。

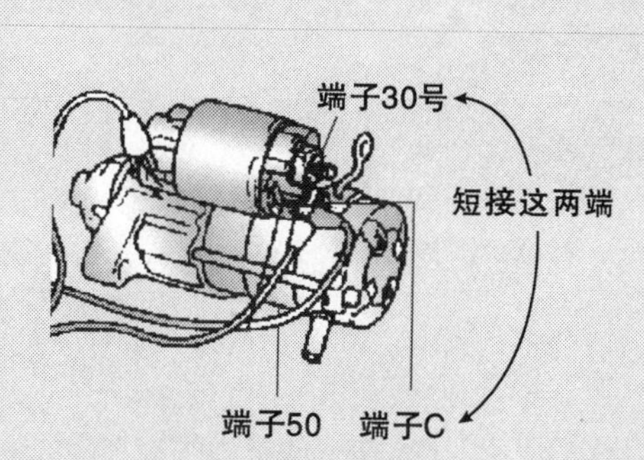

附图34 短接启动机的电源主接线柱和电动机主接线柱

附录十二 启动机检修实训指导与实操工单

以卡罗拉轿车为例

1. 启动机总成的更换

（1）从蓄电池负极端子断开电缆

（2）拆卸散热器上空气导流板

（3）拆下启动机总成

分离2个线束卡夹，拆下螺栓和线束支架，拆下端子盖，拆下螺母并断开端子30，断开连接器，拆下2个螺栓并拆下启动机总成，如附图35所示。

附图35 拆启动机总成

（4）安装启动机总成

A）用2个螺栓安装启动机总成，扭矩37N·m。

b）连接连接器。

c）用螺母连接端子30，扭矩：9.8N·m。

d）合上端子盖。

e）用螺栓安装线束支架，扭矩：8.4N·m。

f）安装2个线束卡夹。

（5）安装散热器上空气导流板

（6）将电缆连接到蓄电池负极端子

沿虚线裁剪

2. 启动机的拆装

（1）拆卸磁力启动机开关总成

A）拆下螺母，然后从磁力启动机开关总成上断开引线，如附图36所示。

B）从启动机驱动端壳总成上拆下2个螺母，如附图37所示。

C）拉出磁力启动机开关总成，并且在提起磁力启动机开关总成前部时，从驱动杆和磁力启动机开关总成上松开铁芯挂钩，如附图38所示。

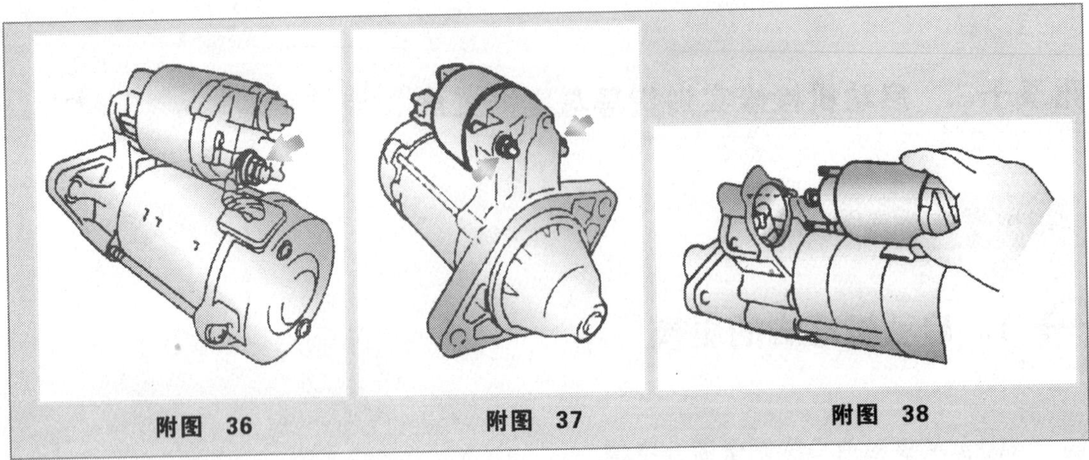
附图 36　　附图 37　　附图 38

(2) 拆卸启动机磁轭总成

A) 拆下2个螺钉，如附图39所示。

B) 将启动机磁轭和启动机换向器端架总成一起拉出，如附图40所示。

C) 从启动机换向器端架总成上拉出启动机磁轭总成，如附图41所示。

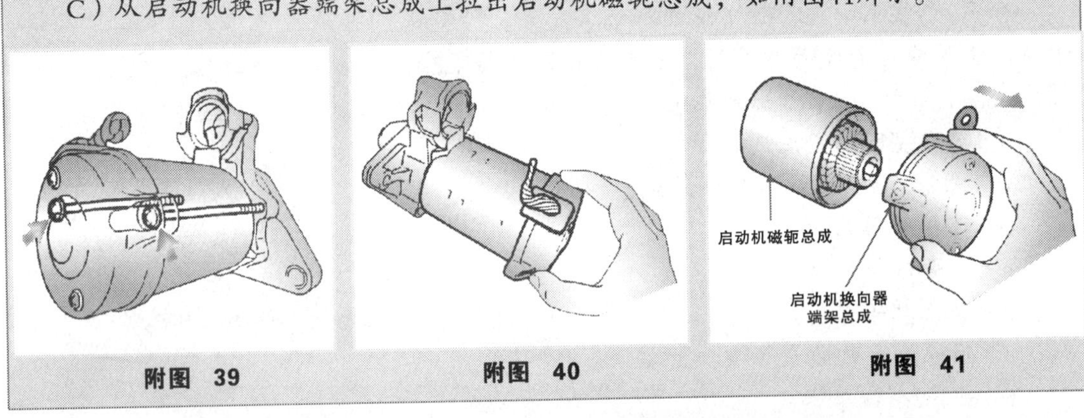

附图 39　　附图 40　　附图 41

(3) 拆卸启动机电枢总成

从启动机磁轭总成上拆下启动机电枢总成，如附图42所示。

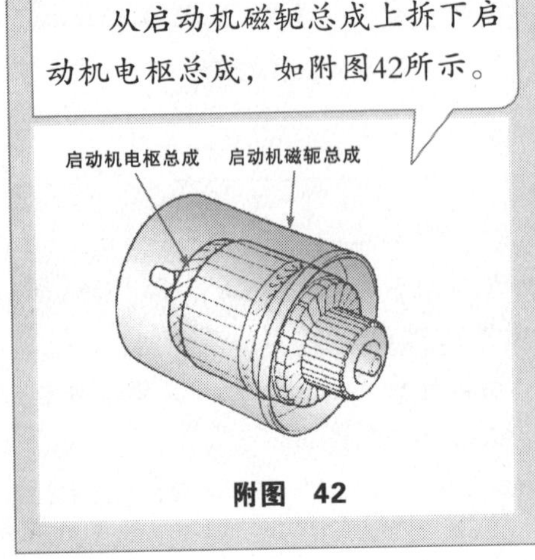

附图 42

(4) 拆卸启动机电枢板

从启动机驱动端壳总成或启动机磁轭总成上拆下电枢板，如附图43所示。

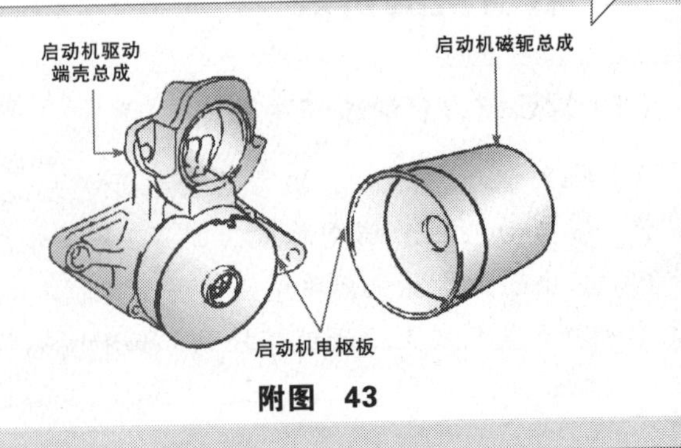

附图 43

（5）拆卸启动机电刷架总成

A）从启动机换端架总成上拆下2个螺钉，如附图44所示。

B）拆下卡夹卡爪，然后从启动机换向器端架总成上拆下电刷架总成，如附图45所示。

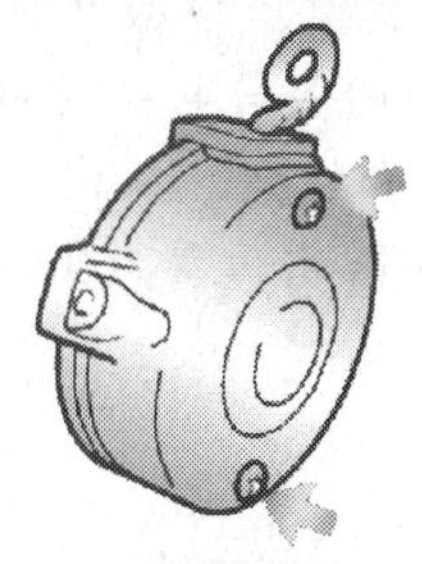
附图 44

附图 45

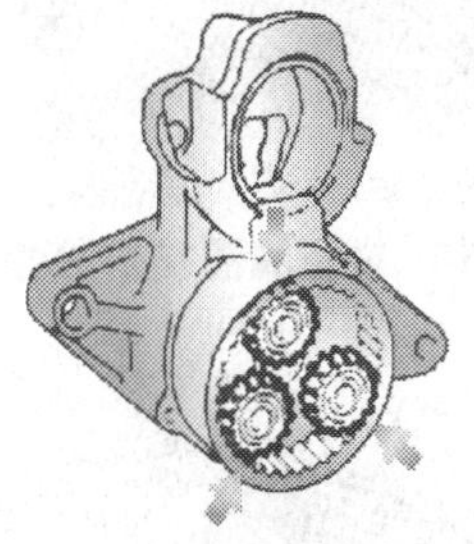
附图 46

（6）拆卸行星齿轮

从启动机中间轴承离合器上分别拆下3个行星齿轮，如附图46所示。

（7）拆卸启动机中间轴承离合器分总成

A）从启动机驱动端壳总成上拆下带启动机小齿轮驱动杆的启动机中间轴承离合器分总成。

B）拆下启动机中轴承离合器分总成、橡胶密封件和启动机小齿轮驱动杆，如附图47所示。

附图 47

（8）按与拆卸相反的顺序进行安装

沿虚线裁剪

动 手 实 操

1. 转子总成的检修

电枢轴：

用游标卡尺检测轴颈外径与衬套内径，配合间隙应为0.035～0.077mm。最大不超过0.15mm，间隙过大应更换衬套并重新铰配。电枢轴弯曲可用百分表检测，其径向圆跳动应不大于0.10～0.15mm，否则应予以校正，如附图48所示。

附图48 电枢轴的检查

换向器：

检查换向器表面有无烧蚀和失圆。轻微烧蚀用00号砂纸打磨，严重时应车削，换向器与电枢轴的同轴度不大于0.03mm，否则在车床上修整。换向器直径不小于标准值1.10mm，换向片高出云母片0.40~0.80mm，如附图49所示。

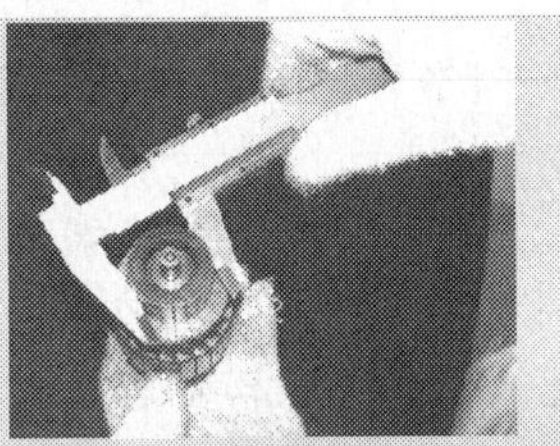

附图49 换向器直径的检查

电枢：

①电枢线圈搭铁的检查

用万用表检查时，其表针分别搭在换向器和铁芯（或电枢轴）上，阻值应为无穷大，若阻值为零，则为搭铁，如附图50所示。

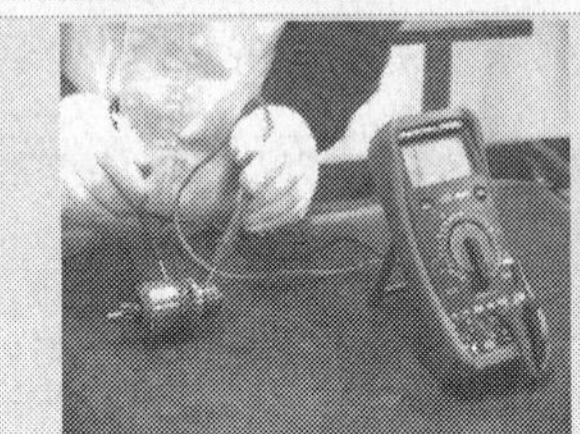

附图50 电枢线圈搭铁的检查

②电枢线圈短路的检查

把电枢放在万能试验台检验器上，接通电源，将锯片放在检验器上并转动电枢。锯片不振动表明电枢线圈无短路，否则为电枢线圈短路，应予以修理或更换，如附图51所示；

附图51 电枢绕组短路的检查

③电枢线圈断路的检查

检视电枢线圈的导线是否甩出或脱焊。用万用表两表针分别依次与相邻换向器接触，其读数应一致，否则说明电枢线圈断路，如附图52所示。

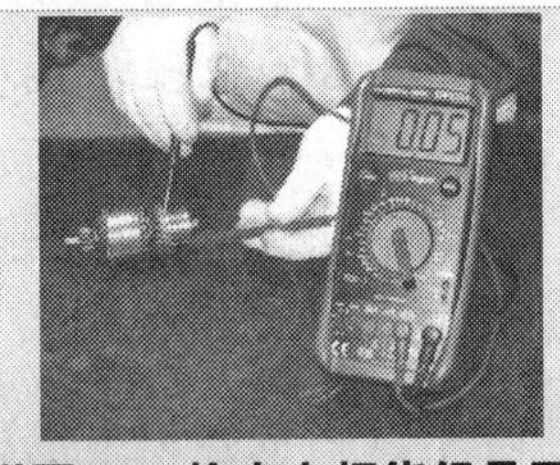

附图52 检查电枢绕组是否断路

2. 定子绕组的检验

（1）磁场线圈搭铁的检验

用万用表的两表针分别接磁场接柱和外壳，若阻值为无穷大，则正常；若阻值为零，则为搭铁故障，如附图53所示。

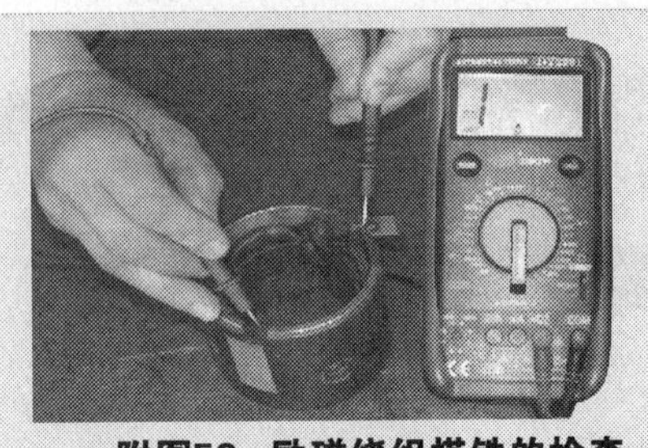

附图53 励磁绕组搭铁的检查

（2）检查定子绕组短、断路

用12V蓄电池正极接启动机接线柱，负极接正电刷，将起子放在每个磁极上迅速检查磁极对起子的吸力，应相同。磁极吸力弱的为匝间短路，各磁极均无吸力为断路，如附图54所示。

若用万用表置于导通挡，测接线柱与正电刷的导通情况，如不导通，也为断路。如附图55所示。

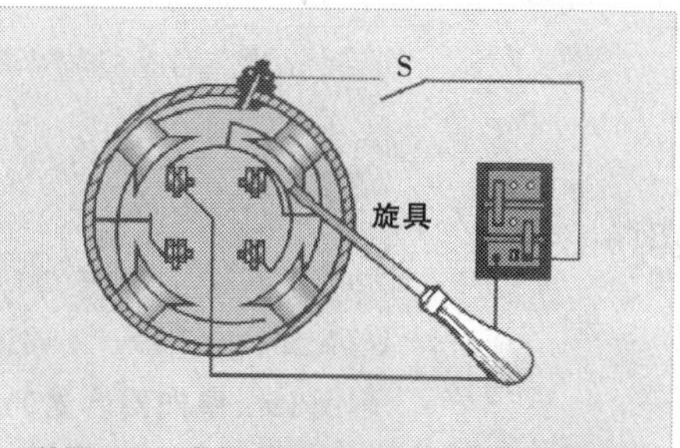

附图54 磁场线圈短路、断路的检查

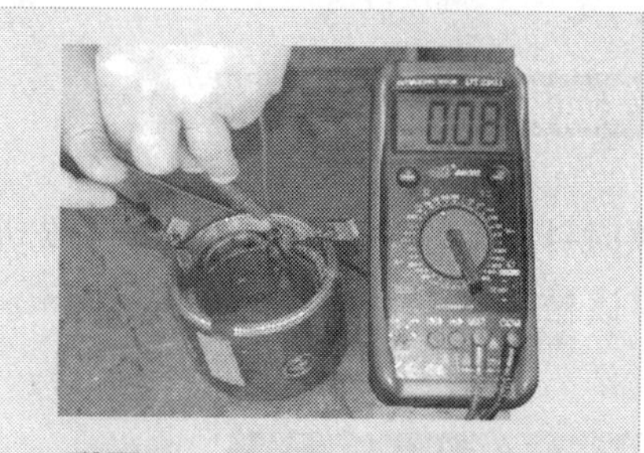

附图55 励磁绕组断路的检查

3. 电刷总成的检修

（1）电刷高度的检查：

电刷磨损后的高度不应小于电刷原高度的一半，一般不小于10mm，如附图56所示。电刷在架内活动自如，无卡滞，电刷与换向器的接触面不低于80%。

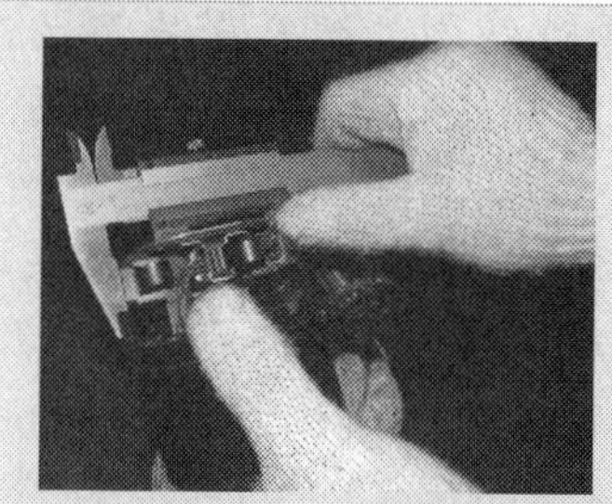

检查电刷：

测量电刷长度，检查电刷是否磨损。如果低于极限值，更换电刷。极限值：10mm

附图56 电刷长度的检查

（2）电刷架的检查：

用万用表的导通挡位测两绝缘电刷架与电刷架座盖，阻值应为无穷大（附图57），否则说明绝缘体损坏；相同方法测两搭铁电刷架与电刷架座盖，阻值应为零，否则说明电刷架松动搭铁不良。

（3）电刷弹簧的检查：

用弹簧秤检查弹簧的弹力，应为11.76～14.7N，过弱应更换，如附图58所示。

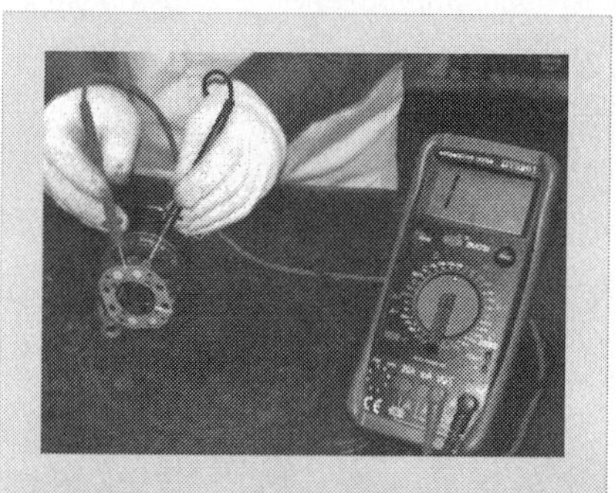

附图57 电刷弹簧的绝缘检查

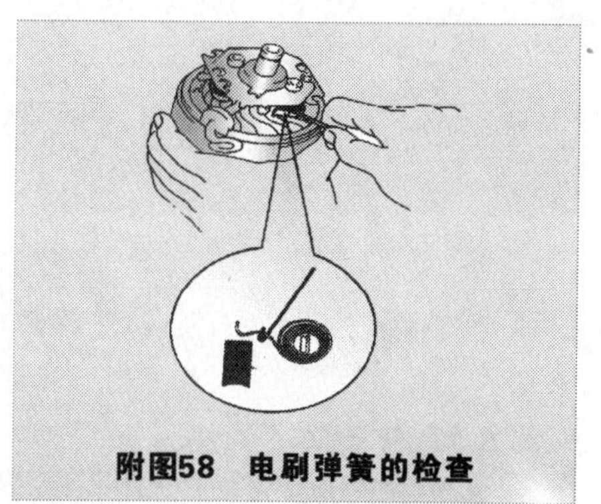

附图58 电刷弹簧的检查

沿虚线裁剪

4. 单向离合器的检查

按顺时针转动驱动齿轮，应自由转动；逆时针转动时应该被锁住，如附图59所示。

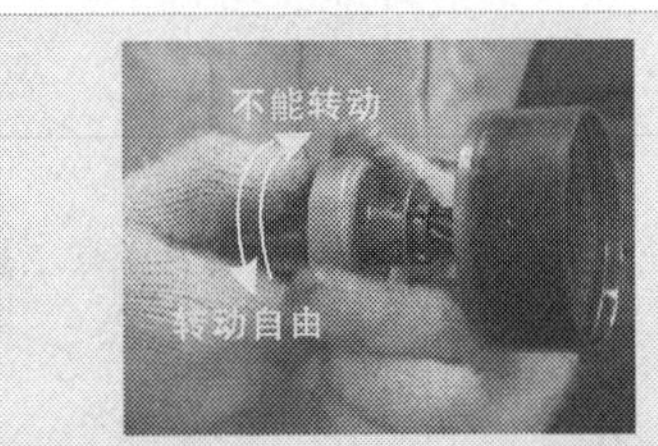

附图59 单向离合器的检修

5. 电磁开关的检查

用万用表的低电阻挡位测量：

1）将两表针分别接于磁场接线柱和电磁开关外壳，若有电阻，说明保持线圈良好；若电阻为零，则为短路；若电阻无穷大，则为断路，如附图60所示；

2）两表针分别接于磁场接线柱和启动机接线柱，若有电阻，说明吸拉线圈良好；若电阻为零，则为短路；若电阻无穷大，则为断路，如附图61所示；

3）用手将接触盘铁芯压住，让电磁开关上的电源接线柱与启动机接线柱连通，测量两接线柱间的电阻应为零，否则为接触不良。

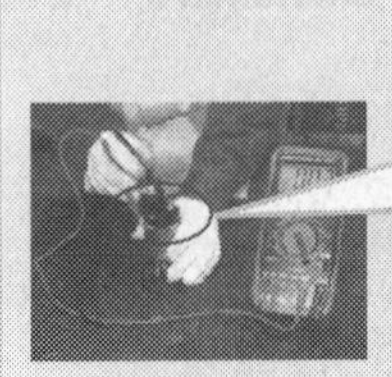
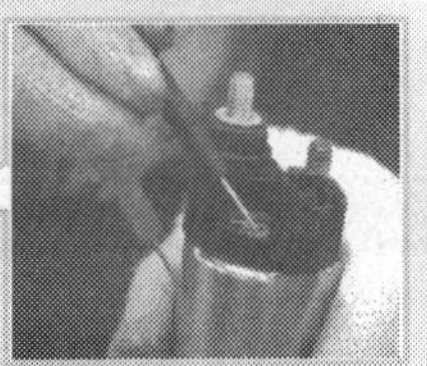

附图60 保持线圈的检测

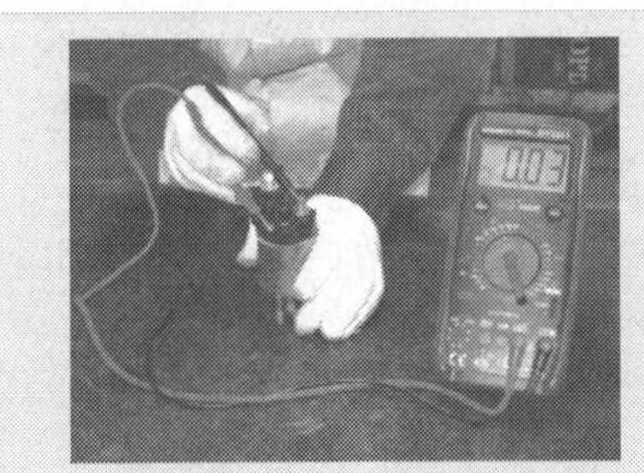

附图61 吸拉线圈的检测

附录十三 启动时启动机无任何反应故障检修实训指导与实操工单

动手实操

1）启动发动机的同时，接通前大灯或喇叭（前照灯开关位置如附图62所示，喇叭按钮位置附图63所示），观察灯光亮度和喇叭声响是否正常，如变弱，则检查蓄电池是否亏电和线路连接是否松动（蓄电池火线及搭铁端图片如附图64所示）；

2）短接启动机电磁开关与蓄电池正极接线柱，观察启动机运转情况，如运转正常，则检查点火开关，如附图65、附图66所示。

3）短接启动机开关接线柱，观察启动机运转情况，如运转正常，则检查启动机电磁开关；

4）车上拆下启动机，然后拆下启动机电刷，检查启动机电刷和换向器表面状况，换向器表面应无烧蚀现象，电刷在电刷架内应活动自如，无卡滞现象，电刷与换向器的接触面积不应小于4/5，电刷长度不应小于新电刷的2/3；如附图67、附图68所示。

5）以上检测都正常，若启动机不转，则故障为励磁线圈断路；

6）外部电路接触火花很大，则故障为励磁线圈或电刷架搭铁；

7）确认并排除故障后，将启动机装回发动机；

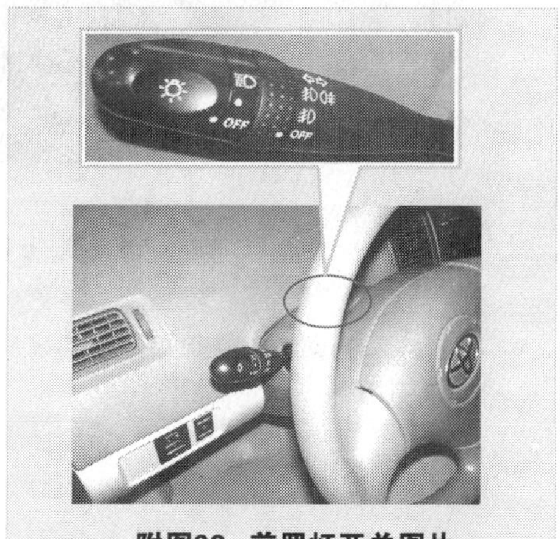

附图62 前照灯开关图片

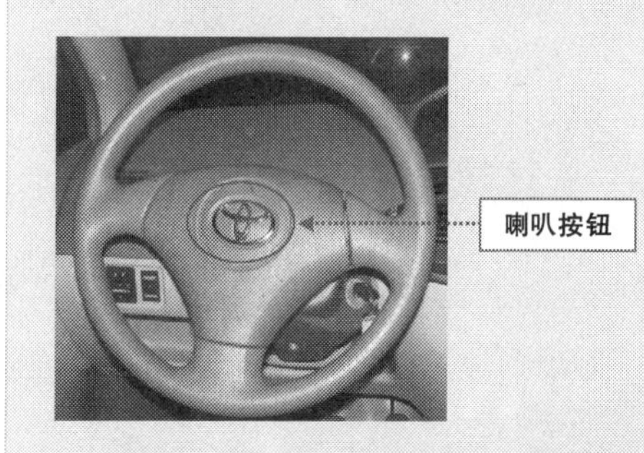

附图63 喇叭按钮位置图

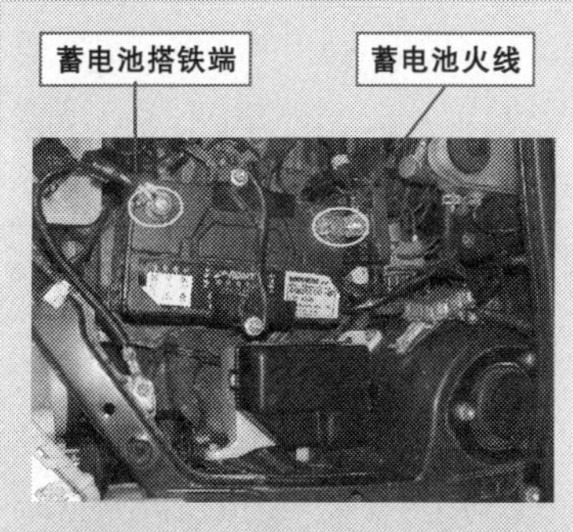

附图64 蓄电池火线及搭铁端

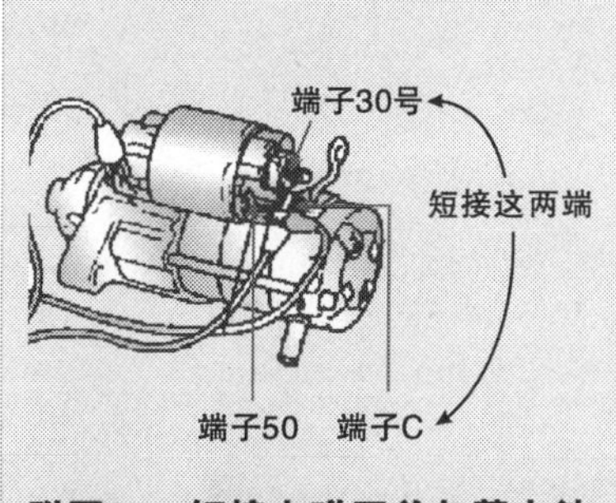

附图65 短接电磁开关与蓄电池正极接柱

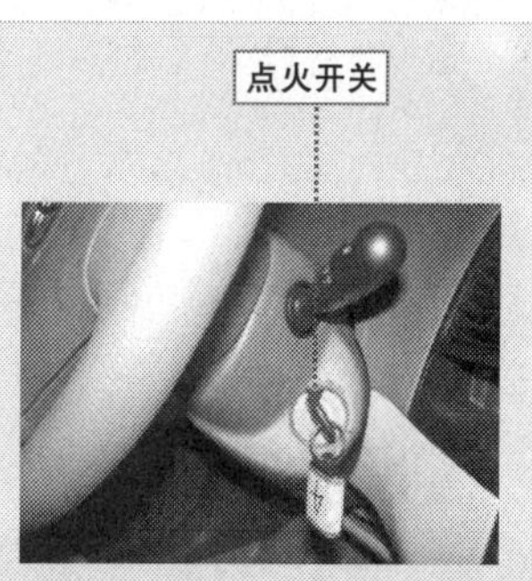

附图66 点火开关位置图

沿虚线裁剪

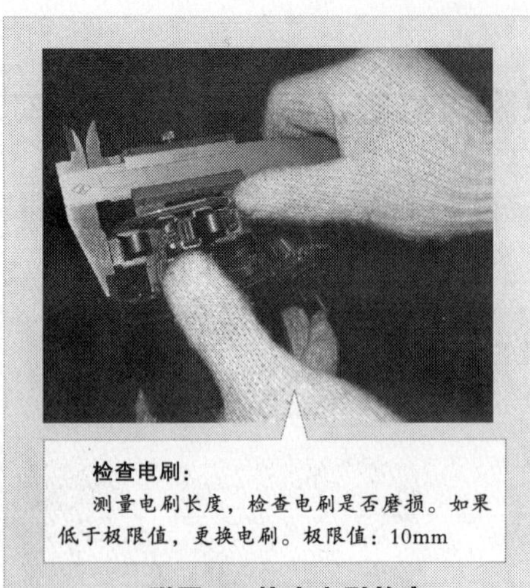

检查电刷：
测量电刷长度，检查电刷是否磨损。如果低于极限值，更换电刷。极限值：10mm

附图67 检查电刷长度

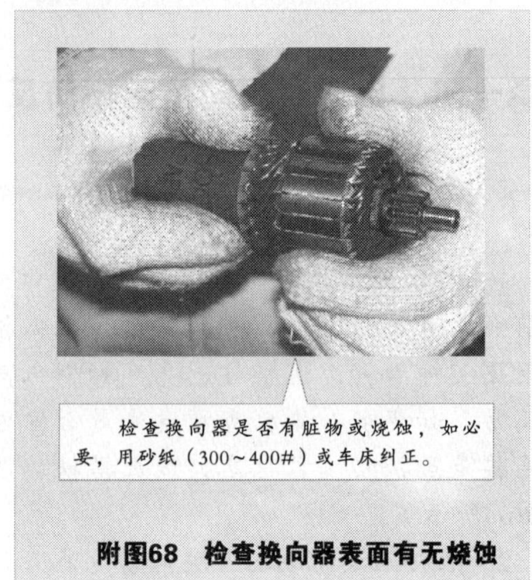

检查换向器是否有脏物或烧蚀，如必要，用砂纸（300～400#）或车床纠正。

附图68 检查换向器表面有无烧蚀

附录十四 单向离合器异响故障检修实训指导与实操工单

动 手 实 操

单向离合器异响故障的检修

对于单向离合器异响故障，一般可根据声音判断，声音“轻、尖且连续”的是单向离合器打滑，可检查单向离合器锁止力矩，方法是：

将单向离合器夹紧在虎钳上，用扭力扳手逆时针方向转动，如附图69所示。单向离合器应能承受制动试验时的最大转矩而不打滑，若单向离合器的转矩不足应更换。

附图69 单向离合器的检修

沿虚线裁剪

附录十五 电磁开关异响故障检修实训指导与实操工单

动 手 实 操

电磁开关异响故障的检修

启动发动机时，用万用表检测蓄电池电压不得低于9.6V。如电压过低，说明严重亏电或内部短路，应予更换。若蓄电池没有问题，启动时电磁开关时仍有“打机枪”似的“哒、哒、哒”声，应拆检电磁开关的保持线圈是否断路或搭铁不良；对于个别车型，还有可能是启动继电器断开电压过高，故应检查其断开电压，如附图70所示。

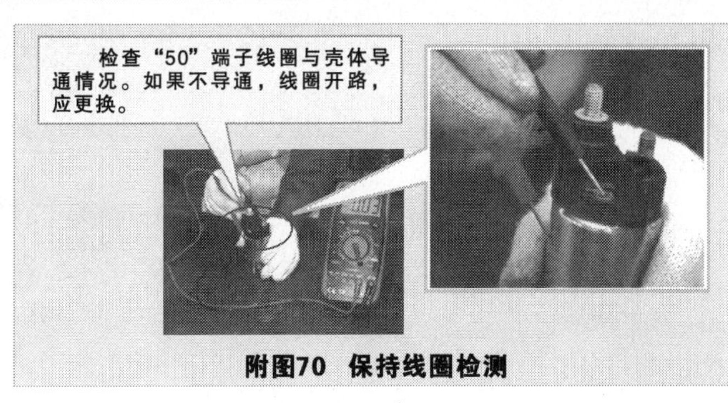

附图70 保持线圈检测

沿虚线裁剪

附录十六 其他异响故障检修实训指导与实操工单

动手实操

1. 轴承异响的检修

重新转动曲轴可将车挂上挡，前后移动一下车辆，使启动机的驱动齿轮与发动机的飞轮齿圈重新啮合（完全啮合状态如附图71所示）。如果能启动发动机，说明飞轮齿圈的齿轮啮合面部分损伤，飞轮齿圈损伤轻微的可将飞轮齿圈翻转过来，重新使用，飞轮齿圈损伤严重的应更换飞轮齿圈。

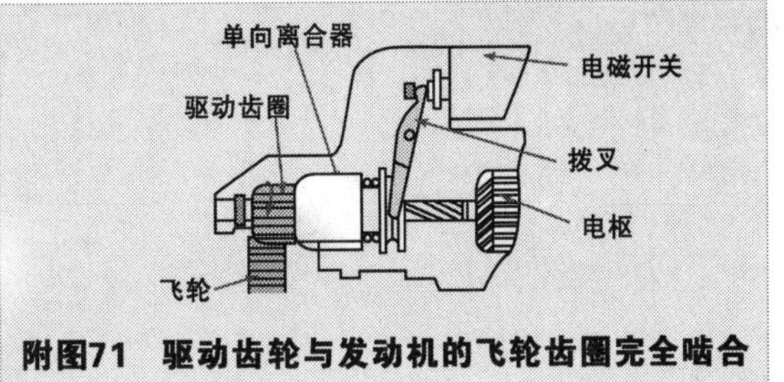

附图71 驱动齿轮与发动机的飞轮齿圈完全啮合

2. 转子与定子摩擦异响故障的检修

启动时启动机有“扫膛”现象，故障为转子轴向间隙过大，一般为铜套磨损或损坏（解体启动机更换铜套），铜套位置如附图72所示。

启动时有较大的响声并且转子转动无力，一般是装配过紧或转子轴弯曲等机械故障导致。此时必须解体启动机进行检查并按规定装配。

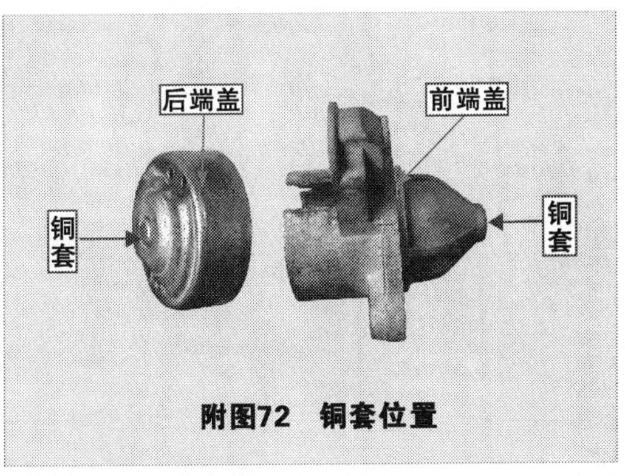

附图72 铜套位置

沿虚线裁剪

参 考 文 献

[1] 周国庆．电工与电子技术基础．北京：中国劳动社会保障出版社，2004．

[2] 朱传琴．数字电子技术．北京：中国电子出版社，2007．

[3] 宋长池．电子技术基础．第 3 版．北京：中国劳动社会保障出版社，2004．

[4] 冯渊．汽车电工与电子技术基础．北京：机械工业出版社，2007．

[5] 宋长池．电工基础．北京：中国劳动社会保障出版社，2005．

[6] 李书堂，李永忠，王红．电工基础．北京：中国劳动社会保障出版社，2005．

[7] 于万海．汽车电气设备原理与检修．北京：电子工业出版社，2005．

[8] 谭本忠．汽车电气系统结构与维修图解教程．北京：机械工业出版社，2008．

[9] 胡光辉．汽车电器设备构造与检修．北京：电子工业出版社，2007．

[10] 周建平．汽车电气设备构造与维修．北京：人民交通出版社，2005．

[11] 毛峰．汽车电器设备与维修．北京：机械工业出版社，2005．

[12] 张春化，蹇小平．汽车电器与电路．北京：人民邮电出版社，2003．

[13] 赵奇．汽车电气系统结构与维修．北京：中国劳动社会保障出版社，2003．

[14] 于明进，于光明．汽车电气设备构造与维修．北京：高等教育出版社，2007．

[15] 陈作兴．汽车电气系统结构与修理．北京：中国劳动社会保障出版社，2008．

[16] 张美娟．汽车电器与电控系统简明教学图解．北京：电子工业出版社，2004．

[17] 赵学敏，王玉东．汽车电气系统构造与维修．北京：国防工业出版社，2003．

[18] 孙余凯．看图学修汽车电器．北京：人民邮电出版社，2008．

[19] 程国元．汽车电气维修技能实训教程．北京：国防工业出版社，2006．